Mystische Pfade
DEUTSCHLAND

99 Wanderungen auf den Spuren von Sagen und Traditionen

BRUCKMANN

Sattes Grün, blaue Berge,
sommerliche Wanderung
auf dem Butterstieg (Tour 7)

Inhalt

Der Uhu hat in den imposanten Felsen der Teufelsmauer sein Revier (Tour 1).

Mystische Pfade
Deutschland

Eine Persönlichkeit:
alte Buche im Bergwald

Die Silberdistel wächst auf der dünnen Humusschicht zu Füßen der Teufelsmauer, so auch der Natternkopf, die Steinnelke und die Heidelbeere (Tour 1).

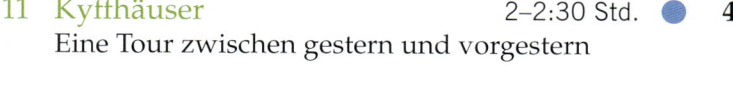

Nebelschwaden in den Morgenstunden über der erwachenden Elbe (Tour 13)

Geheimnisvolle Spuren im Holz (Tour 18)

Belohnung nach einem abenteuerlichen Aufstieg (Tour 20)

Kanufahren ist in der
Fränkischen Schweiz
eine beliebte Freizeit-
beschäftigung (Tour 25).

Ein Relief auf dem Großen
Riedelstein erinnert an den
Heimatdichter Maximilian
Schmidt (Tour 35).

Lädt zur Rast ein:
das zauberhaft gelegene Seehäusl
am Kleinen Arbersee (Tour 37)

Im Nebel erweisen sich zuverlässige Markierungen als besonders hilfreich (Tour 40).

Tief verwurzelt: alte Fichte im Lattengebirge (Tour 47)

Am Bärnseerundweg mit Blick in das Priental (Tour 49)

Wasser ist im Allgäu selten Mangelware (Tour 56).

Natur steht an vielen Orten unter Schutz – beispielsweise im großen Wurzacher Ried (Tour 66).

Um den Wildsee rankt sich so manche Legende (Tour 76).

Am Silberberg öffnet sich die Sicht über das Wiesental zum Feldberg, dem »Höchsten« im Schwarzwald (Tour 70).

**Eindrucksvolles
Naturgebilde (Tour 88)**

Restaurant Drachenfels (Tour 88)

Eifel   256

Das Naturwunder der Baumwurzeln lädt immer wieder zu einer kleinen Fantasiereise ein (Tour 93).

Begann am Meerfelder Maar alles mit einem gigantischen Knall (Tour 96)?

Die verschlungenen Wege in Sanspareil führen auch durch den Gespaltenen Stein (Tour 23).

Auf mystischen Pfaden unterwegs

Orte, die oft abseits der ausgetretenen Wanderwege liegen und eine besondere Faszination auf uns ausüben, findet man überall in Deutschland. Daneben sind es die Geschichten, welche seit Jahrhunderten von einer Generation an die nächste weitergegeben werden, die uns während der Wanderungen immer wieder begleiten und den Orten eine besondere Mystik verleihen. Auf den 99 Touren in diesem Buch führen wir Sie an viele dieser geheimnisvollen Plätze und Landschaften, angefangen vom Harz und dem Elbsandsteingebirge über den Süden Deutschlands bis hin zur Rheingegend und in die Eifel.

Ein mystischer Pfad über Hinterstein führt zu den Wilden Fräulein (Tour 62).

Verantwortung und Selbsteinschätzung Wir wünschen uns, dass Sie am Ende der einzelnen Touren zufrieden auf die vergangenen Stunden und das Geleistete zurückblicken können. Dies gelingt am besten, wenn man sich – und seine Mitstreiter – richtig einschätzt. Die längeren Touren sollten daher erst in Angriff genommen werden, wenn schon eine gewisse Grundkondition und Erfahrung im Gelände vorhanden sind. Hierzu zählt auch, das Wetter richtig einzuschätzen. Denn gerade an heißen Sommertagen bilden sich über den Hochlagen der Gebirge gerne Gewitterwolken, die oft schon nachmittags mit Platzregen und Hagel sowie Blitz und Donner niedergehen. Ein Regenschutz sollte deshalb immer dabei sein. Ebenfalls hilfreich ist es, die Entwicklung von Regenwolken im Internet, etwa auf www.meteovista.de oder www.niederschlagsradar.de, zu beobachten. Im Zweifelsfall sollte man sich auch nicht davor scheuen, eine Tour abzubrechen bzw. nach dem Unwetter fortzusetzen.

Gut gerüstet besser ans Ziel Auch wenn manche Touren in diesem Buch eher als Spaziergang denn als Wanderung durchgehen, gilt grundsätzlich: Feste Wander- oder Trekkingschuhe sind ein Muss für sicheres Wandern. Halbschuhe, Turnschuhe etc. bieten zu wenig Halt, wirken sich negativ auf die Fußgesundheit aus und sind

Zeichenerklärung zu den Tourenkarten

→	Wandertour mit Laufrichtung		Schutzhütte, Berggasthof (Sommer/Winter)
- - -	Tourenvariante		Schutzhütte, Berggasthof (Sommer)
A E	Ausgangs-/ Endpunkt der Tour	↑	Unterstand
1	Wegpunkt		Grillplatz
	Bahnlinie mit Bahnhof		Jugendherberge
S	S-Bahn		Campingplatz
)======(	Tunnel	i	Information
	Seilbahn, Gondelbahn	M	Museum
H	Bushaltestelle		Bademöglichkeit
P	Parkmöglichkeit	B	Bootsverleih
	Hafen		Sehenswürdigkeit
	Autofähre		Ausgrabung
	Personenfähre		Kinderspielplatz
	Flugplatz		schöne Aussicht
	Kirche		Aussichtsturm
	Kloster		Wasserfall
	Burg/Schloss		Randhinweispfeil
	Ruine	N	Maßstabsleiste
t	Wegkreuz	0 300 m	
	Denkmal		
	Turm		
	Leuchtturm		
	Windpark		
	Windmühle		
	Mühle		
	Hotel, Gasthof, Restaurant		
	Jausenstation		

Piktogramme erleichtern den Überblick

● Leicht   ● Mittel   ● Schwer

 Gehzeit

 Höhenunterschied

 Weglänge

 mit öffentlichen Verkehrsmitteln durchführbar

oft der Auslöser von vermeidbaren Unfällen. Wanderstöcke hingegen begünstigen eine gesunde, aufrechte Körperhaltung und schonen die Gelenke. Ebenfalls von Vorteil ist bequeme Wanderkleidung aus Funktionsmaterial, das schnell trocknet und leicht ist. Auf Abstand sollten wir hingegen beim Rucksack gehen, und zwar auf Abstand zum Rücken. Dies ermöglichen spezielle Bauweisen, die das Gewicht optimal verteilen und eine bessere Luftzirkulation erlauben. Dadurch bleiben Wanderhemden auch an Sommertagen länger trocken, und man hat ein deutlich besseres Gefühl auf der Haut.

Auch mal Pause machen Zu einer schönen Wanderung gehört natürlich auch eine Einkehr oder längere Rast. Unsere Wanderungen führen deshalb zu zahlreichen herrlich gelegenen Plätzen, von denen man Jahre später noch schwärmt und die sich perfekt für ein Picknick eignen. Zudem kommen die meisten der Touren an einer Wirtschaft oder gleich mehreren vorbei, sodass man sich mit Gleichgesinnten austauschen und nebenbei die *Mystischen Pfade in Deutschland* weiterempfehlen kann. Bevor Sie darauf verzichten, eigenen Proviant mitzunehmen, vergewissern Sie sich aber, dass die gewählte Wirtschaft oder Hütte geöffnet ist.

Anfahrt Die überwiegende Zahl der Wanderziele in diesem Buch sind gut mit öffentlichen Verkehrsmitteln zu erreichen. Wer mit dem Auto anreist und ein Navi nutzt, kann sich auf der Website zum Buch unter http://gps.bruckmann.de die GPS-Daten der einzelnen Touren downloaden. Diese führen ihn punktgenau zum Ausgangspunkt der Wanderung bzw. zur nächstgelegenen Parkmöglichkeit.

Gehzeiten, Höhenangaben und Wegbeschaffenheit Die genannten Zeiten sind die reinen Gehzeiten. Weil es bei vielen der Touren einiges zu entdecken gibt, beinhalten diese

auch die Zeiten, in denen man sich umsieht und die Landschaft auf sich wirken lässt. Pausen oder gar eine längere Einkehr sind darin jedoch nicht enthalten. Rechnen Sie auch bitte etwas Zeit für unvorhergesehene Änderungen ein, sodass Sie bei zusätzlichen Abstechern, bei kürzerem Verlaufen oder einem gesperrten Weg (z. B. wegen Holzfällarbeiten) noch rechtzeitig zurück am Ausgangspunkt sind. Bei Drucklegung des Buches waren einige Touren, insbesondere in den Bayerischen Hausbergen und im Allgäu, aufgrund der außerordentlichen Schneemenge noch nicht begehbar. Informieren Sie sich im Zweifelsfall vor Antritt der Tour bei der zuständigen Tourist-Info oder Gästeinformation, ob die Wege begehbar sind. Unsere Höhenangaben beinhalten die tatsächlich zu leistenden Höhenmeter. Lediglich kleine Kuppen und Senken mit nur geringem Höhenunterschied haben wir ausgelassen. So stehen Sie nicht plötzlich vor einem großen Zwischenanstieg, der nirgends erwähnt wird.

Malerisches Landschaftsbild: weite Wiesen bei Geitau mit dem Wendelstein (Tour 50)

Schwierigkeitsgrade

🔵 Leicht: Eher kurze Wanderungen, die keine oder kaum Trittsicherheit erfordern und nur wenige Steigungen beinhalten.

🔴 Mittel: Touren mit längeren Auf- und Abstiegen und/oder längere Wanderungen, die eine gewisse Kondition und Trittsicherheit erfordern.

⚫ Schwer: Diese Touren setzen Kondition und Trittsicherheit, zum Teil auch Schwindelfreiheit voraus. Hier geht es ganz gut bergauf und bergab.

Harz

Eine Felsformation der Teufelsmauer: das Hamburger Wappen (o. l.); eine gespenstische Kulisse am Nordrand des Harzes: die Teufelsmauer (u. l.); auf Augenhöhe mit dem Brocken – die Große Zeterklippe (o. r.); ein hölzerner Roland in Questenberg (u. r.)

Teufelsmauer

Auf einen Ritt von Ballenstedt nach Blankenburg

● Schwer   🚶 26 km   ⛰ 352/324 m   🕐 6–8 Std.

Tourencharakter
Mit 26 km recht lange Wanderung durch das offene Harzvorland, plus Abstecher zum Königstein sind es sogar 37 km; das letzte Stück von Timmenrode nach Blankenburg erfordert festes Schuhwerk und Schwindelfreiheit; der Teufelsmauerstieg kann auch sehr gut in Abschnitten erkundet werden.

Ausgangs-/Endpunkt
Die Gegensteine nördlich von Ballenstedt

Anfahrt
Bahn/Bus: Eine Busverbindung gibt es nur zwischen Ballenstedt und Thale, www.hvb-harz.de. **Auto:** Die Gegensteine sind von der Einmündung der B 185 auf die Straße von Ballenstedt nach Thale ausgeschildert.

Übernachtung
Hotel Warnstedter Krug, Warnstedter Hauptstraße 118, 06502 Thale OT Warnstedt, Tel. 03947/27 10, www.warnstedter-krug.de

Karte
Kompass 1:50 000, WK 450 Harz (2 Karten)

Auf einer schnurgeraden Linie zwischen Ballenstedt und Blankenburg taucht eine Folge mauergleicher Felsen aus der flachen Ebene auf. So gewaltige, aneinandergereihte Gesteinsblöcke können doch nur vom Teufel persönlich stammen.

Erdgeschichtliche Monumente werden gerne mit dem Teufel in Verbindung gebracht. Im Fall der Teufelsmauer war es eine Bauersfrau, die in einer mondlosen Nacht zum Markt nach Quedlinburg schritt, in ihrer Kiepe ein Hahn, den sie verkaufen wollte. Ausgerechnet in dieser Nacht hatte der Teufel beschlossen, die Welt in zwei Reiche zu teilen. Denn: Immer mehr Kirchen und Klöster wurden rund um den Blocksberg (Brocken), sein angestammtes Reich, errichtet und verdrängten die heidnischen Opferstätten. Um dem entgegenzuwirken, musste er in einer einzigen Nacht eine gewaltige Steinmauer errichten, die bis zum Himmel reichen sollte. Er flog gerade mit seinem letzten Felsquader durch die Lüfte, als die Bauersfrau in der Dunkelheit stolperte und der Hahn zu krähen begann. Zu früh verkündete sein Kikeriki den neuen Morgen, das Werk des Teufels ward nicht vollbracht. Den letzten Felsbrocken schleuderte er voller Zorn auf sein Mauerwerk, das in sich zusammenfiel.

Traumkulisse mit Loge – Blick auf das Hamburger Wappen

Mystische Felsen Mit neuen Schildern gut ausgewiesen beginnt die Wanderung an den **❶ Gegensteinen**, nördlich von Ballenstedt. Beide sich gegenüberstehenden Steine wirken tatsächlich wie eine Mauer, ein tiefschwarzes Zyklopenwerk, besonders der 244 Meter hohe Große Gegenstein. Durch einen schulterengen Spalt in der Felswand führt himmelwärts eine Stiege zum Gipfelkreuz. Unter den Gegensteinen erstreckt sich ein weitverzweigtes Höhlensystem, das aber nicht mehr zugänglich ist; schwere Eisentüren verschließen den Zugang. Schon in der Bronzezeit siedelten Menschen am Kleinen Gegenstein, man fand einen Bronzehort mit Ringen, Armbändern und Halsketten. Das Gebiet der Gegensteine sowie der gesamten Teufelsmauer ist Naturschutzgebiet. Auf den Trockenwiesen blühen Königskerzen und Natternköpfe, Steinnelken und Wiesenbocksbart, Heidekraut, Blauschwingel und Enziane, im Felsgestein siedeln seltene Flechten.

Durch die Schierberge Von den Gegensteinen führt der Teufelsmauerstieg in westlicher Richtung durch die Schierberge und passiert nach etwa fünf Kilometern kurz vor Rieder den **❷ Dicken Stein**, einen wuchtigen Felsbrocken, der aus einer eiszeitlichen Endmoräne herausragt. Weiter führt der Teufelsmauerstieg vorbei an

Am Königstein wurden geheimnisvolle Steinscheiben entdeckt.

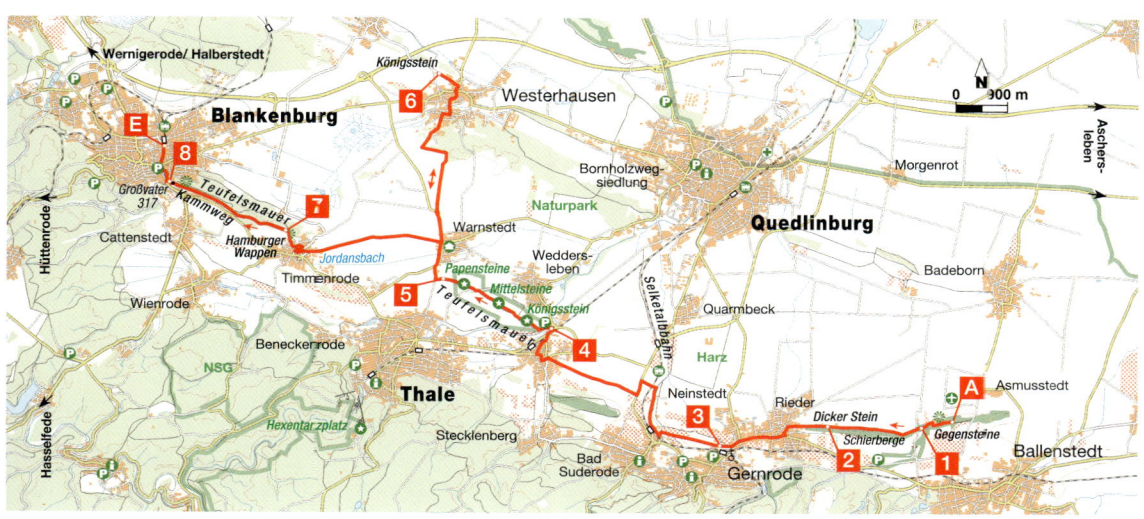

❸ Gernrode, einem Ort, der dem Teufel ein Dorn im Auge gewesen sein muss. Die Basilika von Gernrode zählt zu den bedeutendsten romanischen Kirchen Deutschlands und wurde schon in ottonischer Zeit, als der Harz erst christianisiert wurde, errichtet. Der faszinierendste Abschnitt der Teufelsmauer liegt nun vor uns: Zwischen **❹ Neinstedt** und **❺ Warnstedt** erheben sich dreimal nacheinander drohend die Felswände: Besonders imposant der Königsstein, es folgen die Mittelsteine und die schon niedrigeren Papensteine. In den Sandsteinklippen des Königssteins brüten seit jeher Turmfalken, die hier ein natürliches Revier vorfinden. Seit zwei Jahren, wenn sich der Besucherandrang gelegt hat, zeigt sich am Abend sogar ein Uhu-Pärchen; eine Dachsfamilie verlässt ihren Bau und geht auf Nahrungssuche. Auch die Vegetation auf dem kargen, Wärme speichernden Sandboden ist äußerst vielfältig und interessant. Der Königsstein, das zweitälteste Naturschutzgebiet Deutschlands, wurde bereits 1852 als »Gegenstand der Volkssage« und als Natursehenswürdigkeit ausgewiesen und 1935 unter Schutz gestellt.

Sonnenscheiben Mythologisch interessant ist ein Abschnitt der Teufelsmauer abseits des Wegs bei **❻ Westerhausen**, von Warnstedt aus auch zu Fuß erreichbar. Er wird verwirrenderweise ebenfalls Königstein genannt, manchmal aber auch – seiner Form wegen – Liegendes Kamel. An der Nordseite der 190 Meter hohen Steine befinden sich drei etwa einen Meter große Steinscheiben und zahlreiche Mulden, die von vielen als Zeugnisse einer heidnischen Kultstätte angesehen und deswegen als Sonnenscheiben bezeichnet werden; nüchterne Geologen sehen darin lediglich die Über-

Letztes Sonnenlicht verzaubert die Gestalten aus Sandstein – die Teufelsmauer bei Neinstedt.

bleibsel einer ehemaligen Mühlsteinherstellung. Allerdings entdeckt man noch Nachzeichnungen des Sonnenkreises. Ein fast rechteckiger Einschnitt im Fels wird als Visierpunkt zur Ermittlung der Nord-Süd-Richtung interpretiert. Auch soll früher eine Treppe zu einer Plattform auf den Fels geführt haben; der Sinn und Zweck dieser Anlage lässt sich kaum noch ergründen, jedoch vermuteten christliche Geistliche hier eine heidnische Kultstätte. Nicht übersehen sollte man das kleine Denkmal Hungerstein am Wanderweg nördlich des Königsteins; es erinnert an die schwierigen Zeiten der Wirtschaftskrise von 1929 bis 1931.

Bei Timmenrode türmt sich ein besonders markanter Abschnitt der Teufelsmauer auf, ein wüstes Gelände. Die bizarre Formation heißt seiner drei Felsnadeln wegen ❼ **Hamburger Wappen**, trug früher aber die Bezeichnung Drei Nonnen. In den porösen Sandstein gegenüber hat sich eine große Aushöhlung, Donnerhöhle genannt, gewaschen. Hier findet der Wanderer Zuflucht vor Regen und Sturm und kann wie aus einer Loge das Wetterschauspiel vor dieser Naturkulisse bewundern. Am Hamburger Wappen ist die Markierung Teufelsmauerstieg nicht zu entdecken; hier einfach in Richtung Blankenburg bzw. Großvaterfelsen laufen. Der Abschluss dieser langen Wanderung führt über einen felsigen Kammweg bis zum ❽ **Großvater**, mit 317 Metern der höchste Punkt der Teufelsmauer. Diese letzte Felsklippe lässt sich wie der Große Gegenstein zu Beginn unserer Wanderung über Leitern ersteigen. Ein wenig müde nach langem Marsch genießen wir vom Panoramablick die mystische Bergwelt des Harzes, die sich im blauen Dunst des Abends verliert.

Steinerne Renne

Traumpfad mit tönendem Ambiente

Tourencharakter
Klassische Wanderroute auf teils wildromantischen Pfaden; Hinweisschilder an der Kleinen Renne, der Weg führe in eine Sackgasse bzw. die Brücken wären unbegehbar, sind irrig. Lediglich bei Nässe ist der Pfad an manchen Stellen heikel.

Ausgangs-/Endpunkt
Bahnstation Steinerne Renne

Anfahrt
Bahn/Bus: Mit der Harzquerbahn Nordhausen–Wernigerode, www.hsb-wr.de. **Auto:** Von Wernigerode-Hasserode auf der L 100 in Richtung Drei Annen Hohne; vor dem Ortsende am Floßplatz rechts halten und 1 km bis zum Wanderparkplatz

Einkehr/Übernachtung
Waldgasthaus Steinerne Renne, Steinerne Renne 67, 38855 Wernigerode, Tel. 03943/60 75 33, www.steinerne-renne.de

Karte
Rad- & Wanderkarte Zum Brocken 1:25 000, 6. Ausgabe, zweiseitige Karte

Mittel · **10 km** · **438 m** · **3:30 Std.**

Wir folgen stillen Pfaden, entfliehen für kurze Zeit dem Trubel des Alltags, spüren die Einsamkeit, hängen unseren Gedanken nach, nehmen den Duft des feuchten Waldes wahr und lauschen erstaunt dem vielstimmigen Vogelgesang und den uralten Geschichten der Steine.

Wasser aus dem Harz Unsere Wanderung beginnt am kleinen ❶ **Bahnhof Steinerne Renne** der Harzquerbahn, der außerhalb von Hasserode im Wald liegt. Vom Parkplatz überqueren wir zuerst die Bahngleise und laufen an der Bahnstation und einem Fabrikgebäude vorbei. Nach wenigen Schritten erreichen wir das historische Wasserwerk Steinerne Renne, schon 1899 erbaut und noch heute in Betrieb. Gegenüber des Wasserwerks mahnt eine Informationstafel an einen dunklen Abschnitt in der deutschen Geschichte: Auf dem angrenzenden Gelände des Granit- und Schotterwerks montierten während des Zweiten Weltkriegs ausländische Zwangsarbeiter und KZ-Häftlinge Flugzeugtriebwerke.

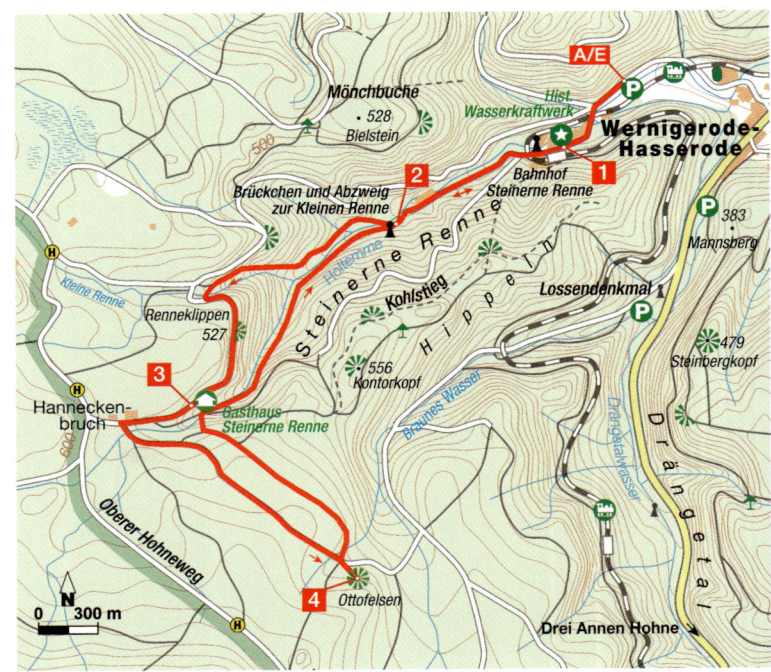

Traumpfade im Harz Nach diesem nachdenklich machenden Einstieg folgen wir dem Lauf der Steinernen Renne auf breitem Pfad flussaufwärts. Schon einen Kilometer weiter führt ein ❷ **Brückchen** über den Fluss; hier zweigt der Kleine Renneweg ab, der einsam und nur vom Rauschen des Wassers begleitet bergan führt. Die imposanteren Gesteinsstufen der Steinernen Renne heben wir uns für den Rückweg auf. Die Kleine Renne bildet geheimnisvolle Becken mit bräunlich schimmerndem, aber klarem Wasser und weiter oben

Auf Du und Du mit der Natur am Wasserfall der Kleinen Renne

einen hohen Wasserfall – besonders an grauen, nebelverhangenen Tagen ein einzigartiges Erlebnis. Wir steigen weiter durch ein eng eingeschnittenes Tal und durch einen wilden Märchenwald, bis wir, recht unvermittelt, auf einen breiten Forstweg, die Bielsteinchaussee, stoßen. Der Fahrweg führt links zum ❸ **Gasthaus Steinerne Renne** und wird von den rätselhaften Renneklippen überragt, die man vom Weg aus gar nicht richtig wahrnimmt. Sie werden auch Wodansklippen genannt, warum, bleibt unklar; nicht alle Geheimnisse gibt der Harz ohne Weiteres preis. Wir laufen weiter auf der Bielsteinchaussee am Gasthaus vorbei. Ein paar Hundert Meter danach biegt ein Waldweg ab zum ❹ **Ottofelsen**, einem der bekanntesten Aussichtspunkte des Harzes. Er erhebt sich inmitten eines finsteren Fichtenwaldes und kann über eine 36 Meter lange Treppenleiter bestiegen werden. Eine Mühe, die mit einem Blick zum Brocken und weiter bis nach Wernigerode belohnt wird.

Gastlichkeit über dem Wasserfall Retour zum ❸ **Gasthaus Steinerne Renne** bietet sich der schon vertraute Hinweg an oder aber ein schmaler Waldweg, der sich etwas unterhalb durch den Wald windet. Am Lauf der Renne halten wir uns rechts und schon leuchtet die rote Fassade des Gasthauses zwischen den Tannen auf. Sobald wir die kleine Brücke über dem Wasserlauf betreten, wird die abenteuerliche Lage des Gasthauses erkennbar. Es scheint oberhalb eines hohen Felsabhangs, über den die Wasser der Renne abwärts sprudeln, zu schweben. Bei der Schneeschmelze

Kraftvoller Urgrund des Waldes: die zauberhafte Becherflechte; auch Moose und Farne siedeln auf abgestorbenem Holz.

schießen hier gigantische Wassermassen hinab. Zurück geht es wieder über die Brücke und nun links am Wasserfall entlang. Eine hübsche Kletterei über feuchte Felsstücke, die selbst bei Sonnenschein rutschig sind. Zur Belohnung öffnen sich immer neue Blickwinkel auf die Steinerne Renne, die nach und nach von ihrem Ungestüm verliert und als braver Waldbach weiterfließt. Schon ist der ❷ **Abzweig zur Kleinen Renne** erreicht und wir laufen auf bekanntem Pfad zurück zum Ausgangspunkt.

Rabenklippe

Lust auf Pinselohren

 Leicht   12 km   816 m   3–4 Std.

Tourencharakter
Einfache Rundtour auf meist gut ausgebauten, breiten Wegen; auch mit dem Kinderwagen leicht zu bewältigen; von der Rabenklippe kann man auf einem steileren Weg auch direkt zur Säperstelle laufen.

Ausgangs-/Endpunkt
Der große Parkplatz am Ortsende von Bad Harzburg

Anfahrt
Bahn/Bus: Nach Bad Harzburg mit der Deutschen Bahn, vom Bahnhof zur Talstation der Burgberg-Seilbahn laufen; erreichbar ist das Gehege von April bis Mitte November auch mit dem umweltfreundlichen Erdgas-Bus »Grüner Harzer« (Buslinie 875, 5-mal täglich ab Bahnhof Bad Harzburg), www.rbb-bus.de.
Auto: Auf der vierspurigen B 4 in Richtung Braunlage zum großen Parkplatz am Ortsende von Bad Harzburg

Einkehr
Waldgasthaus Rabenklippe, 38667 Bad Harzburg, Tel. 05322/28 55, www.rabenklippe.de

Karte
Rad- & Wanderkarte Zum Brocken 1:25 000, 6. Ausgabe, zweiseitige Karte

In der Götterlehre der alten Germanen wird der Luchs der Göttin Freia zugeordnet, deren Wagen er ziehen musste. Da hat es die große Wildkatze im Harz schon besser: Für ausreichenden Lebensraum und Futter wird im Luchsgehege gesorgt.

Das Raubtier Die Hauptattraktion der Rabenklippe sind vier Luchse, die hier im Gehege leben, um die größte europäische Raubkatze im Harz wieder anzusiedeln. Schon vor 200 Jahren war der Luchs in ganz Mitteleuropa ausgestorben – Grund: die intensive Verfolgung durch den Menschen. Inzwischen wurden 24 Katzen mit den auffälligen Büscheln an den Ohren aus dem Gehege in die Freiheit entlassen und sie haben sich eifrig fortgepflanzt.

Vorerst sollen keine weiteren Auswilderungen erfolgen, Jäger zählen inzwischen achtzig frei lebende Katzen in der Harzregion. Luchse brauchen sehr große Jagdreviere, sodass es im Harz bald zu eng werden könnte. Da sind Verbindungen zu anderen Naturschutzgebieten wie etwa dem

Rechte Seite oben:
Seltene Schönheit: der Luchs
Unten: Die Rabenklippe

Thüringer Wald besonders wichtig. Die Auswilderung der Luchse im Harz wird wissenschaftlich begleitet und mittels Halsbandsendern kontrolliert. Verluste von Haustieren und Jagdwild (der Luchs ist nun mal ein Raubtier!) werden ersetzt.

Zum Luchsgehege Vom großen ❶ **Parkplatz an der B4** überqueren wir auf einer Fußgängerbrücke die vierspurige Bundesstraße und laufen auf dem unteren Weg zur Kalte-Tal-Straße. Parallel zu dieser Asphaltstraße verläuft ein Wanderweg, vorbei am Schweineteich, steigt an und erreicht nach gut zwei Kilometern, hinter einer Wegkreuzung, den Abzweig in Richtung Luchsgehege. Über die Tiefe Kohlstelle, wo in früherer Zeit aus Buchen- und Fichtenstämmen Holzkohle gewonnen wurde, gelangen wir über den Firstweg zur ❷ Rabenklippe. Auf der Terrasse der Waldgaststätte Rabenklippe lassen wir uns ein wenig verwöhnen und genießen den Ausblick. Für den Rückmarsch wählen wir den rechts vom Gehege abgehenden Dreibörnerweg. Nach bequemen 1,5 Kilometern geht es links zum ❸ Kreuz des Deutschen Ostens. 1998 durch einen Sturm zerstört, wurde es im Jahr 2000 erneuert. Über den Kreuzweg erreichen wir den Wegestern ❹ Säperstelle mit der Bernhard-Eberling-Hütte. An der Säperstelle, einem alten Begriff für Holzentrindungsplatz, laufen wir auf dem Kaiserweg zur ❺ Harzburg, auf dem Heinrich IV. vor der Belagerung der Harzburg durch die Sachsen im Jahr 1073 geflohen sein soll. Von der Feste sind kaum mehr als der alte Pulverturm und der Burgbrunnen erhalten geblieben. Ein schöner Ausblick tröstet uns darüber hinweg. Hinab nach Bad Harzburg und zurück zum Ausgangspunkt gelangen wir über einen steilen Abstieg; mit der Seilbahn ist es natürlich viel bequemer.

4 Achtermannshöhe

Ein Wintermärchen

Leicht · 5 km · 159 m · 1:30–2 Std.

Tourencharakter
Einfache Tour, im Winter werden die Forststraßen für Wanderer geräumt; auf den letzten Metern zur Kuppe erleichtern Steinstufen und Haltestange den Gipfelsturm, bei Schnee und Eis dennoch nicht ganz einfach.

Ausgangs-/Endpunkt
Parkplatz Königskrug

Anfahrt
Bahn/Bus: Buslinie 820 Bad Harzburg-Braunlage, www.rbb-bus.de.
Auto: Auf der der B4 von Braunlage Richtung Bad Harzburg zum Parkplatz Königskrug

Einkehr
Gasthof Königskrug, 38700 Braunlage, Tel. 05520/1350

Karte
Rad- & Wanderkarte Zum Brocken 1:25000, 6. Ausgabe, zweiseitige Karte

Obwohl die Achtermannshöhe mit 925 Metern nur der fünfthöchste Berg im Harz ist, ist die markante Kuppe aus Hornfels, die über die Baumgrenze ragt, selbst von weit entfernten Orten im Harz gut zu erspähen.

Eiskalt im Harz Obgleich die Besteigung nach nur zwei Kilometern ohne große Anforderungen geschafft ist und der Berg eine wunderbare Aussicht bietet, bleibt die Achtermannshöhe ein Geheimtipp. Ein Andrang wie auf dem Brocken scheint auf dem eng begrenzten Gipfel auch nur schwer vorstellbar. Ihren ganz besonderen Reiz entfaltet diese Route allerdings im Winter. Man stelle sich einen kalten Januartag vor, in der Nacht ist das Thermometer unter 20 Grad Minus gefallen und wird auch am Tag die 15-Grad-Marke nicht knacken. Als Entschädigung wölbt sich ein unendlich blauer Himmel über dem Harz, wie man ihn aus Kindheitstagen kennt – die richtigen Voraussetzungen für eine Achtermann-Winterbesteigung. Der Ausgangspunkt, das Rasthaus ❶ **Königskrug**, liegt an der B4.

Bergkrone aus Eis und Hornfels – der Gipfel der Achtermannshöhe mit Blick zum Brocken

Die warmen Stiefel geschnürt, Daunenjacke übergestreift und vor allem: eine Thermoskanne mit heißem Tee nicht vergessen. Neuer Schnee ist in der kalten Nacht nicht gefallen. Am Königskrug beginnen mehrere Langlaufloipen, der Weg zum Achtermann wird auch für Wanderer freigehalten; einfach der Ausschilderung folgen. Auf dem sogenannten Milliardenweg geht es geradeaus und leicht bergan, dann biegt rechts eine Schneespur ab. Jetzt heißt es, den schmalen Weg mühsam hinaufzustapfen, vorbei am Achtermannstor, einem Fels mit dicker Schneemütze. Erst das letzte Stück hinter der Schutzhütte, direkt unterhalb des ❷ **Achtermanngipfels**, ist völlig vereist und erfordert trotz des Geländers große Aufmerksamkeit. Wild durcheinandergewürfelte Felsbrocken türmen sich

Durch einen verzauberten Märchenwald zur Achtermannshöhe

auf; hier suche ich mir ein Plätzchen, koste den Blick auf den nahen Brocken und den Westharz in Ruhe aus. Lange bleibe ich nicht allein, andere Wanderer kommen, steigen den Pfad herauf, wir plaudern ein wenig: Nichts zum Aufwärmen im Rucksack? – Der Tee wird also geteilt. Die Einsamkeit, die Weite, die Schönheit der Natur lassen die Herzen gemeinsam höherschlagen.

Brocken

Ein Kindheitstraum wird wahr

Mittel · 16 km · 269/848 m · 4 Std.

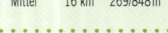

Tourencharakter
Mittelschwere Wanderung auf größtenteils breiten Wegen, aber auch auf schmalen und steil bergab führenden Pfaden

Ausgangs-/Endpunkt
Gipfel des Brocken

Anfahrt
Bahn/Bus: Mit der Harzquerbahn von Nordhausen oder Wernigerode nach Drei Annen Hohne, dann weiter mit der Brockenbahn, www.hsb-wr.de. **Auto:** Von Wernigerode-Hasserode auf der L 100 zum Bahnhof Drei Annen Hohne und weiter mit der Brockenbahn zum Gipfel

Einkehr
Der Brockenwirt, Brockenstraße 38, 38879 Schierke, Tel. 039455/268, www.brockenwirt.de

Karte
Rad- & Wanderkarte Zum Brocken 1:25 000, 6. Ausgabe, zweiseitige Karte

Der Höhepunkt einer jeden Harzreise ist die Besteigung des Brockens – schon Heine und Goethe konnten sich seinem Bann nicht entziehen. Sie eroberten die gewaltige, kahle Bergkuppe zu Fuß. Zu einer wahrhaft magischen Reise wird die Gipfeltour jedoch mit der Dampfeisenbahn.

Der kleine Bahnhof von ➊ Drei Annen Hohne sieht wirklich aus wie auf einer Modellbahnanlage. Schnaufende, schwarze Lokomotiven, die alten kugeligen Wasserspeicher, die Eisenbahnschaffner mit ihren roten Schirmmützen und Kellen, selbst die etwas prosaischen Triebwagen gab es in meiner Kindheit schon als Modellspielzeug. Das alles begeistert das Kind im Manne, der sich hier zahlreich als Hobbyfilmer und Fotograf betätigt, aber auch Frauen und Kinder sind hingerissen. In Scharen kommen sie an diesem schönen Spätsommertag und alle wollen hinauf zum ➋ Brocken. Die begehrtesten Plätze befinden sich nicht im Büfett-Wagen oder auf den gepolsterten Sitzbänken der Waggons, erst auf der Plattform über der Wagenkupplung wird die Fahrt zur Magical Mystery Tour.

Der Brockengipfel ist eine flache Kuppe ohne Bäume, mit einem Klima, das man eher in Island erwartet. An 300 Tagen im Jahr herrscht hier oben Nebel. Aber wenn die Sonne scheint, ist schnell aller Regen, Hagel, Sturm

Der Brockengipfel

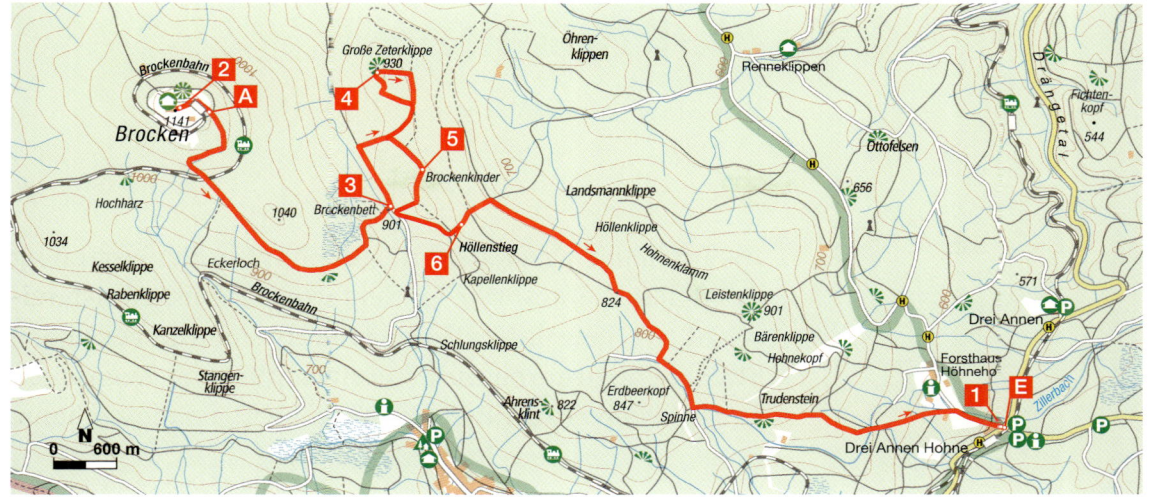

vergessen, alles einfach wunderbar – und voll. Das tut der herrlichen Aussicht aber keinen Abbruch. Viele Besucher spazieren nach der obligatorischen Erbsensuppe mit Bockwurst auf dem Gipfelrundweg und stecken ihre Nase ins Nationalparkhaus. Naturfreunde bestaunen die internationale Pflanzenwelt des Brockengartens: Brockenanemonen, Enziane und viele andere alpine Gebirgspflanzen. Wir aber möchten den Zauber des Brockens und seiner nächsten Umgebung hautnah erleben und suchen einen Abstieg zu den Zeterklippen. Über die belebte Brockenstraße erreichen wir nach vier Kilometern das ❸ **Brockenbett**, auf exakt 900 Meter Höhe. Der Hinweis zu den Zeterklippen fehlt, wir nehmen den mit einem grünen Balken gekennzeichneten Weg links und laufen einen Kilometer leicht bergab. Ab hier ist der Weg zur ❹ **Großen Zeterklippe** gut ausgeschildert. Er führt über eine lichte Hochebene mit hohem Gras und niedrigen Fichten, aus der verstreut Granitbrocken herausragen, die sich immer höher auftürmen. Die riesigen, übereinander ruhenden Felswürfel der Zeterklippe erinnern an braune Würfelzuckerstücke; ein gigantisches Beispiel für die harztypische Wollsackverwitterung. Die Zuckerwürfel erklimmen wir über eine Eisenleiter, erblicken den nahen Brocken, in der anderen Richtung den imposanten Rücken eines ruhenden Drachens, den Hohnekamm (Tour 6).

Auf gleichem Weg wandern wir zurück bis zum Weißtannenheiweg, hier nun links in Richtung Drei Annen Hohne. Über die ❺ **Brockenkinder**, eine beschwerlich zu überwindende hohe Felsstufe, treffen wir auf den Glashüttenweg, über den wir recht bequem zum Bahnhof Drei Annen Hohnen laufen könnten. Spannender aber ist der Abstieg über den ❻ **Höllenstieg**, nach 500 Metern auf dem Glashüttenweg links. Sportliche Wanderer werden sich den Namen ins Notizbuch schreiben und als Herausforderung für die nächste Brockenbesteigung vormerken. Wir hüpfen jedoch über Wurzeln und Steine den Höllenstieg abwärts, überqueren den Forstmeister-Sietz-Weg und steigen weiter hinab bis zur nächsten Forststraße. Sie führt uns gemächlich über das Wegekreuz Spinne und den Trudenstein (Tour 6) zurück zum Bahnhof aus dem Spielzeugland, ❶ **Drei Annen Hohne**.

Hohnekamm

Ein Blick auf den Anfang der Erde

● Mittel   🚶 12 km   🏔 443 m   🕐 4 Std.   🚌

Tourencharakter
Fordernde Tour von mittlerer Länge
mit kurzen, steilen Anstiegen; über
den Hohnekamm führen felsige,
teilweise auch feuchte Pfade.

Ausgangs-/Endpunkt
Bahnhof Drei Annen Hohne (großer
Parkplatz)

Anfahrt
Bahn/Bus: Mit der Harzquerbahn
von Nordhausen oder Wernigerode nach Drei Annen Hohne,
www.hsb-wr.de. **Auto:** Von Wernigerode-Hasserode auf der L 100 zum
Bahnhof Drei Annen Hohne

Einkehr
Unterwegs keine

Karte
Rad- & Wanderkarte Zum Brocken
1:25000, 6. Ausgabe, zweiseitige
Karte

Als Trip in die Urzeit der Erde entpuppt sich die Tour über den Hohnekamm. Wir entdecken eine wüste Felsland-schaft mit gewaltigen Klippen, auf denen die bleichen Stämme abgestorbener Bäume standhalten. Doch auch neues Leben erwacht: Birken, Vogelbeerbäume und junge Bergfichten erobern ihr Revier zurück.

Start in die Wildnis Noch spüren wir nichts von Einsamkeit und Wildnis, die uns erwarten. Am ❶ **Bahnhof Drei Annen Hohne** herrscht der übli-che Betrieb: Fahrgäste warten geduldig auf die Brockenbahn, Motorrad-fahrer trinken Kaffee, Kinder ziehen ihre Eltern zum Löwenzahn-Ent-deckerpfad von TV-Moderator Peter Lustig. Wir schlagen den breiten Weg in Richtung Brocken ein. Schon nach wenigen Metern locken uns gelbe Farbtupfer auf eine große Wiese, die Hohnewiese. Natürlich machen wir Halt und wollen wissen, was denn da so blüht und leuchtet. Nach dieser kleinen botanischen Exkursion geht es steil bergauf, am Wegkreuz mit Rastplatz biegen wir links ab in Richtung ❷ **Trudenstein**, den wir rasch erreichen. Trude bedeutet so viel wie Hexe. Der markante Felsen hat

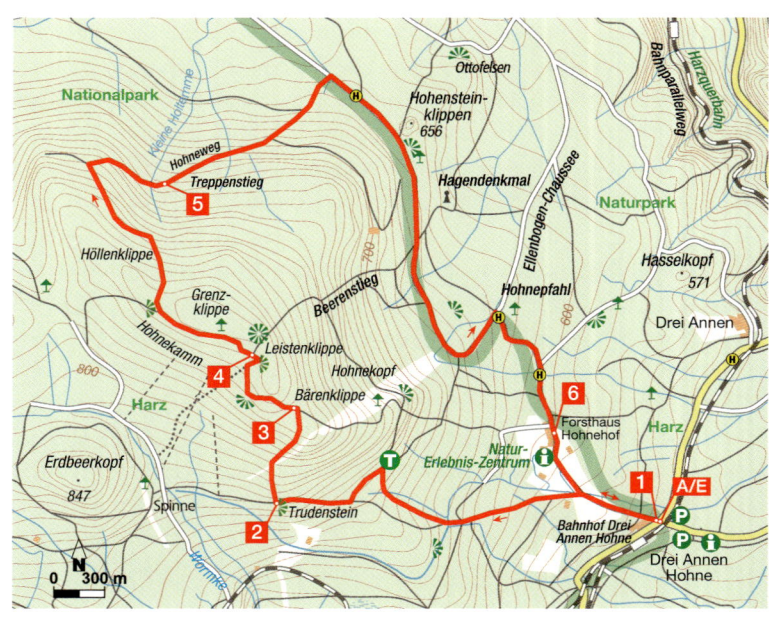

schon den romantischen Maler Caspar David Friedrich fasziniert, der ihn für sein Gemälde *Der Watzmann* als Vordergrund verwendete. Wie die Felsformation in die Alpen kam, das wissen nur die Hexen – mit Photoshop allein war das jedenfalls nicht möglich.

Am Trudenstein führt ein Steilweg rechts hoch zum Hohnekamm. Nach knapp einem Kilometer anstrengenden Aufstiegs erreichen wir auf einer Höhe von über 800 Metern ein Plateau; eine fast unwirkliche Welt tut sich auf. Hinter einem jungen Wald aus Fichten und Ebereschen bilden die urtümlichen Felsformationen des Hohnekopfs und der ❸ **Bärenklippe** die Kulisse. Der Weg windet sich zwischen den Felszacken hindurch, wir streifen traumwandlerisch durch eine wahre Eiszeitlandschaft. Flechten und Moose zaubern fantastische Muster auf die Klippen; auf den Steinriesen hingeworfene Felsbrocken, manche groß wie gestrandete Wale. Nach nur einem Kilometer, für den wir fast eine Stunde brauchen (so viel gibt es zu sehen, zu entdecken, zu bewundern), erreichen wir die 901 Meter hohe ❹ **Leistenklippe**, die wir über eine Leiter besteigen. Die Leistenklippe ist nicht nur ein Aussichts-, sondern auch ein Wegepunkt; hier treffen mehrere Pfade aufeinander. Wir entscheiden uns für den Weg in Richtung Grenzklippe bzw. Brocken. Die Landschaft wird immer unwirklicher und einsamer … so muss Tolkiens Mittelerde ausgesehen haben. Zurück zur Zivilisation ginge es geradeaus bis zum Glashüttenweg, wir aber können nicht genug bekommen und suchen den nur schwer zu findenden Pfad, der zur Höllen- und zur Landmannklippe führt. Dieser Weg ist nicht ausgeschildert, nur mit einem roten Farbpunkt markiert und bringt uns zum ❺ **Treppenstieg**, über den es wieder abwärts geht bis zum Oberen Hohneweg. Wir folgen der Fahrstraße über den Hohnepfahl und das ❻ **Forsthaus Hohnehof**, in dem jetzt ein Erlebniszentrum des Nationalparks untergebracht ist, zurück nach Drei Annen Hohne.

Einsamkeit umfängt die rauer Felsen des Hohnekamms.

Wolfswarte

Von Kräutern und Wölfen am Bruchberg

Mittel	14 km	529 m	4 Std.	

Tourencharakter
Mittelschwere Bergtour mit steilem Aufstieg, aber auf breiten Wegen; der Rückweg über den Butterstieg erfordert Trittsicherheit und kann in Abschnitten auch rutschig sein.

Ausgangs-/Endpunkt
Kräuterpark, am Ortsausgang Altenau

Anfahrt
Bahn/Bus: Nach Altenau fährt von Osterode der Regiobus 462; die Linie 831 startet in Goslar und fährt über Clausthal-Zellerfeld bis Altenau; auch der Bus 840 verbindet Altenau mit Clausthal-Zellerfeld, www.rbb-bus.de. **Auto:** Nach Altenau und weiter Richtung Torfhaus bis zum Kräuterpark am Ortsausgang

Einkehr
Unterwegs keine; in Altenau gibt es zahlreiche Gasthäuser.

Karte
Wander- und Fahrradkarte Der Oberharz 1:30 000

Wo einst im Harz die Wölfe heulten, können die Kräuterhexen nicht weit gewesen sein. In Altenau, unter dem Bruchberg, befindet sich der größte Kräuterpark Europas, in dem man alles Wissenswerte über die Heilkräfte vieler Pflanzen erfährt.

Der letzte Wolf wurde 1724 im Südharz erlegt. So behauptet es zumindest die Inschrift eines Denkmals, das zu seinen Ehren in Breitenbach errichtet wurde. Die vorläufig letzte verbürgte Wolfsjagd im Harz fand jedoch im Jahr 1798 unter der Leitung des Grafen Ferdinand statt. Der Name Wolfswarte bezeugt, dass auch auf dem sumpfigen Bruchberg seinerzeit die Wölfe in großer Zahl hausten. Bald könnte es abermals so sein, denn frei lebende Wölfe siedeln seit 15 Jahren wieder in Deutschland und ihre Rückkehr in den Harz ist bereits im Gang. Aber die Raubtiere rufen bei den Menschen immer noch Befürchtungen und Entsetzen hervor. Die alten Germanen jedoch achteten den Wolf als das Tier Wodans. Erst unter dem Einfluss des Christentums wurde Wodan in den »Wilden Jäger« verwandelt und seine Wölfe in dessen Hunde, bis zuletzt aus diesen der ge-

spenstische Werwolf wurde. So lesen wir es im Großen Brehm. Heute versuchen Naturschützer, Landwirte und Jäger sich auf die Rückkehr des Wolfes vorzubereiten … erste Sichtungen hat es bereits gegeben.

Wir beginnen unsere Wanderung am Ortsende Altenau in Richtung Torfhaus, laufen am ❶ **Kräuterpark** vorbei in Richtung Dammgraben bis zum Schnaidwassertal. Hier rechts über eine Brücke, über Parkplatz und Landstraße ins ❷ **Tischlertal**. Der breite Weg durchs Tal steigt nur leicht an, wird schmaler; wir bleiben in Richtung Wolfswarte und erreichen nach 1,3 Kilometern den ❸ **Dammgraben**, dem wir nun nach rechts folgen. Durch den gefassten Wasserlauf rennt eilig das Wasser. Wir begleiten den Graben bis zu einem breiten Forstweg, ein verwittertes Schild führt uns links. Nach 300 Metern erreichen wir den Baumannweg, auf dem es jetzt immer bergauf Richtung Wolfswarte geht. Für Unterbrechung sorgt ein kleiner Abstecher zu den scharfkantigen ❹ **Okerfelsen** oder eine Rast an der Schutzhütte mit dem schönen Namen ❺ **Wilde Sau**. Die großen Moore des Bruchbergs sind nicht zu sehen, wohl aber zu hören. Überall rieselt und rauscht es, sammelt sich Wasser zu kleinen Rinnsalen. Die Blaubeeren sehen so anders aus – sind es vielleicht Rauschbeeren? Heidekraut blüht; ist es Callunaheide oder doch Rosmarinheide? Darüber machen wir uns am Ende der Wanderung im Kräuterpark kundig.

Naturromanze Die 918 Meter hohe ❻ **Wolfswarte** ist nicht der höchste, doch der markanteste Gipfel auf dem Bruchberg; ein wilder Steinhaufen mit gelben und grünen Flechten teuflisch überzogen. Wir können uns vom Blick auf den Brocken bis zur vielfältigen Landschaft des Westharzes nicht losreißen. Dann der Abstieg über den ❼ **Butterstieg**, eine Romanze in Sachen Natur. Wurzelreich und steinig verschwindet er im dichten Tann, überquert einen Fahrweg, erreicht schließlich die Steile-Wand-Straße zwischen Altenau und Torfhaus. Den Pfad nach Altenau kennen wir bereits und folgen daher dem ausgeschilderten Wellnerweg noch fünf Kilometer bis zum Kräuterpark.

Rosstrappe

So von oben herab

Mittel   15,5 km   986 m   5 Std.

Tourencharakter
Mittellange Wanderung, die keine
besonderen Anforderungen stellt

Ausgangs-/Endpunkt
Todtenrode

Anfahrt
Bahn/Bus: Für An- oder Rückfahrt
fährt man von Thale mit dem Bus
257 der HVB über Treseburg und
Altenbrak bis zur Haltestelle Ha-
senteich; von hier ist es 1 km bis
Todtenrode; Thale erreicht man mit
dem HarzElbeExpress von Magdeburg über Halberstadt, www.
hex-online.de und www.hvb-harz.
de. **Auto:** Von Thale über die L 93
zum Forsthaus Todtenrode

Einkehr/Übernachtung
Zum Alten Forsthaus Todtenrode,
06502 Thale (OT Altenbrak), Tel.
039456/567 88, www.todtenrode.de

Karte
Luchs-Wanderkarte Bodetal
1:30000

Der spektakuläre Sprung über das Bodetal, der Abdruck eines Hufes im Fels – die Rosstrappenerzählung dürfte wohl die bekannteste des umfangreichen Harzer Sagenkranzes sein. Wir stellen die sagenumwobene Rosstrappe in die Mitte einer beschaulichen Wanderung durch Harzer Wälder.

Wiesen und Wälder Zwischen Bodetal und dem nördlichen Harzvorland, zwischen Thale, Treseburg und Hüttenrode erstreckt sich eine stille Waldlandschaft mit dem Naturschutzgebiet Steinköpfe. Am östlichen Rand des Gebietes liegt eine der wunderbaren Bergwiesen des Harzes; bei aufgehender Sonne äsen Rehe und Hirsche, Tau glitzert in den Netzen großer Kreuzspinnen. In der Nachbarschaft liegt ❶ **Todtenrode**, nicht mehr als ein Forsthaus und ein freundlicher Gasthof. Bereits von hier ist der Wanderweg zur Rosstrappe ausgeschildert, wir aber machen zuerst einen kleinen Schlenker zum gut einen Kilometer entfernten Aussichtspunkt ❷ **Böser Kleef**. Zugegeben, es war der Name, der uns hierher lockte und für den wir keine Erklärung gefunden haben. Der Ausblick ins Bodetal mit seinen bewaldeten und wiesenreichen Berghängen und dem Örtchen Altenbrak gibt uns einen kleinen Vorgeschmack auf das Panorama, das uns an der Rosstrappe erwarten wird. Also weiter Richtung Rosstrappe. Vor-

Informieren am Gedenkstein
des Forstmeisters von Langen

Blick von der Rosstrappe ins tief eingeschnittene Bodetal

In der christlichen Marien-verehrung spielt das Mai-glöckchen eine bedeutende Rolle.

bei am ❸ **Mahnstein** für den Oberjäger und Forstmeister Johann Georg von Langen führt der Weg über eine Freifläche; einzeln stehende Birkenstämme ragen aus dicht wachsendem Himbeergestrüpp und Weidenröschen hervor. Vom Sturm stark beschä-digt, treiben sie trotzdem wieder aus und grünen aufs Neue; die Forstwirtschaft ver-traut auf die Selbstheilungskräfte der Natur. Wir stoßen auf die Landstraße von Tre-seburg nach Wienrode just an der Stelle, wo die Straße nach Thale abzweigt. In Richtung Wienrode laufen wir 200 Meter über Asphalt, biegen rechts auf einen Wald-weg ein und schreiten forsch aus, obgleich der Boden an manchen Stellen vom Regen durchnässt ist. Die Sonne strahlt durch die Zweige der Bäume und lässt den düsteren

**Die Plastik des Berg-
mönchs auf dem Mythen-
weg in Thale**

Wald heiter erscheinen – eine wahre Waldeslust. Der Weg endet an der Autozufahrt zur Rosstrappe, der wir jetzt einen Kilometer bis zum Gasthaus folgen. Rechts der Straße steigt eine Art Wall empor, Befestigungsreste der ❹ **Winzenburg**. Der Hauptwall ist etwa 500 Meter lang und sechs Meter hoch. Er gehört zu den vorgeschichtlichen Wallanlagen und Kultplätzen, mit denen der Zugang zum Bodetal gesichert wurde. Auch auf der gegenüberliegenden Seite des Bodetals, am Hexentanzplatz, befindet sich eine vergleichbare Anlage: der Sachsenwall. Das Hochplateau der Rosstrappe war leicht zu schützen; es kann nur aus westlicher Richtung erreicht werden, alle anderen Seiten fallen über 200 Meter steil ab. An der nordöstlichen Seite erhob sich eine 80 Meter lange Toranlage; damit gehört die Winzenburg zu den größten uns bekannten Befestigungsanlagen der Vorzeit. Sie wurde seit Beginn der Bronzezeit vor etwa 4500 Jahren bis ins Mittelalter genutzt. Hoch über dem Tal, wo sich heute der Aussichtspunkt befindet, sind Vertiefungen im Felsgestein zu erkennen, die vermutlich als Opferbecken genutzt wurden. Auch noch nach der Christianisierung verehrten die Bewohner des Harzes hier ihre alten Götter. Ein kleiner, aber feiner Rundwanderweg führt zu den noch erkennbaren Stellen der Winzenburg.

Blutrotes Wasser Am Parkplatz und Sessellift eilen wir vorbei, und über die Sonnenterrasse des Gasthauses hinweg gelangen wir zum Touristenmagneten ❺ **Rosstrappe**. Ein felsiger Stolperpfad führt zum weit ins Bodetal hineinragenden Aussichtsfelsen. Und endlich erblicken wir eine mit Regenwasser gefüllte Vertiefung, die Rosstrappe. Wenn das der Hufabdruck eines Pferdes ist, muss es ein gewaltiger Gaul gewesen sein. Die Sage von der Rosstrappe ist ja bekannt. Nicht? Der Riese Bodo, nach anderer Schilderung ein Ritter Bodo aus Böhmen, war hinter der Königstochter Brunhilde her. Diese floh mit ihrem Pferd vor dem ungehobelten Kerl und konnte sich nur durch einen kühnen Satz über die Schlucht retten. Beim Aufprall soll eben jener Abdruck im Felsen entstanden sein. Bodo aber stürzte in die Tiefe hinab und ertrank im Fluss, der seither seinen Namen trägt. Damit ist die Geschichte aber noch nicht zu Ende, denn die Königstochter verlor beim Sprung ihre Krone, die ebenfalls in den Fluten versank. Glücksritter versuchten nach der goldenen Krone zu tauchen, die Bodo jedoch eifersüchtig bewacht. Spätestens beim dritten Versuch reißt Bodo jeden Taucher in die Tiefe hinab und das Wasser des Flusses färbt sich blutrot.

Hinab zur Bode Wer Ambitionen auf die Krone hat, muss ins Bodetal absteigen. Entweder schwebt man per Sessellift bequem hinab oder läuft über den Präsidentenweg nach ❻ **Thale**, was auch nicht viel anstrengender ist. Das Bodetal zwischen Rosstrappe und Thale, nicht gerade einsam, ist dennoch ein schöner Ort; die Wege sind bequem, der Fluss hat große Kiesel herangetragen, auf denen es sich sagenhaft träumen lässt. Ob sich wohl aus dem Murmeln und Glucksen des Wassers noch weitere geheimnisvolle Geschichten heraushören lassen? Wenn nicht: Einen Überblick zu den Mythen des Harzes bietet auf jeden Fall der Mythenweg in Thale, ein Skulpturenpfad quer durch die Harzstadt. Zurück zum Gasthaus Todtenrode verläuft der Weg anfangs über die schon bekannte Zufahrtstraße bis zur Einmündung auf die Landstraße. Ab hier folgen wir dem uns noch unbekannten Waldpfad geradeaus in Richtung Wienrode durch das Naturschutzgebiet Steinköpfe. Knapp zwei Kilometer sind es durch das bewaldete Tal zwischen den Höhen Steinköpfe und Pfennigscheißer, bis wir wieder auf die Landstraße von Treseburg nach Wienrode stoßen. Ihr folgen wir 300 Meter bergab, bis links der Weg von Timmenrode nach ❶ **Todtenrode** abzweigt.

Ein entspannendes Fußbad in der Bode bei Thale

9 Hexentanzplatz

Den Besen von hinten aufgezäumt

Schwer 26 km 352/324 m 6–8 Std.

Tourencharakter

Mittelschwere Wanderung; der Abstieg in den Bodekessel kann rutschig sein, der Aufstieg zum Hexentanzplatz ist anstrengend; ansonsten unproblematisch.

Ausgangs-/Endpunkt

Treseburg

Anfahrt

Bahn/Bus: Thale erreicht man mit dem HarzElbeExpress von Magdeburg über Halberstadt; von Thale nach Treseburg verkehrt die Q-Bus-Linie 256, die auch über den Hexentanzplatz fährt, www.hex-online.de und www.hvb-harz.de. **Auto:** Von Thale über die L 93 nach Treseburg

Einkehr/Übernachtung

Gasthaus Königsruhe, Hirschgrundweg 1, 06502 Thale, Tel. 03947/27 26, www.koenigsruhe.de

Karte

Luchs-Wanderkarte Bodetal 1:30 000

Wir erobern den Hexentanzplatz von Treseburg her, pirschen durchs zunächst friedvolle Bodetal, doch dann rücken Felsen bedrohlich zusammen, der Bodekessel tief unter uns, Wasser brodelt, rauscht und zischt – eine eigentümliche Spannung liegt in der Luft.

Harzer Grand Canyon Der Wanderweg durchs Bodetal beginnt in ❶ **Treseburg** an der Straßenbrücke über den Fluss. Ein breiter Weg begleitet zunächst den Wasserlauf, der hier durch feuchten Auwald sanft dahinströmt. Ruhig schreiten wir voran, das Tal wirkt ganz unspektakulär. Eine erste Ahnung auf Kommendes geben die zahlreichen Feuersalamander, die den feuchten Pfad kreuzen. Ganz im Gegensatz zu ihrem Namen kommen die nachtaktiven Amphibien nur bei nassem Wetter aus ihren Verstecken hervor. Obgleich wir flussabwärts wandern, steigt der Weg an, anfangs kaum spürbar, doch bald schon blickt man aufs Wasser hinab. Die Hänge des Tales rücken näher zusammen, schwarze, spitz gezahnte Granitfelsen engen den Pfad ein. Immer höher strebt der Weg, wird steiler und steiniger, tief unter uns rauscht, gewaltige Felsbrocken umflutend,

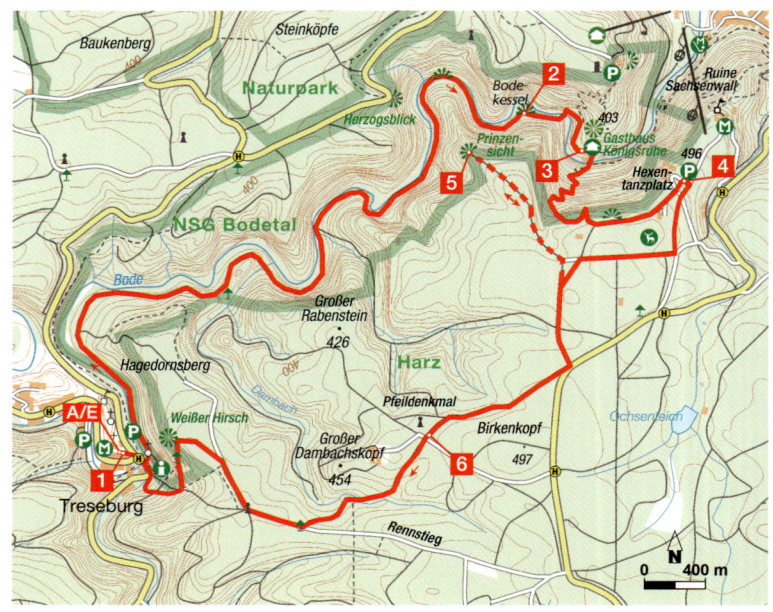

die wild gewordene Bode. Plötzlich geht es steil bergab, über tiefe Stufen und krumme Treppen, mal scharfkantig, mal feucht und rutschig. Der Abstieg führt in den ❷ **Bode-kessel**, manchmal auch der Grand Canyon des Harzes genannt. Eine nette Übertreibung, doch nicht ohne ein Körnchen Wahrheit, denn wie hier die Wasser durch die enge Felsenklamm schießen, ist ein beeindruckendes Schauspiel.

Zurück zur Zivilisation Nach diesem Ausflug in den Hades des Harzes mit seinen urzeitlichen Kräften gelangen wir am ❸ **Gasthaus Königsruhe** zurück in die Zivilisation. Keine schlechte Idee, jetzt auf gleichem Weg zurückzuwandern – aber am Gasthaus lockt uns eine schöne Bogenbrücke aus alten Sandsteinquadern, die Jungfernbrücke, zum Gang über die Bode. Bewundernd blicken wir auf den reißenden Fluss, klettern neugierig weiter über einen sehr steilen Pfad und landen auf dem ❹ **Hexentanzplatz**; schon im Faust verewigt, heute aber eins der größten Tourismus-Highlights des Harzes. Kommentarlos übergehen wir den ganzen Rummel und widmen uns den historischen Hinter-

Das Wasser rauscht und zischt durch die enge Klamm des Bodekessels.

gründen dieses außergewöhnlichen Ortes. Wie auf der gegenüberliegenden Rosstrappe wurde der Hexentanzplatz bis in die christliche Zeit hinein als Fliehburg und Kultstätte genutzt. Sie war von Bedeutung für große Teile des Harzes und des Vorlandes. Der Sachsenwall, wie die Fliehburg auf dem Hexentanzplatz genannt wird, wurde zwischen 750 und 450 v. Chr. errichtet, eine zwei Meter hohe Trockenmauer mit einer Länge von 150 Metern. Der 1,5 Tonnen schwere Opferstein, der in der Walpurgishalle zu sehen ist, entstammt der Zeitenwende. Im Stein eingemeißelt ist eine Swastika, das uralte Sonnensymbol, das von den Nazis als Hakenkreuz missbraucht wurde. Eine Alternative zum turbulenten Hexentanzplatz finden wir auf der ruhigeren ❺ **Prinzensicht**; die imposante Panoramastelle gewährt einen letzten Blick auf das Bodetal, dem wir nun den Rücken kehren, und wir wandern in südlicher Richtung über eine bewaldete Hochfläche zur Landstraße Thale–Friedrichsbrunn. Vor der L240 biegen wir rechts auf einen Forstweg ab und gelangen zum ❻ **Pfeildenkmal**. Wir bleiben auf dem Hauptweg durchs Dambachtal und stoßen wenig später auf den Rennsteig, hier geht es rechts bis zur nächsten Kreuzung. Die Markierung Weißer Hirsch lotst uns zum Aussichtspunkt über Treseburg; nach steilem Abstieg erreichen wir unseren Ausgangsort.

10 Questenberg

Unter Wodans Kappe

Leicht | 6 km | 400 m | 1:30–2 Std.

Tourencharakter
Kurze, nur 6 km lange, aber hoch-
interessante und abwechslungsreiche Wanderung, für die man auf
jeden Fall mehrere Stunden einplanen sollte

Ausgangs-/Endpunkt
Parkplatz und Bushaltestelle am
Ortsende Questenberg in Richtung
Wickerode

Anfahrt
Bahn/Bus: Buslinie VGS-451
Roßla–Wickerode–Questenberg–
Agnesdorf–Breitungen der Südharz-
linie, www.vgs-suedharzlinie.de.
Auto: Nach Questenberg und weiter
Richtung Wickerode bis zum Park-
platz am Ortsende

Einkehr
Gasthaus Zur Queste, Dorfstraße 9,
06536 Questenberg, Tel.
034651/27 92, www.zurqueste.de

Karte
Kompass 1:50 000, WK 450 Harz
(2 Karten)

Wenn sich im Winter dichte Nebel auf die Kalkberge um Questenberg legen, raunen die Alten: »Wodans Kappe«. Unter der Nebelkappe verbergen sich drei geheimnisvolle Burgen, ein uraltes heidnisches Fest, Bäche, die unterm Fels verschwinden, und ein hölzerner Roland.

Ein jahrtausendealter Sonnenkult Vom Parkplatz ❶ Questenberg in Richtung Wickerode führt ein ausgeschilderter Wanderweg durch die Karstlandschaft hinauf zur ❷ Queste. Steil steigt der Pfad aus dem Tal der Nasse an, auf hellem Kalkstein wachsen Heidekraut, Glockenblumen und eine ungewöhnliche Nelkenart: Ebensträußiges Gipskraut gedeiht eigentlich in alpinen Regionen. Nach knapp einem Kilometer erreichen wir das Plateau der Queste und blicken direkt auf das tief unter uns liegende Dorf Questenberg und die Ruine der Questenburg auf einem Felssporn gegenüber. Das Plateau wird von der Queste beherrscht, ein zehn Meter hoher Eichenstamm mit einem großen Kranz aus Birkenlaub und seitlichen Reisigbüscheln; sie erinnert an ein keltisches Kreuz und ist das Symbol eines germanischen oder noch älteren Sonnenwendkults. Stamm und Querbalken der Queste teilen den Kreis in die vier Jahreszeiten.

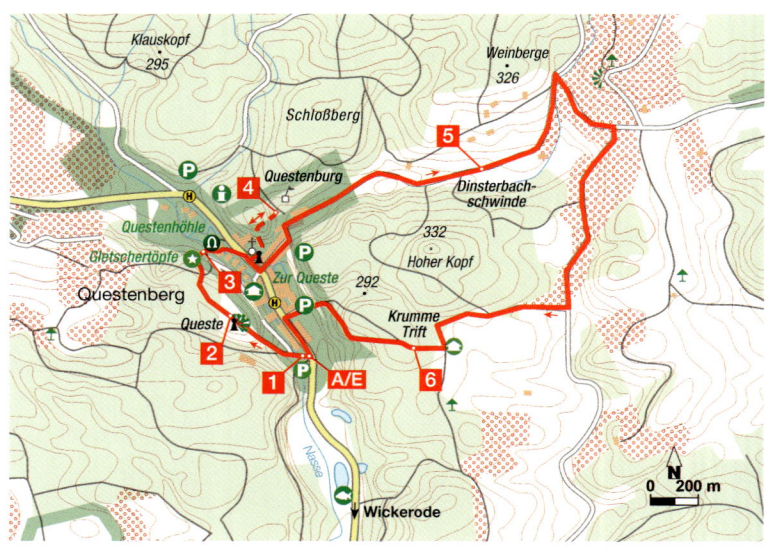

Gletschertöpfe und Questenburg Der Abstieg zum Dorf führt an den Gletschertöpfen vorbei, die vor dem früheren Zugang zur ❸ Questenhöhle liegen. Es handelt sich um Strudellöcher, die der Fluss Nasse aus dem Gipsgestein gewaschen hat und in dem harte Kiesel hängen geblieben sind. Die Questenhöhle kann nicht mehr betreten werden, wir folgen dem Karstwanderweg durch den Ort bis zur Kirche und zum hölzernen Roland unter der Dorflinde. Hinter der Kirche führt ein kurzer, aber steiler und unbefestigter Pfad hinauf zur ❹ Questenburg, um 1270 erbaut. Bis zum Dreißigjährigen Krieg war sie bewohnt, danach verfiel sie allmählich. Wer sich tief bückt, um einen Blick ins Innere des Bergfrieds riskieren zu können, entdeckt auf den grünen Steinquadern ungewöhnliche Ritzzeichnungen. Über die Bedeutung dieser Zeichen wurde viel gerätselt – sie erinnern an handwerkliches und landwirtschaftliches Gerät.

Zurück im Dorf folgen wir wieder dem Karstwanderweg und biegen links in die Hirtengasse ein; der Schotterweg führt an der Haselbornschwinde vorbei und weiter zur ❺ Dinsterbachschwinde, der beeindruckendsten und größten Schwinde im Südharz. Diese Bäche, der Name deutet es an, verschwinden im Kalkgestein und fließen unterirdisch weiter. Zur Dinsterbachschwinde führt vom Fahrweg ein Pfad quer durch eine blühende Wiese zu einem hell leuchtenden Kalkfelsen, tief eingeschnitten ein Spalt, in dem sprudelnd die Schmelzwasser im Frühjahr oder nach starkem Regen geheimnisvoll verschwinden. Die Ausspülung unter dem Steilhang durch den Dinsterbach führt nicht selten zu Felsstürzen, deshalb empfiehlt es sich, nicht in die Schwinde hinabzuklettern. Weiter folgen wir dem Schotterweg, queren über eine Brücke den Dinsterbach und gelangen nach weiteren 400 Metern rechts abbiegend in ein Naturschutzgebiet. Zwischen Streuobstwiesen windet sich der Weg durch das Borntal, die markante Silhouette des Kyffhäusergebirges wird sichtbar. Wieder biegen wir nach einem Kilometer rechts ab in Richtung Wickerode/Bennungen und erreichen eine spitzgiebelige Schutzhütte. Kurz hinter der Hütte zweigt die ❻ Krumme Trift ab, ein idyllischer Weg über ausgeblichenen, nur spärlich bewachsenen Kalkfels. Der alte Weideweg führt zwischen Birken und Eichen um den Arnsberg herum und ins Nassetal zu unserem Ausgangspunkt zurück.

Die Queste, Wahrzeichen eines uralten Sonnenwendfestes

11

Kyffhäuser

Eine Tour zwischen gestern und vorgestern

Leicht | 9 km | 374 m | 2–2:30 Std.

Tourencharakter
Bei der relativ kurzen, einfachen Wanderung muss nur zu Beginn der steile Anstieg auf den Kyffhäuser gemeistert werden.

Ausgangs-/Endpunkt
Parkplatz am Ortseingang Tilleda

Anfahrt
Bahn/Bus: Zwischen Sangerhausen und Tilleda fährt der VGS-453 der Südharzlinie; Sangerhausen kann man mit dem Regionalexpress der Deutschen Bahn erreichen, www.vgs-suedharzlinie.de und www.bahn.de. **Auto:** Von Sangerhausen über die L221 und L220 nach Tilleda

Einkehr
Kirschcafé Tilleda, Ernst-Thälmann-Straße 2, 06537 Tilleda, Tel. 034651/90283

Karte
Kompass 1:50000, WK 450 Harz (2 Karten)

Der Kyffhäuser, ein kleines Mittelgebirge südlich des Harzes, gilt zu Recht als die geheimnisvollste Gebirgsregion in Deutschland. Wer auf mythischen Pfaden durch den Harz wandelt, sollte seine Reise unbedingt mit einer Wanderung durch diese geschichtsträchtige Landschaft verknüpfen.

Altes Erbe Unterhalb des Kyffhäuserdenkmals mit den Ruinen der romanischen Reichsburg Kyffhausen liegt in der Ebene die alte ❶ **Kaiserpfalz Tilleda,** Ausgangspunkt unserer Wanderung. Die Pfalz, Aufenthaltsort deutscher Könige und Kaiser, wurde im 9. Jahrhundert auf einem geschützten Plateau angelegt. Im Jahre 972 überschrieb sie Kaiser Otto II. der byzantinischen Prinzessin Theophanu als Brautgabe; Steinbauten, eine Kirche und eine Festhalle wurden angefügt. Im heutigen Freilichtmuseum sind die wichtigsten Ausgrabungsfunde zu sehen. Die nach historischem Vorbild gebauten Häuser in der Vorburg beherbergen eine Ausstellung zur Geschichte der Ottonen und zum Leben auf der Pfalz.

Obstwiesen und Eichenhaine Nach dem Besuch der Ausgrabungen in Tilleda beginnen wir unsere Wanderung hinauf zur Reichsburg und zum Kyffhäuserdenkmal. Weithin sichtbar gibt es die Richtung an und wir laufen durch herrliche Streuobstwiesen, auf denen alte Obstsorten wie die Birne Gute Luise oder Altländer Pfannkuchenapfel gedeihen. Der Weg

Burgruine Reichsburg Kyffhausen

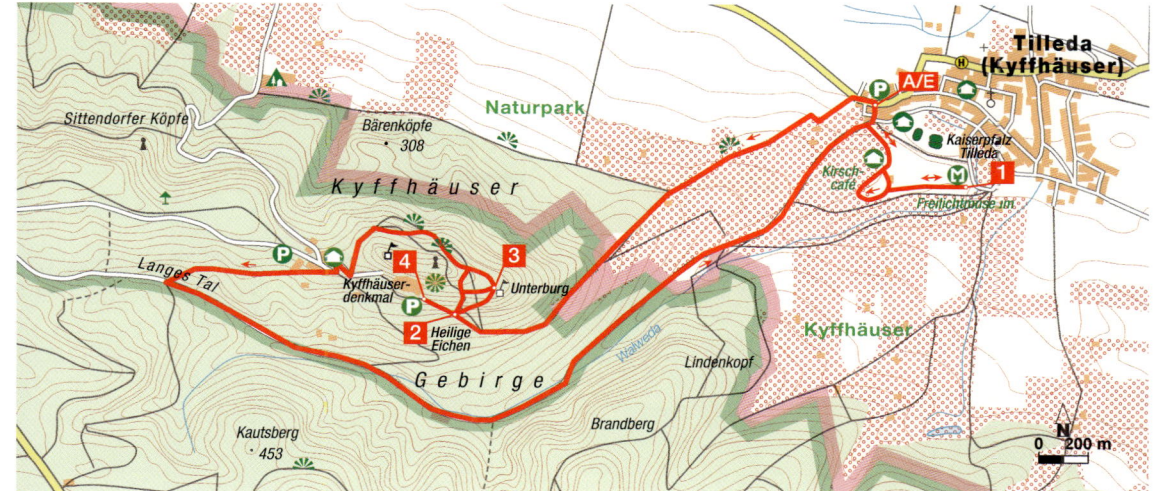

hinauf zum Denkmal erweist sich als kurz, aber steil. Über 200 Höhenmeter sind zu überwinden, bevor wir die ❷ **Heiligen Eichen** erreichen, die beim Bau des Denkmals gepflanzt wurden. Im grünen Dämmerlicht bilden sie ein mächtiges Rund. Stühle und Tische aus gewaltigen Mühlsteinen, eine Steinstele und ein künstlicher Teich vermitteln das romantische Bild des Mittelalters. Eichenhaine waren den Germanen heilig und ihr Wuchs das natürliche Vorbild der gotischen Dome. An den Eichen beginnt ein Fahrweg, der rechts zur ❸ **Unterburg** führt. Sie ist der am besten erhaltene Teil der mittelalterlichen Reichsburg Kyffhausen. Die gesamte Anlage, unterteilt in Ober-, Mittel- und Unterburg, war 600 Meter lang und 60 Meter breit. Die trapezförmige Unterburg nimmt etwa 100 Meter ein; hierher verirren sich nur selten die Besucher des Denkmals. Durch ein Tor der vollständig erhaltenen Burgmauer gelangen wir auf den Burghof mit dem Stumpf des runden Bergfrieds und den Resten des Wohnturms, an den sich eine große Kapelle anlehnt.

Das Denkmal Zur Oberburg führte ein Weg über die Mittelburg, der zurzeit aber gesperrt ist. Im Mittelalter wurden die Steine der Mittelburg abgetragen – viel ist nicht übrig geblieben. Wir wählen den schattigen Waldweg, der am Nordhang von der Unterburg zur Oberburg führt. Hier befinden sich der Zugang und das Kassenhäuschen des ❹ **Kyffhäuserdenkmals**. Das Monument erhebt sich 81 Meter hoch über drei Terrassen, davor das kühne Reiterstandbild Wilhelms I. und darunter das Sandsteinmonument Barbarossas, der gerade aus seinem vielhundertjährigen Schlaf erwacht. Die Mühe des Aufstiegs über 232 Stufen auf den Turm belohnt ein grandioser Rundblick vom Harz bis zum Thüringer Wald. Von der Oberburg sind das Erfurter Tor, ein 176 Meter tiefer Burgbrunnen und der quadratische Bergfried erhalten. Über die wechselvolle Geschichte der Burg Kyffhausen erfahren wir mehr im Burgmuseum. Um zurück zur Kaiserpfalz Tilleda zu gelangen, schlagen wir gegenüber den Gaststätten den Wanderweg in Richtung Ententeich ein. Nach einem Kilometer geht es links weiter auf dem Kaiserweg durchs Lange Tal, am Flüsschen Wolweda abwärts, bis wir nach 3,5 Kilometern wieder Tilleda erreichen.

Elbsandstein-gebirge

Sanft plätschert die Dürr-kamnitz dahin (o. r.); Anflug auf Fingerhut (u. l.); ein etwas anderer Blickwinkel: die ehrwürdige Festungsanlage Königstein (o. r.); einladend zum Hin-setzen und Genießen (u. r.)

12 Zauberhaftes Elbsandsteingebirge

Von Dürrröhrsdorf nach Wehlen

Leicht · 15 km · 109/205 m · 5 Std.

Tourencharakter
Wenig anstrengende, aber lange Tour, leicht bergauf und bergab, zeitweise durch Orte führend

Ausgangspunkt
Dürrröhrsdorf, Bushaltestelle Wendeplatz

Endpunkt
Stadt Wehlen

Anfahrt
Bahn/Bus: Ab Pirna-ZOB mit Bus 234 (Richtung Neustadt oder Dürrröhrsdorf-Bahnhof oder Stolpen) oder Bus 236 (Richtung Sebnitz) oder Bus 226 (Richtung Dürrröhrsdorf-Bahnhof oder Dresden-Bühlau) bis Haltestelle Dürrröhrsdorf-Wendeplatz. Rückfahrt am besten mit der S-Bahn ab Stadt Wehlen bzw. vom Karl-Marx-Platz mit Buslinie 238 Richtung Pirna. **Auto:** Anfahrt mit Pkw nicht zu empfehlen

Einkehr
Verschiedene Gaststätten in Lohmen und Stadt Wehlen

Die Sächsisch-Böhmische Schweiz, auch als Elbsandsteingebirge bekannt, besticht durch eine vielgestaltige Landschaft. Aus der dunklen, schroffen Klamm der Wesenitz wandern wir über Wiesen und Felder hinab ins breite Elbtal.

Aufstieg zur Schutzhütte am Breiten Stein

Im Tal der Wesenitz Von der Bushaltestelle »Dürrröhrsdorf-Wendeplatz« halten wir uns rechts Richtung Schloss und gehen einige Meter die Hauptstraße entlang. Bald überquert die Straße die Wesenitz, und noch vor der Brücke biegen wir an der Freifläche nach links in den Wanderweg ein (Markierung blauer Punkt). Er führt uns in den Wald; rechts von uns fließt der Fluss. Das dichte Blätterdach spendet im Sommer angenehm Schatten. Wir wandern bis zu einer Brücke, parkähnlich erscheint das Gelände, überqueren diese und folgen dem unmarkierten Weg nun am anderen Ufer entlang. Eher gemächlich fließt hier die Wesenitz dahin, die am Valtenberg entspringt und in die Elbe bei Pirna mündet. Nur gelegentlich mogeln sich Sonnenstrahlen durch das Blätterdach und zaubern ein Glitzern auf die Wasseroberfläche.

Zum Breiten Stein Später kommen wir zur ❶ **Elbersdorfer Mühle**. Sie wurde 1564 erstmals urkundlich erwähnt und war früher eine Mahl-, Schneide- und Ölmühle. Heute ist sie ein Wohnhaus. Wir treffen auf eine Straße, gehen nach links über die Brücke (grüner Strich) und folgen nun dieser Straße, vorbei an uralten geschützten Bäumen und einem landwirtschaftlichen Gebäudekomplex. An der nächsten Straßenkreuzung biegen wir nach rechts ab und gehen ein Stück bis zu einem Wegweiser, der nach links Richtung Breiter Stein (grüner Strich) weist. Wir wandern bergan über eine Wiese, am Waldrand und in den Wald. Weiter im Wald steigen wir, der Ausschilderung folgend, bergan und kommen später, fast oben, an eine größere Weggabelung, an der wir nach rechts gehen. Bald zweigt ein schmaler Pfad rechts zum

❷ **Breiten Stein** ab, einem Blockfeld aus Sandsteinen. Die letzten Meter steigen wir über Stufen hinauf. Oben, an der Schutzhütte, haben wir die Schöne Höhe direkt im Blick.

Durch Wald zum Fluss Wir steigen wieder hinab, gehen auf dem Pfad zum Waldweg und wenden uns nach rechts. Nun folgen wir diesem Weg Richtung Lohmen (grüner Strich) und kommen am Waldrand an eine Wegkreuzung mit Bank, wo wir nach rechts am Waldrand entlang bergab wandern. Weiter geht es durch den Wald und bald sehen wir die Bahngleise vor uns. Hier biegen wir nach links und wandern nun fast parallel zur Bahnstrecke. An einer Wegkreuzung treffen wir auf einen breiten Forstweg, halten uns rechts, kommen zu einer Bank (Sandsteinsäule und Wegweiser), gehen nach rechts bergab auf die Straße, unterqueren die Bahnbrücke und nehmen gleich den nächsten nach links abbiegenden Weg. Nur wenige Meter weiter sind wir wieder an der Wesenitz, halten uns links und wandern nun mit der blauen Punkt-Markierung flussabwärts. Später kommen wir an einem Steinbruch, einer Mühle und dem auf einem Felssporn über uns thronenden ❸ **Schloss Lohmen** vorbei. Hier verlassen wir das Tal und gehen links den schmalen Weg bergan.

Kastanienallee und Wehlener Kohlberg Auf der Straße oben halten wir uns links und gelangen nach einigen Metern zur Straßenkreuzung kurz vor der Kirche. Rechts an der Ecke befindet sich ein Bäcker (empfehlenswert!). Wir gehen nun an der Kirche vorbei bis zum Ende der Friedhofsmauer, überqueren die Basteistraße und biegen gleich auf der anderen Straßenseite in die Kastanienallee ein. Alte, verwunschene Bäume säumen die kleine Straße. Und besonders schön ist es im Frühjahr, wenn die

Bäume in voller Blüte stehen. Nach dem letzten Grundstück biegen wir nach links auf einen Feldweg ab – bei Nässe kann dieser etwas schlammig sein. Wir wandern nun zwischen Feldern hindurch, an einem Feldgehölz vorbei und hinüber zum Wehlener Kohlberg, einer hügelartigen Erhebung. Von hier haben wir einen weiten Blick in die Sächsische Schweiz. Wir wandern am Feldrand um den Kohlberg herum und gelan-

gen zu einer Straße, der wir nach rechts einige Meter folgen. Bald zweigt ❹ **ein Feldweg, die Buschholzstraße,** nach links ab. Hier biegen wir ein und wandern zwischen Wiesen und Feldern, an einigen Gebüschen und alten Obstbäumen vorbei, zum Wald. Hohe Buchen erwarten uns, und der Weg führt sanft bergab.

Zum Markt von Wehlen Im Wald sehen wir später rechts überdachte Sitzgelegenheiten. Diese gehören zum »Waldklassenzimmer« der Grundschule von Stadt Wehlen. Bald geht der Waldweg in einen Wiesenweg über und wir gehen an einer Streuobstwiese vorbei steiler den Hang hinunter. Bis zu den ersten Häusern von Stadt Wehlen ist es nun nicht mehr weit. Wir kommen an eine Straße, halten uns links und gehen einige Meter bergab. Links am Hang befindet sich ein kleiner, interessanter Pflanzengarten. Vor der Linkskurve der Straße biegen wir nach rechts ab auf den schmalen Pfad (bei Nässe ist es hier etwas rutschig), der sich recht steil nach unten, an der Schule vorbei, bis zur Straße zieht. Wir folgen dieser Straße nach rechts weiter hinab, unter einer Hausdurchfahrt hindurch. Kurz danach führt eine schmale Gasse nach links, der wir folgen und so zum Markt der Stadt Wehlen gelangen. Hier können wir unsere Wanderung bei leckerem Kuchen oder Eis im Marktplatz-Café mit Blick auf die Kirche, die Nudelwerkstatt und den Dorfbrunnen ausklingen lassen. Rechts neben der Kirche geht es dann hinunter zur Elbe und zur Anlegestelle der Fähre. Wir setzen über und gehen nach rechts zum Bahnhof Wehlen.

Wie viele Menschen gingen wohl schon über diese Stufen?

Reichtum der besonderen Art

Zur Heringshöhle im Teufelsgrund

Tourencharakter

Kurze, leichte Tour mit Auf- und Abstieg über Treppen zur ehemaligen Burganlage, später moderat durch den Wald. Zur Heringshöhle muss man durch Felsspalten hindurchkriechen (Taschenlampe empfohlen); feucht und über Felsblöcke mit steilen, kurzen Stufen. In die Teufelskammer geht's über Stufen hinab. Ideale Tour für Familien mit Kindern.

Ausgangs-/Endpunkt

Bahnhof Wehlen

Anfahrt

Bahn/Bus: Anfahrt mit der S-Bahn nach Wehlen und Übersetzen mit der Fähre (S-Bahn-Ticket gilt auch für die Fähre). **Auto:** Von Pirna über Pirna-Copitz Richtung Dorf Wehlen halten, dort den Abzweig nach Stadt Wehlen nehmen, der Straße folgen bis hinunter nach Stadt Wehlen und den Parkplatz rechts unten an der Elbe nutzen – hier keine Fährfahrt mehr notwendig, da die Tour auf dieser Elbseite startet

Einkehr

Verschiedene Gaststätten oder Cafés in Stadt Wehlen

Über 500 Höhlen sind im Elbsandsteingebirge bekannt und beschrieben. Zwar klein im Vergleich zu den großen Höhlensystemen in Karstgebieten, sind sie doch wichtige Ökosysteme und kulturhistorisch bedeutend. Sie waren z. B. einst Lagerplätze und Verstecke, und noch heute besitzen sie eine große Anziehungskraft.

Burg Wehlen und Wehlener Grund Vom Bahnhof in Wehlen geht es zur Elbe an die Anlegestelle der Fähre. Wir setzen über und gelangen geradeaus gehend zum Wehlener Markt – rechts steht die Radfahrer-Kirche, links sehen wir den Brunnen und mehrere Cafés. Wir gehen geradeaus, an der Kirche vorbei, dann kurz nach rechts. Zwischen den Häusern hindurch führen schmale Treppen bergan (Markierung »M«) zum Schlossberg. 1269 wurde die ❶ **Burg als »Castrum Wylin«** das erste Mal urkundlich erwähnt. Ihr Verfall begann aber bereits um 1450; heute ist die Burgruine ein guter Aussichtspunkt. Wir steigen auf der Nordseite über noch steilere Stufen hinunter und biegen nach rechts in den Wehlener Grund, wo uns feucht und dunkel der Wald umgibt und wir dem Bachbett auf der befestigten schmalen Straße talaufwärts folgen. Bald zweigt

Wer mag wohl darunter wohnen?

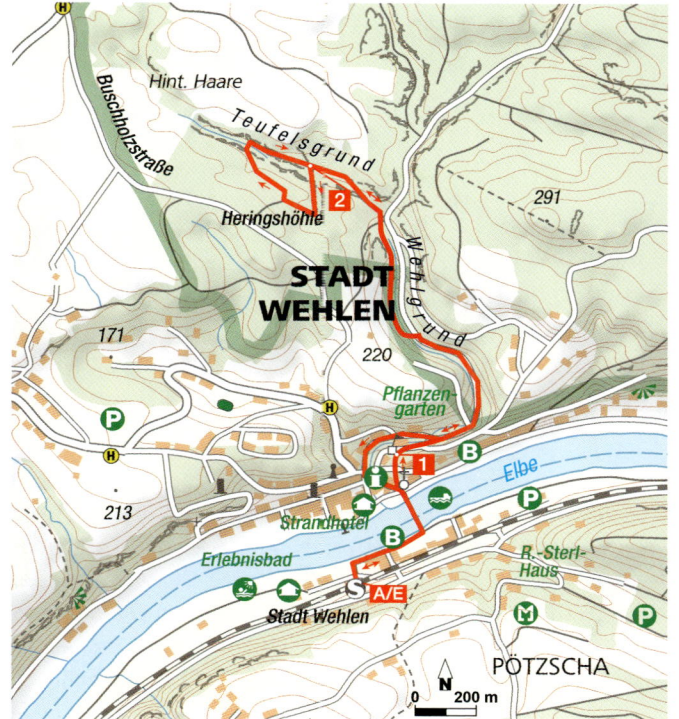

Felsen, Wurzeln, Moos: ein kaum sichtbarer Weg …

ein Pfad links über eine kleine Brücke ab, und wir wandern auf der anderen Seite des Bächleins weiter bis zum Abzweig in den Teufelsgrund. Hier liegt ein Steinquader rechts hinter der Brücke am Weg, und eine Tafel links oben am Felsen erinnert an den Wehlener Kantor Friedrich Märkel.

Teufelsgrund und Heringshöhle Fast geradeaus geht es nun in ein Seitental, das Teufelsgrund genannt wird. Kühles Kellerklima und Feuchtigkeit lassen Moose und Farne wuchern. Nach einigen Minuten zweigt ein ❷ **Pfad über Holzbalken nach links** ab. Es wird eng und dunkel, und wir zwängen uns durch Lücken im Fels; nur selten ist der Pfad trocken. Gebückt schieben wir uns durch die Spalten – bestens geeignet für kleine Leute. Rechts erscheint der Eingang zur Heringshöhle, benannt nach Gustav Hering, dem Erschließer. Die Einsturzhöhle ist nur wenige Meter lang und kann in leichter Kletterei durch den oberen Eingang wieder verlassen werden. Für Kinder ist die Höhle ideal. Eine Taschenlampe ist zur Erkundung empfehlenswert. Nach der Höhle steigen wir weiter durch Felsspalten und später über Treppen in den Wald hinauf.

Zur Teufelskammer Oben angelangt, folgen wir dem Pfad, halten uns an der nächsten Weggabelung rechts und steigen über Stufen und auf einer Eisenleiter wieder hinab in die »Kammer des Teufels«. Wir gehen weiter am Fels entlang, ❷ **die Runde schließt sich im Teufelsgrund** wieder und wir kehren nun auf demselben Pfad zum Wehlener Grund und ins Städtchen Wehlen zum Bahnhof zurück.

Zwischen steilen Wänden

Schwedenlöcher und Grünbach

| Mittel | 5 km | 114 m | 2:30 Std. | |

Tourencharakter
Tour erst moderat verlaufend, dann steiler Abstieg durch die Schwedenlöcher und z. T. steiler Anstieg zurück zum Ausgangspunkt. Im Winter bei Schnee und Glätte nicht ratsam!

Ausgangs-/Endpunkt
Bushaltestelle »Zum Rundblick« bzw. Parkplatz in Rathewalde

Anfahrt
Bahn/Bus: Ab Pirna mit der Buslinie 237 Richtung Sebnitz bis Haltestelle »Zum Rundblick« in Rathewalde. **Auto:** Von Pirna über Lohmen nach Rathewalde; nach dem Ortseingang ist in der Linkskurve links ein Parkplatz (oder: in der Senke im Ort nach rechts abbiegen und weiter auf der Straße durch den Ort bis zum Parkplatz in der Nähe der Kirche).

Einkehr
Gaststätten an der Bastei (Abstecher)

Wenn es einen Weg gibt, an dem uralte Geschichten Realität zu werden scheinen, dann den vom Amselgrund durchs Grünbachtal nach Rathewalde. Ein Mann mit Kopf unter dem Arm wurde der Legende nach bei Rathewalde mehrfach gesichtet.

Von Rathewalde zum Pavillon Wir starten an der Bushaltestelle von Rathewalde oder vom nahe gelegenen Parkplatz, gehen die Straße bergab und halten uns an der Straßenkreuzung rechts (blauer Strich). Die Straße führt weiter seicht bergab durch den Ort. An der Kirche vorbei sehen wir links einen weiteren Parkplatz und eine Einkehrmöglichkeit. Unser Weg geht nun fast geradeaus, ein wenig ❶ **bergan, dem gelben Strich folgend in Richtung Bastei**.

Hübsch anzusehen: der Weinschwärmer

Zunächst kommen wir an Häusern und Gehöften vorbei, später in den Wald. Der Wegverlauf ist durch leichtes Auf und Ab geprägt. Wir gelangen an eine Straße, verbleiben auf dem Weg und halten uns links, wandern nun einige Meter mehr oder weniger parallel zur Straße und biegen sodann links ab. Ein Stück geht es fast eben durch den Wald bis zur Weggabelung, an welcher der gelbe Strich nach rechts Richtung Bastei abbiegt. Hier können wir einen Abstecher zur Bastei unternehmen.

Wenn wir diesen Abstecher nicht machen möchten oder zurück von ihm sind, wenden wir uns an dieser Gabelung mit dem blauen Strich Richtung Schwedenlöcher. An der Seite erklärt ein Schild, was es mit der Kernzone im Nationalpark auf sich hat. Diese ist für die Besucherlenkung gedacht und weist den Wanderer darauf hin, hier nur auf den markierten Wegen zu bleiben.

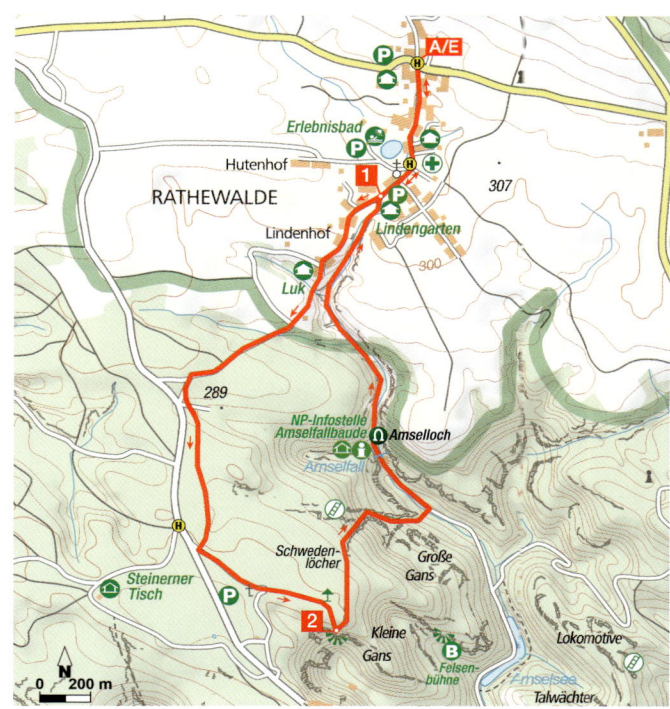

Felssturz im unteren Teil der Schwedenlöcher

Nebelschwaden über den Tälern der Sächsischen Schweiz

Nach einem Stück des Wegs kommt rechts ein Zeichen zum Aussichtspunkt (»AP«), dem wir folgen. Vor uns liegt die ❷ **Pavillonaussicht** mit bezauberndem Blick hinüber zur Bastei, hinunter ins Tal mit der Felsenbühne Rathen und hin zu den zahlreichen Klettergipfeln im Wehlgrund.

Schwedenlöcher und Amselfall Von der Aussicht nehmen wir den rechten Weg und kommen nach wenigen Metern zu einem Platz mit Bänken und einer Schutzhütte. Auf der anderen Seite sehen wir den Abstieg (blauer Strich) – hier geht es hinunter in die sogenannten Schwedenlöcher. Der Name ist nicht wörtlich zu verstehen: Nicht Löcher erwarten uns, sondern eine Schlucht, die ihren Namen als Erinnerung an den Dreißigjährigen Krieg erhalten hat – die Bauern der Gegend brachten sich und ihr Hab und Gut vor den schwedischen Truppen dort in Sicherheit. Vorher hieß die Schlucht Blanker Grund; Schwedenlöcher setzte sich aber als Name durch.
Über zahlreiche Stufen führt uns der Weg z. T. zwischen engen Felswänden hinab. Tiefes Grün umgibt uns; sanft plätschert hier und da ein Rinnsal, Wasser tropft von Felswänden. Verschiedene Moosarten an den Felswänden säumen unseren Weg. Es wird kühl. Wir steigen hinab ins sogenannte Kellerklima, welches durch mangelnde Sonneneinstrahlung, geringe Luftbewegung und geringere Abstrahlung, also durch größere Kühle und höhere Feuchte, gekennzeichnet ist. Schier unendlich scheinende Stufen leiten uns immer tiefer hinab, vorbei an einem neueren Felsabbruch, der den ursprünglichen Weg unter sich begrub. Hier wurde zur Sicherheit ein Stück Fels gesprengt.
Im Tal angekommen, geht es zur Abwechslung nach der Brücke gleich wieder bergan. Der breite Weg (blauer Strich) führt zum Amselfall. Hier fällt der Grünbach

einige Meter in die Tiefe. Zur Zeit, als die Amselballbaude betrieben wurde, ereignete sich dort ein kleines Schauspiel: Gegen eine geringe Gebühr zieht der Wirt an einem Strick, öffnet die Klappe des angestauten Grünbachs, und tosend rauscht das Wasser hinunter. Hinter dem Wasserfall befindet sich eine dunkle Höhle, deren Anblick sich im Winter verwandelt: Große Eiszapfen hängen dann herab.

Das ist nur eine der Engstellen auf dem Weg durch die Schwedenlöcher.

Der Malerweg Wir befinden uns nun auf einem Teil des Malerwegs, der seit 2006 in dieser Form durch die Sächsische Schweiz verläuft. Es ist in etwa die Route der »Schweizreisenden« oder »Fremden«, wie die Touristen genannt wurden, die Mitte des 19. Jahrhunderts über Dresden und Pillnitz ins Elbsandsteingebirge kamen. Der Wanderer heute erkennt den Malerweg an der schwungvollen »M«-Markierung. Diese markierte Route beginnt bei Pirna und zieht sich 112 Kilometer in acht Etappen erst auf der rechtselbischen Seite bis zur tschechischen Grenze und verläuft dann linkselbisch wieder zurück bis nach Pirna durch die Sächsische Schweiz. Zu den Reisenden der damaligen Zeit gehörten Adrian Zingg und Anton Graff, Caspar David Friedrich, Ludwig Richter und Carl Gustav Carus, aber auch Carl Maria von Weber, Frédéric Chopin und Richard Wagner, um nur einige zu nennen.

Im Grünbachtal Hinter der Amselfallbaude steigen wir über Treppen das Grünbachtal hinauf. Hier lohnt sich zwischendurch ein Umdrehen, um die hohen Felswände rechts und links zu bestaunen. Der Weg führt ein Stück direkt am Wasserlauf entlang und steigt noch einmal steil an, an der Rathewalder Mühle vorbei bis nach Rathewalde. Das Dorf wurde übrigens 1501 das erste Mal erwähnt. Wir sehen wieder die Kirche und gehen nun auf der uns bekannten Straße zurück zum Ausgangsort.

Geistreiche Festung

Rundgang um die Festung Königstein

Leicht · 5 km · 233 m · 2 Std.

Tourencharakter
Aufstieg zur Festung, danach auf gleicher Höhe verbleibend und moderater Abstieg

Ausgangs-/Endpunkt
Bahnhof Königstein

Anfahrt
Bahn/Bus: Mit der S-Bahn (oder dem Bus) bis Königstein.
Auto: U. a. über die Bundesstraße B172 nach Königstein und Parkmöglichkeiten im Ort nutzen

Einkehr
Gaststätten auf der Festung Königstein und in Königstein

Diverse Spukgestalten sind in und um die Festung Königstein unterwegs. Von Augenzeugen gesichtet wurden in den Jahren 1610, 1720 und 1905 ein hingerichteter Baron, ein aufgehängter Hauptmann und eine Gestalt im weißen Gewand.

Aufstieg und Patrouillenweg Von Bahnhof Königstein gehen wir Richtung Kreisverkehr, überqueren bei der Ampel die Straße und nehmen die kleine Straße (Hainstraße), die zwischen Bushaltestellen (rechts) und zwei Cafés (links) zur nächsten Straße führt. Hier biegen wir nach rechts, um an der nächsten Straßengabelung die linke, die Pirnaer Straße, zu nehmen. Auf dieser bleiben wir und kommen nach geraumer Zeit an die Hauptverkehrsstraße, die Dresdner Straße (B172). An dieser laufen wir nun (links) für einige Meter bergan. Bald zweigt links ein Weg ab (Markierung roter Punkt) – es ist die alte Festungsstraße, eigentlich ein breiter Wanderweg, den wir nun Richtung Festung hinaufsteigen. Fast oben angelangt, ragen vor uns die Mauern der Festung auf. Wir wenden uns an der Wie-

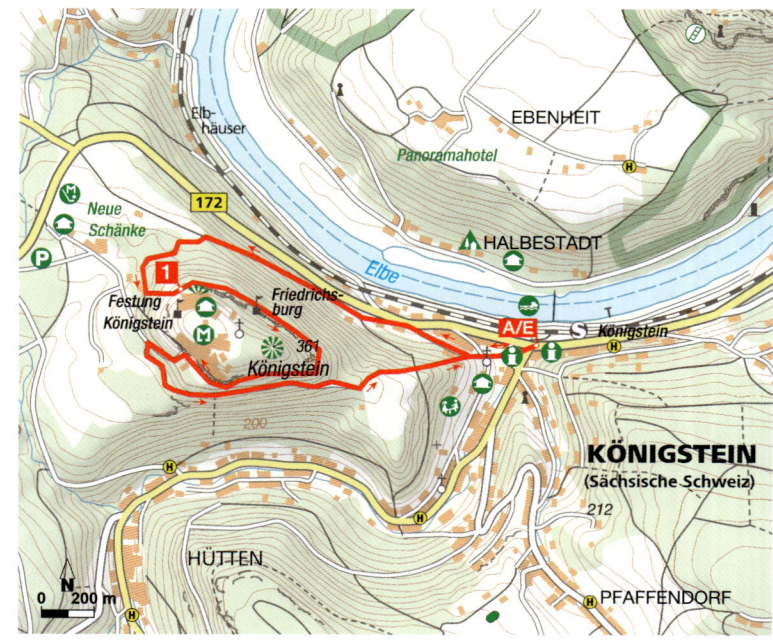

senfläche scharf links und biegen in den unmarkierten schmalen **❶ Patrouillenweg**. Er wird uns nun auf nahezu gleichbleibender Höhe unterhalb der Festungsmauern entlangführen. Dabei ergeben sich immer wieder überraschende und wunderschöne Perspektiven hinauf zur Festung. Hoch und ehrfurchteinflößend erheben sich die Mauern der Anlage, und beindruckend ist, wie sich das Mauerwerk in den Felsen integriert.

Eine der größten Bergfestungen Europas Nachdem wir die Festung umrundet haben, mündet der schmale Pfad in einen Parkplatz, vornehmlich für Busse. Wir können nun einen Abstecher weiter hinauf zur Festung machen. Dafür gehen wir über diesen Platz, durch eine Schranke und in Richtung der Kassen. Vor der Besteigung der Festung muss eine Eintrittskarte erworben werden. Um hinaufzugelangen, kann einer der beiden Fahrstühle genutzt werden. Viel eindrucksvoller und schöner ist jedoch der fußläufige Aufstieg: Vorbei an den hohen Mauern und durch zahlreiche Sicherungsmaßnahmen, die den Eingang der Festung schützten, steigen wir hinauf. Lassen Sie sich von der beindruckenden Anlage überraschen, und planen Sie reichlich Zeit für die Besichtigung des großräumigen Areals (ca. 9,5 ha) ein. Die Festung Königstein ist eine der größten Bergfestungen Europas. Die wohl älteste schriftliche Erwähnung stammt aus dem Jahr 1233, und die erste vollständige Bezeichnung

Uneinnehmbar und einschüchternd: die Mauern der Festungsanlage Königstein

»Königstein« stammt aus dem Jahr 1241 aus einer Urkunde, die Wenzel I. »in lapide regis« (lat. »auf dem Stein des Königs«) siegelte. Die Festung war bis 1922 das bekannteste Staatsgefängnis Sachsens; seit 1955 ist sie ein militärhistorisches Freilichtmuseum. Zahlreiche zu besichtigende Gebäude befinden sich auf dem Festungsareal, im Zentrum der Anlage der mit 152,5 Metern tiefste Brunnen Sachsens und zweittiefste Burgbrunnen Europas. Die Festung hatte einen abschreckenden Ruf und galt als uneinnehmbar. Sie wurde auch nie eingenommen, mit einer Ausnahme: Der Schornsteinfeger Sebastian Abratzky kletterte im Jahr 1848 die senkrechten Sandsteinmauern empor. Heute ist dieser Aufstieg ein Kletterweg und nach ihm benannt: »Abratzky-Kamin«.

Sagen und Legenden Natürlich ist dieser Ort auch reich an Sagen und Legenden: »So will man den am 01. März 1720 in der Nähe der sogenannten Königsnase hingerichteten Baron von Klettenberg, den berüchtigten Goldmacher, zuweilen den Kopf unter dem Arme, in der Nähe jenes Ortes herumspazieren gesehen haben, und ebenso soll der am 7. Juni 1610 zwischen der Königsnase und Christiansburg aufgehängte Hauptmann Wolf Friedrich Beon, der als Festungskommandant eine Menge Unterschleife begangen hatte, dort der Nachts die Wachen erschrecken und zuweilen im Walde der Festung zu sehen sein.« Eine weitere Sage berichtet: »Wenn man den sogenannten Luisenweg nach der Festung heraufkommt, da sieht man um Mitternacht vor dersel-

Gegenüber der Festung, auf der anderen Elbseite: der Lilienstein

60

ben auf dem Plateau einen ungeheuer langen Mann in einem dunklen Mantel mit einem Schlapphut stehen und sich umsehen. Derselbe zeigt sich auch in der in das Innere führenden Appareille und geht dann oben regelmäßig um die Kirche herum, worauf er verschwindet. Gesprochen hat er aber noch mit niemandem; beim Anrufen hält er nicht stand, sondern ist plötzlich weg, zeigt sich aber gleich wieder an einer entfernten Stelle.« Eine eher amüsante Legende erzählt vom Pagenbett auf dem Königstein: »… befindet sich hinter der jetzt sogenannten Friedrichsburg auf einem schmalen, kaum eine Elle breiten Gesimse der äußeren Festungsmauer, so an der Felsenecke zu sehen, das sogenannte Pagenbett, welches davon seinen Namen hat, daß Karl Heinrich von Grunau, Leibpage des damals gerade auf der Festung weilenden Kurfürsten Johann Georg II., den 12. August des Jahres 1675, als letzterer auf der damals sogenannten Christiansburg (jetzt Friedrichsburg) gespeist, in der Trunkenheit zur Nachtzeit zu einer Schießscharte hinter der genannten Friedrichsburg herausstieg, sich auf obgedachtem schmalem Absatze niederlegte, einschlief und am folgenden Morgen hier noch in tiefem Schlummer gefunden ward. Sogleich wurden Seile um ihn herumgeworfen, um ihn vor dem Herabstürzen zu retten, und er dann auf Befehl und im Beisein des Kurfürsten aus dem Schlummer durch Trompetengeschmetter und Paukenwirbel aufgeweckt.«

Nur noch wenige Meter bis zu den Gemäuern

Abstieg nach Königstein Wieder zurück vom Festungsplateau, halten wir uns an den Kassen vorbei in Richtung der Schranke. Kurz davor steht rechts ein Wegweiser (Markierung blauer Strich, »Königstein«), und wir biegen in diesen Weg, der uns nun wieder hinunter in die Stadt bringt. Unterwegs genießen wir noch einen schönen Blick hinüber zum Pfaffenstein. Unten in Königstein angekommen, queren wir die Goethestraße – rechts von uns steht die Kirche – und nehmen die Kirchgasse, die uns wieder hinunter zur Hainstraße führt. Nun sind es nur noch wenige Meter bis zu unserem Ausgangspunkt.

Die Magie der Jahreszeiten

Die Ochelwände bei Waitzdorf

16

Leicht	7 km	118 m	3 Std.

Tourencharakter
Steiler Abstieg zu Beginn der Tour, danach stetig ansteigend, mit ebenen Passagen zwischendurch

Ausgangs-/Endpunkt
Parkplatz in Waitzdorf

Anfahrt
Auto: Von Bad Schandau Richtung Hohnstein und auf der Strecke durch den Tiefen Grund den Abzweig nach Gossdorf nehmen, von dieser Straße rechts nach Waitzdorf abbiegen und bis zum Parkplatz am Ortseingang fahren. Oder aus Richtung Hohnstein kommend Richtung Bad Schandau fahren zum oben genannten Abzweig nach Gossdorf und weiter wie beschrieben

Einkehr
Gaststätte in Waitzdorf

Nass tropft der Schnee von den kahlen Bäumen, Sonnenstrahlen kämpfen sich durch den Nebel und fallen schräg auf den Waldboden – an diesem Januarmorgen liegt ein Zauber auf dem Gebirge, dem man sich nicht verschließen kann.

Idyllisch einsames Waitzdorf Nur noch wenige Bewohner leben in diesem kleinen Ort, der komplett von den Wäldern des Nationalparks Sächsische Schweiz umgeben ist. Vom Parkplatz am Ortseingang gehen wir links die Dorfstraße entlang. Wir halten uns in Richtung Waitzdorfer Schänke, treffen auf die Markierung roter Strich und biegen in den Ort ab. Wenige Minuten später zeigt uns der Wegweiser (»M«, roter Strich) den Abzweig nach links, der steil bergab durch den Dorfgrund ins Tal führt. Auf schmalem Pfad und über viele Stufen gelangen wir in den Tiefen Grund. Der letzte Abschnitt ist hier fast waldlos, denn vor einigen Jahren fielen die Bäume einem Sturm zum Opfer. Auf dieser Fläche kann die Entwicklung des Waldes als Abfolge unterschiedlicher Entwicklungsstadien wunder-

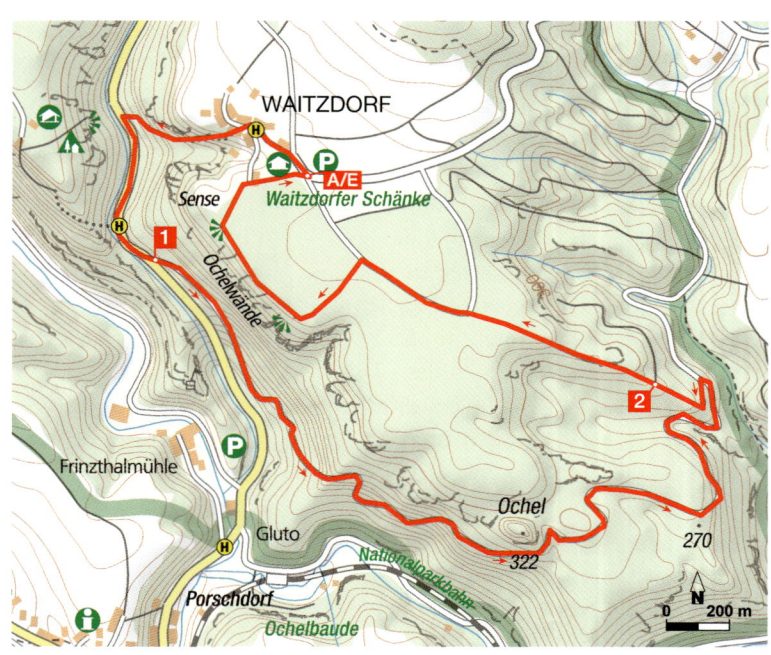

bar beobachtet werden. Unten angekommen, folgen wir ein Stück der zum Glück wenig befahrenen Straße talwärts, bis wir sie nach ❶ **links auf dem Ochelweg** (ohne Markierung) wieder verlassen.

Ochelwände Der breite Forstweg steigt leicht an und folgt geschwungen dem Wandfuß der Ochelwände. Wir wandern auf diesem Weg etwa drei Kilometer bis zum Malerweg (»M«, roter Strich), der links in Richtung Waitzdorf abzweigt. Auf diesen biegen wir links ab und steigen nun stetig bergauf, die tiefen Tallagen lassen wir hinter uns. Der ❷ **Mühlweg**, auf dem wir uns nun befinden, ist die direkte Verbindung nach Waitzdorf. Wir zweigen jedoch links (»M«) ab, denn zwei wunderschöne Aussichtspunkte sollten wir auf keinen Fall verpassen. Der Abzweig ist mit »Aussichtspunkt, Rundweg« gekennzeichnet. Zwischen den hohen Bäumen gehen wir weiter durch die Enge des Waldes. Der weiche, matschige Waldboden wird schon bald von Fels abgelöst, und wir stehen am äußersten Rand der Hochfläche, über den Ochelwänden. Runde Sandsteinformen gleiten ins Tal hinab, und der Blick ist frei bis zum Horizont. Eine Sitzbank und abgestorbene Kiefern machen den Platz perfekt zum Rasten, Schauen und Träumen – ein Ort, um die Gedanken schweifen zu lassen, die Berge, die Hügel, die Täler und den Himmel zu betrachten. Nebel liegt im Polenztal, Hügel und Baumspitzen stechen hervor und natürlich auch der Lilienstein, der markanteste Tafelberg der gesamten Gegend. Wir folgen dem Weg weiter und kommen so nach geraumer Zeit wieder zurück zu unserem Ausgangspunkt.

17 Spaziergang um Bad Schandau

Schloßberg und Pflanzengarten

Leicht   3 km   97 m   1:30 Std.

Tourencharakter
Kurze Tour um Bad Schandau; anfangs kurzer, steiler Aufstieg, danach auf nahezu gleichbleibender Höhe verlaufend, dann wieder steiler Abstieg. Interessanter kleiner Pflanzengarten am Nordhang. Zurück durch eine Parkanlage im Tal

Ausgangs-/Endpunkt
Bahnhof Bad Schandau

Anfahrt
Bahn/Bus: Anfahrt mit der S-Bahn nach Bad Schandau. **Auto:** Über die B 172 von Pirna aus kommend nach Bad Schandau

Einkehr
Verschiedene Einkehrmöglichkeiten in Bad Schandau

Auf dem Kiefricht, dem Berg über Bad Schandau, stand früher ein Schloss. Es gehörte den Birken von der Duba. Ein Freiherr war einst so bösartig, dass er nach seinem Tod zum ruhelosen Umherirren als schwarzer zotteliger Hund mit feurigen Augen verdammt war.

Bad Schandau und Burg Schomberg Die Fähre bringt uns vom Bahnhof flussaufwärts nach Bad Schandau auf die andere Elbseite. Vom Anleger gehen wir in das Städtchen hinein, links vorbei am Tourist-Service im Haus des Gastes. Rechts liegt der Marktplatz. Wir gehen geradeaus in die enge Marktstraße und sehen an ihrem Ende vor uns eine Treppe. Wir steigen die Stufen hinauf, überwinden die Felswand am Klettergarten mittels einer Metalltreppe und gelangen in den Wald. Am Ende der Stufen folgen wir der Zaukenpromenade nach rechts und nehmen an der nächsten Kurve den Weg links bergan auf den Schloßberg. In mehreren Serpentinen windet sich der Weg nach oben. Da die ursprüngliche Geleitburg ❶ **Schomberg**, im 12. Jahrhundert errichtet, bereits im 15. Jahrhundert

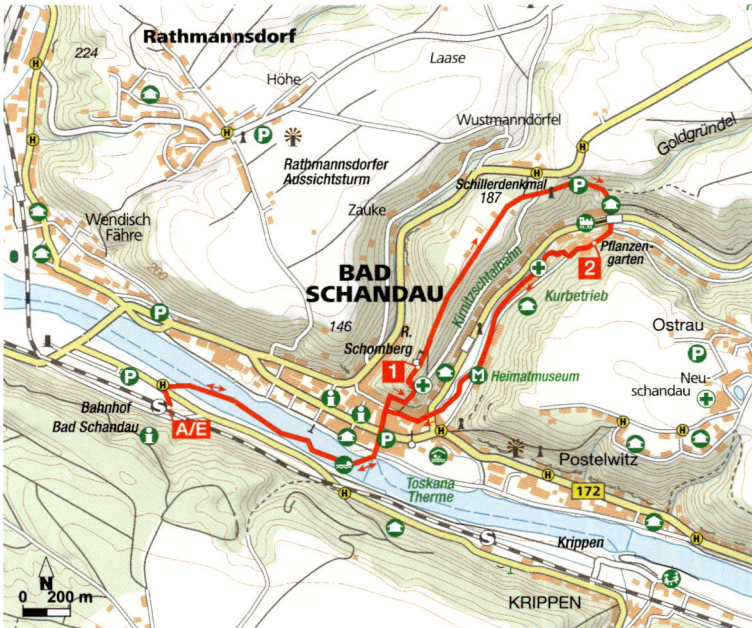

Friedlich fließt die
Elbe dahin.

wieder zerstört wurde, müssen wir uns mit einer künstlichen Ruine aus dem Jahr 1883 begnügen. Über Steinstufen und eine Wendeltreppe kann der Turm bestiegen werden.

Kiefrichtpromenade und Pflanzengarten Wir lassen die Schlossruine hinter uns und wandern auf dem Scheitel des lang gezogenen Bergrückens, der Kiefrichtpromenade (gelber Punkt), weiter. Später passieren wir Kleingärten, kommen an eine Weggabelung, halten uns geradeaus und nach wenigen Metern rechts (blauer Strich), kommen zu einer Steinsäule und steigen rechts einen steilen Weg über Stufen hinunter ins Kirnitzschtal (blauer Strich). An der Talstraße halten wir uns links, nehmen die nächste Straße rechts, überqueren eine kleine Brücke und gelangen nach rechts hinauf zum ❹ Pflanzengarten. Der regionalbotanische Garten wurde 1902 eröffnet und war der Erste seiner Art in Sachsen. Typische Pflanzengesellschaften der Sächsischen Schweiz gedeihen hier – ein Besuch lohnt sich. Der Garten ist von März bis Oktober geöffnet. Vom Pflanzengarten gehen wir noch einige Schritte links bergan und am nächsten Grundstück nach rechts in einen schmalen Weg, der uns nun am Hang entlang bis zu einer kleinen Brücke führt. Hier geht es nach links, einige Stufen hinauf und gleich wieder rechts. Wir folgen diesem Weg und gelangen in den Kurpark. Durch diesen können wir nun verschiedene Parkwege nehmen, immer in der Nähe der Kirnitzsch. Später überqueren wir die Kirnitzsch, gehen links flussabwärts bis zur nächsten Kreuzung, dort nach rechts und die nächste Straße links bis zum Markt, von wo es nur noch wenige Meter bis zur Fähre sind.

Im Herzen des Nationalparks

Kleiner Winterberg

Mittel 11 km 247/277 m 4:30 Std.

Tourencharakter
Zunächst sanft ansteigend auf bequemen Wegen, später längere steile Anstiege über Stufen zum Kleinen Winterberg. Weiter auf nahezu gleicher Höhe; dann hinab über längere steile Stufen, im Anschluss moderat mit teils steileren Passagen auf breiten Wegen. Trittsicherheit erforderlich; bei Schneefall und Eis im Winter ungeeignet, da Rutschgefahr

Ausgangspunkt
Bushaltestelle Felsenmühle im Kirnitzschtal

Endpunkt
Bushaltestelle Beuthenfall im Kirnitzschtal

Anfahrt
Bahn/Bus: Ab Bad Schandau mit der Buslinie 241 Richtung Hinterhermsdorf bis zur Haltestelle Felsenmühle. Rückfahrt ab Haltestelle »Beuthenfall« mit Buslinie 241 oder mit der Kirnitzschtalbahn nach Bad Schandau. **Auto:** Anfahrt mit dem Pkw nicht empfehlenswert

Einkehr
Unterwegs keine; verschiedene Einkehrmöglichkeiten im Kirnitzschtal

Die Rinde ist abgeblättert, das Holz glänzt modrig feucht. Scharfrandige Löcher, ausgefranste Risse und eine interessante Gravur liegen an der Oberfläche. Der Baumstamm liegt tot im Wald und wird zum Lebensspender für andere Organismen.

Durch den Kleinen Zschand Unser Ausgangspunkt ist die Bushaltestelle an der Felsenmühle im Kirnitzschtal. Hier überqueren wir die Kirnitzsch und folgen dem breiten Weg mit der Markierung grüner Strich durch den Kleinen Zschand. An den Felswänden entlang wandern wir durch den verwunschenen Grund. Später weitet sich das Tal, und wir kommen an eine größere Wegkreuzung mit einer kleinen Schutzhütte. Hier zweigen wir nach rechts in die Zeughausstraße ab. Am Wegesrand erstrecken sich die ❶ Quenenwiesen. Wir wandern weiter auf diesem breiten Weg bergan, bis wir zur nächsten Schutzhütte am Wettinplatz kommen. Hier biegen wir nach links ab (roter Punkt) und steigen in Richtung Kleiner Winterberg auf.

Auf den Kleinen Winterberg Bis zur Kreuzung mit der Markierung roter Strich geht es moderat, danach wird es sehr steil und wild bis hinauf zum

Nur für Höhentaugliche geeignet: das schmale Felsband zur Idagrotte

Oberen Affensteinweg am Kleinen Winterberg. Oben angekommen, halten wir uns links und wandern nun einige Meter nahezu auf gleichbleibender Höhe weiter. Nach der ersten Rechtskurve schauen wir nach einem mit dem schwarzen Dreieck markierten Pfad, folgen diesem steilen, schmalen Weg nach rechts hinauf und gelangen zum ❷ Pavillon.

Von Spechten und Borkenkäfern Zurück vom Abstecher wandern wir weiter. Unterwegs kommen wir links an atemberaubenden Aussichten in die Felsenwelt vorbei. Bald trifft unser Weg an einer ❸ steinernen Wegesäule auf den Reitsteig; hier halten

wir uns rechts (blauer Strich). Nicht weit von hier lichtet sich links der Wald, und abgestorbene Fichten stehen gespenstisch in der Gegend.

Frienstein und Idagrotte Wir kommen an den Abzweig nach rechts zum Frienstein und biegen dorthin ab. Über Stufen steigen wir in eine kühle, düster-feuchte und von Moosen und Farnen ins Grün getauchte Schlucht. Der Weg gabelt sich, unten rechts steht eine kleine Holzhütte über einem Rinnsal. Wer mag, kann hier einen ❹ Abstecher zum Frienstein und zur Idagrotte machen: Dafür gehen wir an der Hütte vorbei, den Hang hinauf und halten uns oben geradeaus. Der Weg führt uns

an Felsblöcken vorbei, und manchmal müssen wir etwas kraxeln, bis wir zu einem Durchgang (rechts) gelangen. Wir steigen hindurch, kraxeln wieder über Felsblöcke und kommen an ein schmales Felsband. Schwindelfreiheit ist jetzt unbedingt nötig, dieses Felsband ist der Zugang zur Idagrotte – ein im wahrsten Sinn des Wortes atemberaubender Weg und Ausblick. Auf dem gleichen Weg geht es zurück zur Hütte, wo wir uns nun rechts halten und dem Weg (grüner Strich) am Felsrand entlang folgen. Nach einigen Metern steigen wir nach rechts die Stufen hinab. Es geht steil zwischen den Wänden bergab; manchmal liegen Bäume quer.

Königsweg, Heideweg und Beuthenfall Unten angekommen, halten wir uns links und wandern nun auf dem Königsweg (roter Strich) auf gleicher Höhe ein Stück durch den Wald. An der nächsten Weggabelung biegen wir nach rechts auf den Weg mit der Markierung grüner Strich, den Hinteren Heideweg, und gehen weiter bergab, bis wir auf die Zeughausstraße im Dietrichsgrund treffen. Nun wird der Weg breiter, wir wenden uns nach links und wandern moderat hinab ins Kirnitzschtal zum Beuthenfall. Unten überqueren wir die Kirnitzsch und können nun mit Bus oder Kirnitzschtalbahn zum Ausgangspunkt zurückfahren.

19 Durch einsame Wälder der Sächsischen Schweiz

Goldstein und Winterberg

Mittel   11 km   328/427 m   5 Std.

. . . .

Tourencharakter
Tour auf breitem Weg, sanft ansteigend bis Zeughaus, danach steiler,
langer Aufstieg zur Goldsteinaussicht. Weiter stetig, aber moderat
ansteigend mit seichten Passagen
zum Großen Winterberg. Abstieg
zunächst über Serpentinen eine
Straße entlang, später steiler auf
einem Waldweg bergab

Ausgangspunkt
Bushaltestelle an der Neumannmühle im Kirnitzschtal

Endpunkt
Schmilka

Anfahrt
Bahn/Bus: Ab Bad Schandau mit
der Buslinie 241 Richtung Hinterhermsdorf und an der Haltestelle
Neumannmühle aussteigen. Rückfahrt von Schmilka mit der S-Bahn.
Auto: Anfahrt mit Pkw nicht empfehlenswert

Einkehr
Imbiss auf dem Großen Winterberg

Sie sind da und trotzdem unsichtbar für Wanderer: Luchs, Wildkatze, Schwarzstorch, Wanderfalke, Schwarzspecht, Uhu und andere extrem scheue Tiere des Elbsandsteingebirges.

Großer Zschand Von der Bushaltestelle an der Neumannmühle im Kirnitzschtal überqueren wir auf einer Steinbrücke die Kirnitzsch und wandern am Parkplatz vorbei ins Tal des Großen Zschand (Markierung gelber Strich). Der breite Weg zieht sich durch ein feuchtes, dunkles Tal. Hohe Felswände, mit Moosen und Farnen bewachsen, umgeben uns. Wir wandern leicht bergan, kommen später an alten Eichen vorbei, dann wird das Tal etwas lichter. Zwischendurch zweigt der eine oder andere Weg ab; wir ignorieren diese aber stets und wandern weiter, bis wir zu einigen Häusern gelangen. Das erste rechts am Hang ist eine Informationsstelle des Nationalparks Sächsische Schweiz, die wir uns ansehen können. Wenige Meter weiter kommen wir zum ❶ **Zeughaus**, das einst zur Aufbewahrung des königlichen Jagdzeugs diente.

Blick von der Kipphornaussicht ins Elbtal mit Schrammsteinkette und Lilienstein

Zur Goldsteinaussicht Unmittelbar hinter dem Zeughaus zweigen wir nach rechts ab (blauer und gelber Strich). Der Weg führt nun stetig ansteigend durch den Wald. Nach dem ersten Anstieg kommen wir durch Buchenwald. Die Felsen rechts neben uns gehören zum Bösen Horn. Unser Weg wird nun wieder steiler, es geht über Wurzeln und Steine hinauf. Oben angelangt, biegen wir links in einen Pfad und gehen nur wenige Meter, zwischen Heidelbeerbüschen hindurch, zu einem grandiosen Aussichtspunkt: der ❷ Goldsteinaussicht. Vor uns eröffnet sich ein weiter Blick in den Zschand bis ins Böhmische hinein. Die auffällige Felsscheibe vor uns ist die Sommerwand.

Polzenit am Roßsteig Zurück von der Aussicht halten wir uns links und folgen weiter dem Weg (Roßsteig, gelber und blauer Strich) auf nun gleichbleibender Höhe. Nach wenigen Metern kommen wir zu einem Wiesenhang. Wir wandern weiter auf dem Roßsteig, bis wir zu einer Wegkreuzung mit dem grünen Punkt kommen. Hier biegen wir scharf links in den ❸ Fremdenweg Richtung Großer Winterberg ein (blauer und gelber Strich) und halten uns danach rechts.

Zum Großen Winterberg An der nächsten Gabelung gehen wir rechts (blauer Strich) durch den Buchenwald hinauf zum Großen Winterberg. Wir kommen vom Waldweg auf die Straße zum Winterberg und halten uns bergauf Richtung Gasthaus.

Nach Schmilka Vom Gasthaus wandern wir nun die Straße hinunter und vorbei am kleinen gelben Eishaus, einer Nationalpark-Informationsstelle. Weiter die Straße entlang (roter Punkt), vorbei am Abzweig des Bergsteigs Richtung Schmilka, kommen wir rechts zur Ausschilderung zur ❹ Kipphornaussicht. Wir unternehmen diesen Abstecher und genießen die herrliche Aussicht ins Elbtal. Vom Aussichtspunkt gehen wir rechts weg und gelangen wieder auf die Winterbergstraße, in die wir nach rechts abbiegen (roter Punkt) und der wir serpentinenartig bergab folgen. Nach geraumer Zeit zweigt der Weg nach links in den Erlsgrund ab. Hier verlassen wir die Winterbergstraße und wandern in diesem ruhigen, beschaulichen Grund weiter hinab. Am Ende treffen wir auf den Bergsteig, in den wir nach links einbiegen und dem wir bis zu den ersten Häusern von Schmilka folgen. Dort angelangt, können wir uns nach dem kleinen Biergarten links an der Ilmenquelle erfrischen. Nun geht es die letzten Meter durch den Ort hinunter, an der Mühle mit Bäckerei vorbei, zur Fähranlegestelle an der Elbe. Wir setzen über und können mit der S-Bahn den Rückweg antreten.

Unterwegs in der Hinteren Sächsischen Schweiz

Königsplatz, Wolfsschlucht und Hermannseck

Mittel 10 km 205 m 5:30 Std.

Tourencharakter

Tour mit sachtem Anstieg, gefolgt von einem steilen Abstieg; danach beschaulich durchs Tal entlang des Bachlaufs. Später kurzer, z. T. steiler Aufstieg, erneut auf gleichbleibender Höhe und nochmals sehr steiler Aufstieg über Stufen. Später weiter ohne größere Höhenunterschiede

Ausgangs-/Endpunkt

Hinterhermsdorf, Parkplatz an der Buchenparkhalle

Anfahrt

Bahn/Bus: Mit Buslinie 241 von Pirna oder Bad Schandau nach Hinterhermsdorf, Ausstieg an der Haltestelle Erbgericht; oder mit Bus 268/269 von Sebnitz nach Hinterhermsdorf. Von der Bushaltestelle Fußweg Richtung Buchenparkhalle (roter und blauer Strich). Zurück jeweils mit den gleichen Buslinien. **Auto:** Über Bad Schandau durchs Kirnitzschtal bis Hinterhermsdorf und durch den Ort, dann rechts Richtung Kahnfahrt bzw. Buchenparkhalle zum Parkplatz; oder von Sebnitz kommend über Saupsdorf fahren, im Ort links Richtung Hinterhermsdorf abbiegen

Einkehr

Unterwegs keine; verschiedene Gaststätten in Hinterhermsdorf, u. a. die Buchenparkhalle

---

Allerlei Gruselgestalten spuken in der Hinteren Sächsischen Schweiz umher: Die schöne, weiß glänzende Jungfrau, die unglücklichen Schatten dereinst Gehängter und eine Geisterkuh mit goldenen Hörnern und ihrem Kalb.

Zum Königsplatz Auf dem Parkplatz an der Buchenparkhalle beginnt die Wanderung. Wir folgen der Markierung roter Strich den breiten Hohweg entlang, bis wir, an Gartenanlagen vorbei, rechts in einen schmalen Pfad Richtung Königsplatz abzweigen (roter Strich). Auf einem Höhenrücken führt der Weg durch den Wald. Bald erreichen wir den Hinweis zur Aussicht Grünstellige, zu der wir einen Abstecher machen. Von hier sind es nur noch wenige Minuten auf gleicher Höhe wandernd bis zum ❶ Königsplatz, einem ausgezeichneten Aussichtspunkt. Wir gehen ein kurzes Stück auf dem Weg zurück, biegen nach rechts, dem roten Strich folgend, und steigen die Stufen hinunter. Steil windet sich der Weg bergab, wobei wir unterwegs durch eine Höhle, den sogenannten Tunnel, an einer hohen Felswand entlangkommen. Am Ende des Abstiegs treffen wir auf einen breiten Waldweg, den Hollweg, dem wir nach rechts moderat bergab

Bäume, Wiesen, mäandrierender Fluss – ein Ort zum Verweilen

wandernd folgen. Wir kommen ins Tal der Kirnitzsch und halten uns hier links (blauer Strich).

Mäandernder Fluss und Wolfsschlucht Wir wandern flussaufwärts, vorbei am Abzweig der Grüner-Strich-Markierung und am Wandergrenzübergang Hinterdittersbach. Zunächst ist das Tal recht breit, Wiesen erstrecken sich rechts und links des Bachs, Erlen säumen die Ufer, und dazwischen schlängelt sich die Kirnitzsch. Eisvogel, Wasseramsel und Fischotter sind hier zu Hause. Ein idealer Weg, um die Seele baumeln zu lassen. Später verengt sich das Tal, und wir wandern nun im Wald durch die

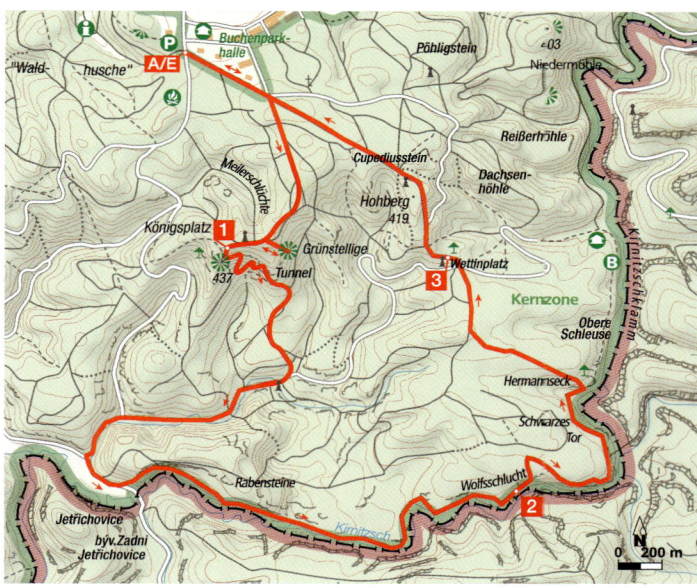

Klamm. Eine große Fichte steht plötzlich majestätisch vor uns: Es ist eine der ältesten Fichten im Gebiet, mit einer Höhe von etwa 54 Metern und geschätzten 300 Jahren. Wir gehen weiter, der Weg macht eine Linkskurve und führt in die ❷ **Wolfsschlucht**. Dabei durchqueren wir eine lange, feuchte, niedrige, aus Felsblöcken gebildete Höhle und steigen über steile Stufen und Treppen hinauf. Nun windet sich der Weg um einige Riffe oberhalb der Kirnitzsch, die tief unten in der Schlucht rauscht.

Zum Hermannseck Wir treffen auf eine Markierung (roter Strich), die uns den Weg links hinauf zum Hermannseck anzeigt. Wir steigen aus dem Tal über steile, hohe Steinstufen noch weiter hinauf und stehen bald vor einer engen Felsspalte. Für einen großen Rucksack ist hier kein Platz. Sehr, sehr eng wird es zwischen den Felsen. Wir schieben uns schräg nach oben: Wie ein weiter heller Fleck erscheint das Licht am Ende der Spalte – es ist ein Abenteuer. Endlich gelangen wir wieder ins Freie, gehen über eine Brücke (von der wir einen Blick hinunter in die Spalte werfen) und kommen zu einer Aussicht mit einer Holzhütte, der Schlegelhütte. Unter uns erstreckt sich das Tal der Kirnitzsch.

Wettinplatz Von der Aussicht geht es noch ein Stück bergan (roter Strich), dann wird der Weg etwas breiter, und wir folgen ihm nun auf gleicher Höhe bis zur nächsten Wegkreuzung. Hier wenden wir uns nach rechts und wandern nun auf dem breiten Forstweg bis zu einem Platz mitten im Wald: dem ❸ **Wettinplatz**. Von hier richten wir uns nach dem Wegweiser »Hinterhermsdorf und Buchenparkhalle« und wandern weiter sanft bergan (grüner Strich). Vom Forstweg zweigt nach einigen Wegminuten ein unmarkierter Weg geradeaus bergauf ab. Hier verlassen wir den Forstweg und gehen aufwärts. Wir passieren den Cupetius-Stein am Wegesrand, den Waldarbeiter zum Andenken an ihren hier verstorbenen Kameraden Cupetius errichteten. Bis zur Buchenparkhalle ist es nun nicht mehr weit (blauer Strich).

21

Naturwunder im Detail

Schiebgrund und Kaiserkrone

Mittel | 8 km | 209 m | 4 Std.

Tourencharakter
Zunächst flach durchs Elbtal, dann
teils steiler Anstieg. Trittsicherheit
erforderlich, denn der Weg von den
ehemaligen Teichsteinbrüchen zum
Schiebteich ist sehr schmal, man
muss Baumstämme überklettern
oder drunter durchkriechen, zudem
ist der Weg z. T. schmierig. Danach
weiter steil bergan, nach einem-
Stück auf fast gleichbleibender
Höhe nochmals An- und Abstieg
zur Kaiserkrone und z. T. steiler
Abstieg ins Elbtal. Ungeeignet bei
Schnee- und Eisglätte.

Ausgangspunkt
S-Bahn-Haltepunkt Schöna

Endpunkt
S-Bahn-Haltepunkt Schmil-
ka-Hirschmühle

Anfahrt
Bahn/Bus: Mit der S-Bahn nach
Schöna. Achtung: Bis Schöna fährt
die Bahn weniger häufig als bis
Bad Schandau (hier alle 30 Min.).
Auto: Anfahrt mit Pkw nicht emp-
fehlenswert

Einkehr
In Schöna

Natur und Kultur sind im Elbsandsteingebirge eng mitei-
nander verflochten: Tafelberge, Gründe, Felsriffe, Wälder,
aber auch Felder, Wiesen, Äcker und Dörfer mit alten Sied-
lungsstrukturen. Diese Verbindung schafft eine ganz besondere Gebietsästhetik.

Im oberen Elbtal Wir starten vom Bahnhof in Schöna und gehen durch die
Unterführung ans Elbufer. Von hier wandern wir nun elbaufwärts auf
dem Elberadweg. Wir passieren rechts eine Lehrtafel zur Schiebmühle
und die Mündung des Schiebbachs in die Elbe. Nach etwa einem Kilometer biegen wir am Schifffahrtssymbol 1 nach rechts ab, gehen unter der
Bahnunterführung hindurch, links einige Stufen hinauf und folgen diesem Pfad. Bald zweigen rechts zwei Wege mit Treppen ab; wir nehmen die
linken Stufen (rechts geht es zu einem ehemaligen Lastenaufzug) und
steigen steil bergan. Der Pfad stößt auf ein mit gelber Farbe geschriebenes
»Privat« auf einem großen Stein (Wochenendgrundstück); hier zweigen
rechts wieder Stufen ab. Wir steigen diese Stufen hinauf, halten uns dann
rechts und folgen dem Weg, an dem sich ein auf Stein gemalter Hinweis
»Zirkelstein« befindet. Der Weg führt auf der unteren Terrasse der ehemaligen Teichsteinbrüche entlang. Die Steinbrüche sind heute ein Flächenna-

Steiganlagen führen zu den Aussichtspunkten.

turdenkmal (FND). Am FND-Schild befindet sich wieder ein Hinweis in Form eines Holzschilds mit roter Farbe »zum Zirkelstein«. Weiter geht es des Weges, der rechts von einer moosbewachsenen Trockenmauer aus Sandstein gesäumt wird und sich am Ende dieser Mauer zu einem Bergpfad verjüngt. Nun geht es hangaufwärts durch einen Buchenbestand. Es wird steiler, und z. T. erleichtern Stufen den Aufstieg. Am oberen Hang passiert der Weg einen mit einer Trockenmauer gestützten Felsen. Hinter diesem Felsen, nach einer kleinen Linkskurve, haben wir einen schönen Blick hinab ins Elbtal. Unser Pfad steigt weiter bergan, und schon bald ist das Rauschen des Schiebbaches zu hören.

Schiebgrund Der Pfad verbreitert sich zu einem kleinen Weg. Wir kommen nun an drei Wasserfassungen (kleine Teiche) der ehemaligen Schiebmühle, einer Brettmühle unten im Tal, vorbei. Mit einem großen Schritt überqueren wir den Schiebbach zwischen zwei Wasserfassungen und steigen weiter bergan bis zum ❶ **Schiebteich**, einen einsamen Teich mit leicht milchig blaugrünem Wasser. Die Ufervegetation spiegelt sich in diesem glasklaren Wasser, und leise plätschert das Wasser am Überlauf des Teichs, ansonsten ist es still, nur ab und zu hört man Vögel zwitschern – ein traumhaft schöner Ort. Rechts neben dem Teich führt uns der Weg nun sehr steil bergan, an einer Lichtung vorbei und weiter durch den Wald. Oben angelangt, treffen wir auf einen breiten Wanderweg, biegen auf diesen nach rechts ab und gelangen nach wenigen Metern zum Waldrand.

Zur Kaiserkrone Wir wandern den Feldweg entlang und sehen dabei vor uns den markanten Zirkelstein, rechts den Großen Winterberg und das Prebischtor und links die Zschirnsteine. Vorbei am »Zirkelstein-Resort« wandern wir auf dem breiten Weg nach Schöna und folgen im Ort der Markierung roter Punkt in Richtung Kaiserkrone. Ein Wegweiser deutet nach links zur Kaiserkrone. Wir zweigen hier ab und steigen weiter hinauf zum Plateau des stark im Zerfallsstadium befindlichen Tafelbergs, dessen einst geschlossenes Gipfelplateau in drei Teile zerfallen ist, welche an die Zacken einer Krone erinnern und der ❷ **Kaiserkrone** den Namen gaben.

Nach Schmilka Wir gehen den gleichen Weg zurück bis zur Straße und folgen nun dem roten Punkt zum Aschersteig. Es geht übers Feld, begleitet von einer herrlichen Aussicht hinüber zu den Schrammsteinen. Noch ein Stück durch den Wald, dann steigen wir über einige Steinstufen hinunter und erreichen den S-Bahn-Haltepunkt Schmilka-Hirschmühle.

Dämonen am Zschirnstein

Kleiner und Großer Zschirnstein

● **Mittel** 🥾 **12 km** ⛰ **344 m** 🕐 **4:30 Std.**

Tourencharakter
Längere Tour mit zwei z. T. steileren Auf- und Abstiegen zu den beiden Tafelbergen; zwischendurch flache Streckenabschnitte. Trittsicherheit auf den Plateaus erforderlich. Bitte Beschilderung zum Brutgeschehen des Wanderfalken im Frühjahr beachten, um Störungen auf jeden Fall zu vermeiden – gegebenenfalls die Aussicht nicht begehen

Ausgangs-/Endpunkt
Kleingießhübel

Anfahrt
Bahn/Bus: ungünstig. **Auto:** Über Bad Schandau nach Krippen und dort am Ortsende nach Kleingießhübel abzweigen; Parkplatz in der Ortsmitte

Einkehr
Unterwegs keine

Mittags ist es am Großen Zschirnstein gefährlich – dann haben Dämonen den Berg in ihrer Gewalt. Zum Glockenschlag um eins ist der Spuk vorbei und Stille kehrt im Wald ein.

Zum Großen Zschirnstein Am Parkplatz in der Ortsmitte von Kleingießhübel beginnt unsere Wanderung zu den Zschirnsteinen. Zuerst gehen wir nach links in Richtung Waldrand auf dem befestigten Wiesenweg (gelber Punkt); dort zweigen wir rechts auf den Arno-Richter-Weg ab. Wir wandern diesen Weg entlang und gelangen zu den letzten Häusern von Kleingießhübel. Dort geht es links abbiegend auf dem ❶ **Hirschgrundweg** in den Wald hinein (roter und gelber Punkt). Wir folgen diesem Weg, lassen alle Querwege unbeachtet, bis wir zu einer größeren Wegkreuzung kommen, an welcher wir nach links abzweigen (gelber und grüner Punkt). Nach einigen Minuten zweigen wir rechts mit der Markierung roter Punkt ab. Der Weg führt uns anfänglich recht steil, später stetig, aber moderat ansteigend hinauf zum Großen Zschirnstein, einem markant geneigten Tafelberg, der mit seinen 560,3 Metern die höchste Erhebung der Sächsischen Schweiz ist. Wir folgen weiterhin der Markierung und kommen zu einer Wegkreuzung, an der wir uns rechts halten, weiter bergauf

Blick in die Böhmischen Wälder

(der rote Punkt weist an dieser Stelle auch abwärts, links). Oben an der ❷ **Schutzhütte** angekommen (ein guter Aufenthaltsort, sollte der Wind zu kalt blasen), sind es nur noch wenige Meter bis zur Kante, wo wir für die Mühen des Aufstiegs mit einem weiten Ausblick belohnt werden. Direkt an der Felskante suchen wir das »Rabenbad«, einen Opferkessel aus der Bronzezeit, wie es die Legende erzählt. Oder ist es doch nur eine kesselartige Vertiefung, entstanden durch Verwitterung?

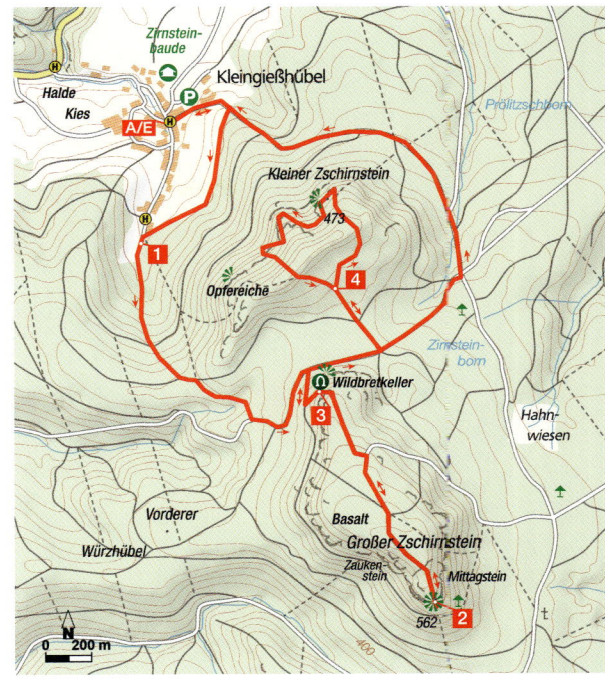

Mittagsspuk am Großen Zschirnstein Vom Zschirnstein berichtet folgende Sage: »Einst wanderten zwei junge Männer rüstig dem Großen Zschirnsteine zu. Sie traten eben in den Wald. Da ertönte der helle Ton der Mittagsglocke vom nächsten Kirchturme. In jähem Erschrecken fuhr der eine der beiden zusammen, denn er hatte nicht an die Gefährlichkeit des Ortes gedacht, die ihm wohlbekannt war … Schon aber ging auch ein seltsames Heulen durch die grünen Wipfel; Äste krachten und stürzten zu Boden, und die Vögel erhoben ein starkes und mißtönendes Gekreisch. Still und ernst schritt der eine der beiden Wanderer vorwärts, am ganzen Leibe zitternd der andere. Erst, als die Glocke im Dorfe 1 Uhr schlug, ließ seine Furcht nach, denn im selben Augenblicke nahm der Wald wieder seine heilige Stille an.«

Zum Wildbretkeller Wir wandern nun wieder den gleichen Weg zurück bis zum Wanderweg zwischen den beiden Zschirnsteinen (grüner und gelber Punkt, Flügel B). Von dort zweigen wir nach rechts ab. Knapp abseits vom Weg liegt rechts eine Blocktrümmerhöhle, der ❸ **Wildbretkeller**, zu dem wir einen kurzen Abstecher unternehmen. Große moosbedeckte Sandsteinblöcke lehnen aneinander. Durch den breiten Zwischenraum gehen wir auf der einen Seite hinein und auf der anderen wieder hinaus und setzen die Wanderung auf dem breiten Weg fort.

Kleiner Zschirnstein An der nächsten Wegkreuzung zweigen wir nach links (gelber Punkt) ab hinauf zum Kleinen Zschirnstein. An einer ❹ **Raststelle** teilt sich der Weg. Da es ein Rundweg ist, der uns über das Plateau führt, ist es egal, welche Richtung wir nun einschlagen. Auf dem Gipfelplateau finden sich zwei schöne Aussichtspunkte mit Blick auf Kleingießhübel. Wieder zurück an der ❹ **Raststelle** gehen wir bergab bis zum breiten Wanderweg und halten uns dort links auf den Flügel B (gelber und grüner Punkt) Richtung Reinhardtsdorf/Krippen. Später kreuzt der Wanderweg die Alte Tetschener Straße bzw. den Wiesenweg. Hier biegen wir nach links ab, umrunden nun in einem großen Bogen den Kleinen Zschirnstein und gelangen zurück zum Ausgangspunkt der Wanderung.

Fränkische Schweiz

Das Felsenbad Pottenstein, eines der schönsten Frei-bäder der Fränkischen Schweiz (l. o.); der Wander-weg bei Birkenreuth führt zwischen saftigen Wiesen entlang (l. u.); schöner Blick vom Wanderweg über dem Weihersbachtal zur Burg Pot-tenstein (r. o.); am Wasser-schöpfrad in Ebermannstadt beginnen zahlreiche schöne Wanderwege (r. u.)

Ein Garten »ohnegleichen«

Spaziergang im Felsengarten Sanspareil

23

Leicht **3 km** **1 Std.**

Tourencharakter
Spaziergang auf breiten und bequemen Wegen, stellenweise über Treppen und im Schatten

Ausgangs-/Endpunkt
Parkplatz am Felsengarten in Sanspareil

Anfahrt
Bahn/Bus: Mit der Bahn nach Bayreuth oder Kulmbach und weiter mit dem Bus über Hollfeld nach Sanspareil. **Auto:** A 70 bis Anschlussstelle Thurnau-West und über Leesau nach Sanspareil oder ab Anschlussstelle Schirradorf über Wonsees nach Sanspareil

Einkehr
In Sanspareil das Schlosscafé

Karte
Kurzführer mit Gartenplan Felsengarten Sanspareil (erhältlich in der Tourist-Info)

Information
Gästeinformation Hollfeld, Marienplatz 18, 96142 Hollfeld, Tel. 09274/9800, www.hollfeld.de

Ein mystischer Spaziergang im Felsengarten von Sanspareil mit seinen Felsgebilden gibt einen Eindruck von der bizarren Schönheit der Felsen in der Fränkischen Schweiz.

Rundgang im Felsengarten Wir starten am Parkplatz beim Felsengarten zur nahen ❶ **Burg Zwernitz**, die im Jahr 1156 zum ersten Mal urkundlich erwähnt wurde und seit 1290 im Besitz der Hohenzollern ist. Nach der Führung durch die Burg gehen wir bis zum Ausgang des Burghofs, schwenken vor dem Tor nach links und beginnen den Rundgang durch den Felsengarten (Wegweiser »Morgenländischer Bau, Schlosscafé«). Der Weg führt über einige Stufen abwärts, dann geht's auf breitem Weg zu einer Gabelung, wo wir den linken Abzweig wählen. Wir umgehen die einstige Terrassenanlage und kommen zur Straße. Dort schwenken wir nach rechts und stehen vor dem ❷ **Morgenländischen Bau**, der 1746/47 nach Plänen von Joseph Saint-Pierre erbaut wurde. Er wird auch Neues Schloss oder Salon genannt. Rechts breitet sich zum Küchenbau (dem heutigen Schlosscafé) hin das Broderie-Parterre aus, das im 18. Jahrhundert verschwand und 1987 nach einem Stich von Johann Thomas Koppel von 1748 rekonstruiert wurde. Wir folgen dem Wegweiser »Felsengarten« und kommen an den Felsgebilden ❸ **Regenschirm und Mentorgrotte** vorbei zum ❹ **Grünen Tisch**, der einen Baum »umschlingt«.

Bezauberndes Naturtheater Wir folgen dem Wegweiser »Naturtheater« durch die ❺ **Dianagrotte** mit schmalem Durchgang und wandern dann auf einem breiten Weg durch lichten Buchenwald. Beim eigenwillig ge-

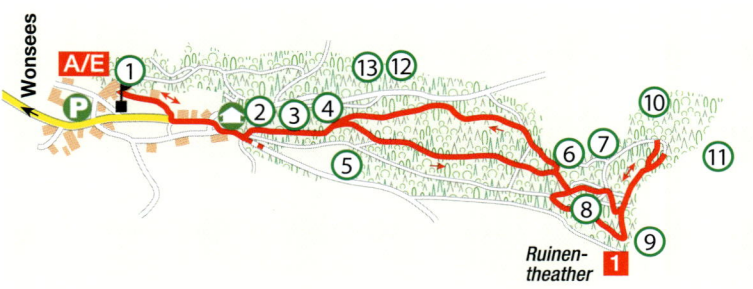

formten Felsen ❻ **Pansitz** gehen wir geradeaus weiter bis zu einer Gabelung, folgen dem Wegweiser »Belvederefelsen« und steigen die Treppe aufwärts bis zur (bescheidenen) Aussicht über das Land. Wir gehen zurück bis zur Gabelung und folgen wieder dem Wegweiser »Naturtheater«. Es geht durch den ehemaligen ❼ **Tanzsaal**, einem Rondell neben der ❽ **Sirenengrotte**, dann schwenken wir nach rechts und gelangen zum Naturtheater, wohl dem eigenwilligsten Bauwerk in Sanspareil. Es wird auch ❾ **Ruinentheater** genannt und ist eine Mischung aus Grotte und Ruine, wo die Rückwand und die imposanten Kulissenbögen aus Bruchsteinen gemauert sind. Von der ❿ **Grotte der Kalypso** bietet sich nach links ein Abstecher zu ⓫ **Sibyllengrotte** und ⓬ **Äolusgrotte** an.

Vulcan- und Bärenhöhle Von dort zum Naturtheater zurückgekehrt, wenden wir uns nach links, kommen am Belvedere vorbei und biegen an der nächsten Gabelung nach rechts (spitzer Winkel). An der folgenden Kreuzung halten wir uns links, kommen zum Pansitz und wenden uns nun erst nach rechts und dann nach links. An der Gabelung wählen wir den linken Weg und kommen an efeubewachsenen Felsen vorbei zur ⓭ **Vulcanhöhle**. Von dort gelangen wir auf dem nach links führenden Weg zur ⓮ **Bärenhöhle** und zur Dianagrotte. Nach rechts schwenkend erreichen wir nun auf bekanntem Weg wieder den Parkplatz beim Felsengarten.

Der Morgenländische Bau ist der Eingang zum Felsengarten Sanspareil.

24

Venusgrotte und Muschelquelle

Von Streitberg zur Binghöhle

Mittel   7 km   180 m   2:30 Std.

Tourencharakter
Anfangs Asphalt, dann bequemer Waldweg, zum Schluss asphaltierter Promenadenweg

Ausgangs-/Endpunkt
Ortsmitte von Streitberg

Anfahrt
Bahn/Bus: Busverbindung mit Ebermannstadt, Gößweinstein und Pegnitz. **Auto:** A 73 bis Anschlussstelle Forchheim-Nord oder -Süd, durch Forchheim zur B 470 und über Ebermannstadt nach Streitberg

Einkehr
In Streitberg Hotel-Gasthof Schwarzer Adler

Karte
Ortsplan und Wanderkarte von Markt Wiesenttal, erhältlich bei den Verkehrsämtern in Muggendorf und Streitberg

Information
Tourist-Info Muggendorf/Streitberg, Forchheimer Str. 8, 91346 Wiesenttal, Tel. 09196/194 33, www.wiesenttal.de

Zu den Attraktionen in der Fränkischen Schweiz gehören die über 1000 Höhlen. Bei Streitberg befindet sich die 350 Meter lange Binghöhle mit Tropfsteinbildungen, sie so schöne Namen wie Kerzensaal, Riesensäule oder Venusgrotte tragen.

Zur Binghöhle Wir folgen in der Ortsmitte beim Dorfplatz von Streitberg dem Wegweiser zur Binghöhle (Markierung schwarzer Ring), die wir nach 10 Minuten erreichen. Der Weg wird auch »Promilleweg« genannt, denn er führt direkt an der Adlerbrennerei Pircher vorbei, wo in der Probierstube »Höhlenklause« täglich ab 10 Uhr wohlschmeckende Schnäpse verkostet werden können. Zu den 45 edlen Bränden und Likören, die in der Adlerbrennerei Pircher hergestellt werden, gehören auch berühmte Kräuterdestillate wie »Alt Bitter« und »Streitberger Schütz«; sie werden nach alter Tradition von der Brennerei produziert, die seit 1921 im Besitz der Brennrechte ist. Wer lieber im Biergarten sitzt, kann beim Gasthof Schwarzer Adler eine Rast einlegen. Der Aufstieg zur ❶ **Binghöhle** führt

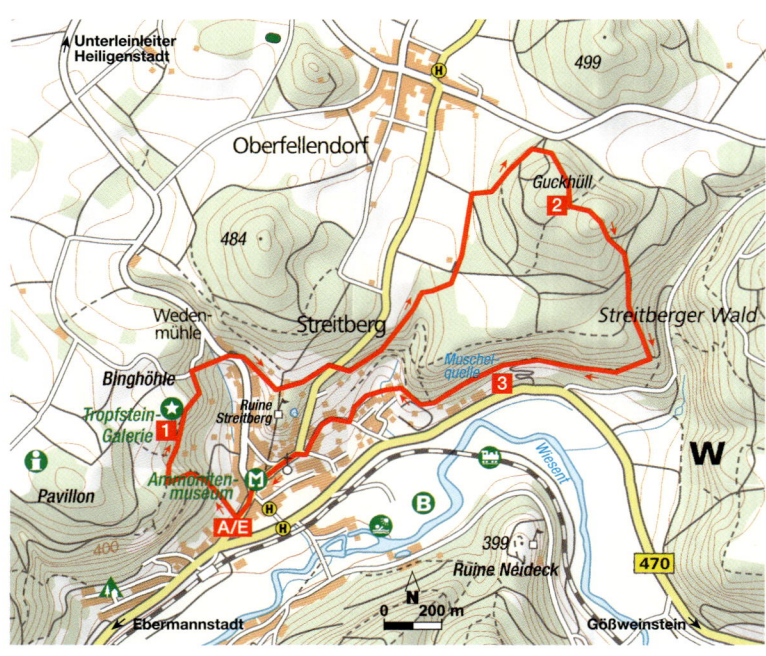

Warten auf die Führung durch die Binghöhle

über zahlreiche Stufen. Die 350 Meter lange Höhle am Westrand des Schauertals wurde 1905 von Kommerzienrat Bing entdeckt. In ihr kann man besonders schöne Tropfsteinbildungen bewundern, die so klingende Namen tragen wie Kerzensaal, Riesensäule oder Venusgrotte. Vom Höhleneingang bietet sich eine schöne Aussicht auf Streitberg und die Ruine Neideck, die über dem Wiesenttal zwischen Streitberg und Muggendorf steht. Sie ist die größte Burganlage der Fränkischen Schweiz und ihr Wahrzeichen. Die Burg war ab 1312 Stammsitz der Schlüsselberger, einem mächtigen Geschlecht in der Fränkischen Schweiz. Ab 1348 bischöflich-bambergischer Amtssitz, wurde sie im Markgrafenkrieg – einem Glaubenskrieg zwischen dem katholischen Bamberg und den lutherischen Markgrafen – wie viele andere Burgen der Fränkischen Schweiz 1552/1553 zerstört. Von Streitberg aus bietet sich eine schöne und gut ausgeschilderte Wanderung zur Burgruine an.

Bizarre Kalkfelsen und die Guckhüll Wir folgen dem Pfad, vorbei an einem markanten, steil aufragenden Felsen, und gelangen auf eine Asphaltstraße. Hier geht es abwärts; wir folgen dem Wegweiser »Guckhüll« und müssen dann auf der

In der Binghöhle bei Streitberg erwarten den Besucher prächtige Tropfsteinbildungen.

Asphaltstraße leicht ansteigen. Am Abzweig zur Muschelquelle vorbeilaufend, folgen wir immer der Markierung schwarzer Ring durch den Wald, kommen an bizarren Kalkfelsen mit sehr ausgeprägter Schichtung vorbei und erreichen einen Aussichtspunkt mit herrlichem Ausblick auf das Wiesenttal. An der folgenden Gabelung wählen wir den linken Weg, aus dem dann ein breiter Waldweg wird. Bei der nächsten Kreuzung halten wir uns links, wenden uns anschließend nach rechts und wandern durch Buchenwald. Bei einer weiteren Kreuzung müssen wir gut auf den Abzweig achten, da der Weg im Buchenwald nicht sehr deutlich zu sehen ist. Wir schwenken nach links (Wegweiser »Guckhüll«), steigen aufwärts und kommen an einem Sitzplatz vorbei nach ❷ **Guckhüll**.

Zur Muschelquelle Von hier wandern wir abwärts (Wegweiser »Streitberg, Muschelquelle«), biegen beim Abzweig zur Felsenschlucht nach rechts und folgen dann dem Wegweiser »Streitberg über Jägersteig«. Auf dem schmalen Pfad mit streckenweise schönen Aussichten kommen wir über einige Stufen zu einem breiten Weg, biegen hier nach rechts und stehen bald an der ❸ **Muschelquelle**. Sie liegt unterhalb der glatten Wand in einem engen, felsenumschlossenen Tal. Am oberen Ende entspringen neben der Muschelquelle zwei weitere kleine Quellen, deren Wasser in eine Kneippanlage geleitet wird. Das Quellwasser der Muschelquelle tritt aus Mergeln des Oberjura als Schichtquelle zutage. Es lagert Kalktuff ab, der einige Zeit in einem großen Gebiet unterhalb der Quelle abgebaut wurde. Aus diesen Kalktuffsteinen wurde 1910 das Quellhaus der Muschelquelle errichtet, das mit eingesetzten Weißjura-

Ammoniten verziert wurde. Bis 1968 wurde die Quelle zur Trinkwasserversorgung der umliegenden Ortschaften genutzt. Bei sehr hoher Schüttung der Quelle entspringt das Wasser dem Schneiderloch oberhalb der Muschelquelle, das auch eine Quellgrotte und etwa 50 Meter lang ist.

Streitberg und seine Ruine Auf einem schönen Promenadenweg erreichen wir wieder Streitberg. Auf einem vorgeschobenen, zerklüfteten Felsstock stand einst die Veste Streitberg, eine mächtige Burganlage. Heute sind nur noch Mauerreste von der Burg vorhanden, die 1120 erbaut wurde. Fehden und Kriege sowie verworrene Besitzverhältnisse führten immer wieder zu Zerstörung und erneutem Aufbau. Auch zwischen dem lutherischen Markgrafen Friedrich, den Bamberger Bischöfen und sogar dem Kaiser kam es 1501 zu einer Auseinandersetzung, die eine Zerstörung der Burg zur Folge hatte. Der letzte Wideraufbau erfolgte 1657/58, dann gab es nur noch Kämpfe der Landesherren gegen den Verfall, da sie sich in chronischer Geldnot befanden. Schließlich verwendete man die Steine der Burg für den Bau der Häuser in Streitberg, sodass die Burg nach und nach zur Ruine wurde.

Das Brunnenhaus der Muschelquelle ist mit Weißjura-Ammoniten verziert.

25 Zum geheimnisvollen Schwingbogen

Durch das Lange Tal

Leicht　9 km　180 m　2:45 Std.

Tourencharakter
Wechsel von bequemen Wald- und Wiesenwegen

Ausgangs-/Endpunkt
Marktplatz in Muggendorf

Anfahrt
Bahn/Bus: Busverbindung mit Ebermannstadt, Gößweinstein und Pegnitz. **Auto:** A9 bis Anschlussstelle Pegnitz, dann auf der B470 bis Muggendorf. Oder A73 bis Anschlussstelle Forchheim-Nord oder -Süd, durch Forchheim zur B470 und über Ebermannstadt nach Muggendorf

Einkehr
In Neudorf Gasthaus Fritz Heumann

Karte
Fritsch-Wanderkarte 1:50000, Naturpark Fränkische Schweiz, Veldensteiner Forst/Hersbrucker Alb, Blatt Süd

Information
Tourist-Info Muggendorf/Streitberg, Forchheimer Str. 8, 91346 Wiesenttal, Tel. 09196/19433, www.wiesenttal.de

Zu den landschaftlichen Schönheiten in der Gegend um Muggendorf gehören interessante Felsformationen, Höhlen wie die Schönsteinhöhle und der Schwingbogen, eine bizarre Laune der Natur, die man auf einer beschaulichen Tour entdecken kann.

Über dem Wiesenttal präsentiert sich eindrucksvoll die Burgruine Neideck.

Ins »Muggendorfer Gebürg« Wir starten am Marktplatz in Muggendorf beim Denkmal für die Romantiker der Fränkischen Schweiz – es waren Ludwig Tieck und Wilhelm Heinrich Wackenroder, die durch ihre Pfingstreise durch das »Muggendorfer Gebürg« berühmt wurden. Hier folgen wir dem Wegweiser »Rundwanderweg Langes Tal« (Markierung blauer Ring) den Schmiedsberg aufwärts. Bald erreichen wir einen ebenen Grasweg über dem Wiesenttal, können die wunderbare Aussicht genießen und gelangen dann in den Wald. Auf einem schönen Waldpfad zieht sich unser Weg am Hang entlang. Im Wechsel zwischen Wald, Feld und Wiese steuern wir auf **1 Neudorf** zu. Hier kann man im Gasthaus Fritz Heumann rasten; allerdings gibt es nur Brotzeiten, aber auch Dosenwurst aus eigener Herstellung zum Mitnehmen. Am Ortsende folgen wir einer Teerstraße aufwärts und kommen an einem Sitzplatz am Waldrand vorbei. Unser Weg führt in den Wald und trifft auf eine Forststraße. Dort schwenken wir nach rechts, kommen zum Wegweiser beim Abzweig »Schwingbogen« und gehen einige Schritte aufwärts. Schon bald stehen wir vor dem beeindruckenden Gebilde aus Fels. Auf schmalem Weg steigen wir über einige Felsbrocken durch den Schwingbogen, eine Naturbrücke aus Fels, und können die steil aufragenden Felsen betrachten. Nicht zu übersehen ist der Eingang zur **2 Schönsteinhöhle**, die allerdings nur mit einer Führung besucht werden kann.

Durchs Lange Tal Von der Höhle aus sehen wir eine Forststraße, auf die wir zusteuern. Dort angekommen, wenden wir uns links und folgen der Markierung blauer Punkt weiter zu einem überdachten Sitzplatz. Hier gibt es einige Lehrtafeln, die über die einheimischen Sing- und Greifvögel informieren. An einer Weggabelung vorbei beschreiben wir einen Rechtsbogen, treffen auf eine Forststraße und schwenken nach links. Auf dem Talweg Muggendorf wandern wir nun durch das Lange Tal. An einer Treppe steigen wir abwärts, überqueren eine Brücke und sehen rechts die Burgruine Neideck auf der anderen Seite des Wiesenttals aufragen. Mit der Markierung blauer Ring kommen wir über die Straße Zum Schachergraben und über den Rosenauweg zum Schmiedsberg und zurück zum Ausgangspunkt in Muggendorf.

26

Mystischer Druidenhain

Über die Höhen von Ebermannstadt

Schwer 20 km 228 m 5:15 Std.

Tourencharakter
Lange Wanderung auf überwiegend bequemen Wald- und Wiesenwegen mit mäßig steilen Anstiegen; von der Wallerwarte schöne Aussichten ins Wiesenttal

Ausgangs-/Endpunkt
Marktplatz von Ebermannstadt

Anfahrt
Bahn/Bus: Bahnstation Ebermannstadt, Busverbindung mit Forchheim. **Auto:** A 9 bis Anschlussstelle Pegnitz/Grafenwöhr, dann B 2/B 470 Richtung Forchheim und nach Ebermannstadt. Oder A 73 bis Anschlussstelle Forchheim-Nord und weiter auf der B 470 über Forchheim nach Ebermannstadt

Einkehr
In Ebermannstadt Hotel-Brauerei Schwanenbräu mit Biergarten

Karte
Fritsch-Wanderkarte 1:50 000, Naturpark Fränkische Schweiz, Veldensteiner Forst/Hersbrucker Alb, Blatt Süd

Information
Tourist-Info Ebermannstadt, Bahnhofstr. 5, 91320 Ebermannstadt, Tel. 09194/506 40, www.ebermannstadt.de

Mit zahlreichen schönen Fachwerkhäusern, Brauereigasthöfen und einem sehenswerten Brunnen ist der Markt in Ebermannstadt der Mittelpunkt der Altstadt und zugleich auch die »gute Stube«. Er lädt zum Bummeln und Verschnaufen ein.

Sehenswertes Brunnenhaus Wir gehen zunächst zum berühmten Wasserschöpfrad, das aus dem Jahr 1603 stammt, wenden uns hier nach rechts und wandern mit der Markierung roter Punkt im schönen Wiesenttal zum Freibad nach Rothenbühl. Von hier führt unser Weg zu einem Wanderparkplatz, wo wir nach rechts schwenken und allmählich aufwärtssteigen. Beim Abzweig zur Ruine Neideck halten wir uns rechts (Haarnadelkurve) und wandern auf dem sonnigen Forstweg nach ❶ Birkenreuth. Hier ist das Brunnenhaus von 1796 sehenswert.

Mystischer Hain Vom Brunnenhaus folgen wir der Markierung grünes Kreuz auf einer Asphaltstraße, die wir am Ortsausgang halb links verlassen, um auf einem schönen Wiesenweg nach Kanndorf zu wandern. Im Ort folgen wir dem Wegweiser Richtung Druidenhain, gehen zunächst ein Stück am Golfplatz entlang und schwenken dann nach rechts. Beim Aussichtspunkt Vogelherd bietet sich ein Abstecher an, hier lädt eine

Geheimnisvoll und mystisch wirken die bemoosten Steinblöcke im Druidenhain.

Bank zum Verweilen ein, bevor wir unseren Weg fortsetzen. Vom kurzen Abstecher zurück auf dem Wanderweg geht es abwärts durch eine bizarre Kalksteinwelt, und allmählich nähern wir uns dem ❷ Druidenhain. Im Druidenhain mit seinen tonnenschweren bemoosten Felsblöcken wird eine keltische Sonnenkultstätte vermutet, die astronomischen Berechnungen diente. So sollen z. B. an Sonnenwendtagen die ersten und die letzten Sonnenstrahlen durch ein rundes Loch im Taufstein, einem vier Meter langen und 40 Zentimeter dicken Felsblock, auf die umliegenden Felsblöcke fallen.

Zur Wallerwarte Nur wenige Meter nach dem Druidenhain treten wir aus dem Wald, wenden uns nach links und folgen der Markierung gelber Ring nach ❸ Birkenreuth zurück. Dort leitet uns vom Brunnenhaus der Wegweiser »Zuckerhut, Wallerwarte« (Markierung blauer Senkrechtstrich) wieder aus dem Ort hinaus. Anfangs führt unser Weg zwischen Wiesen dahin, dann geht's in den Wald, und bald erreichen wir den Zuckerhut, einen gemütlichen Aussichtsfelsen. Von diesem kurzen Abstecher zum Wanderweg zurückgekehrt, folgen wir unserer Markierung weiter und gelangen bald an einen Abzweig nach rechts (nicht verpassen!). Wir überqueren alsbald die Straße nach Gößweinstein und folgen dem Wegweiser Richtung Wallerwarte. Unser Weg führt durch den Wald aufwärts, und wir gelangen zu einer Gabelung. Hier halten wir uns rechts und folgen nun dem Wegweiser »Wallerwarte, Kreuzkapelle« unmarkiert durch den Wald. Steinmännchen weisen uns den Weg bis zur ❹ Wallerwarte, einem aus Natursteinen gemauerten Aussichtsturm.

Durchs Historische Scheunenviertel Bei der nahen kleinen Kapelle leitet uns die Markierung blauer Punkt nach rechts abwärts. Wir wandern auf einem Stationsweg mit Bildtafeln zur Erlachkapelle und weiter durch das Historische Scheunenviertel. Nachdem wir die Wiesent überquert haben, ist es nicht mehr weit bis zu unserem Ausgangspunkt in Ebermannstadt.

27

Wo einst die Hexen tanzten

Zum berühmten Walberla

Leicht   7 km   250 m   2:30 Std.

Tourencharakter
Sehr schöne Wanderung auf bequemen Wegen, teilweise zwischen Kirschgärten; vom Walberla großartige Ausblicke über die Täler und Höhenzüge

Ausgangs-/Endpunkt
Kirche in Kirchehrenbach

Anfahrt
Bahn/Bus: Mit der Bahn bis Forchheim und weiter mit dem Bus nach Kirchehrenbach. **Auto:** A 73 bis zur Anschlussstelle Forchheim-Nord oder -Süd, dann auf der B 470 bis Unterweilersbach und hier abzweigen nach Kirchehrenbach

Einkehr
In Kirchehrenbach Landgasthof Zur Sonne und Speisegaststätte Zum Walberla; in Schlaifhausen Gasthaus Kroder; in Wiesenthau Schloss-Hotel Wiesenthau

Karte
Fritsch-Wanderkarte 1:50 000, Naturpark Fränkische Schweiz, Veldensteiner Forst/Hersbrucker Alb, Blatt Süd

Information
Tourismusverein »Rund ums Walberla-Ehrenbürg«, Heugasse 13, 91356 Kirchehrenbach, Tel. 09191/978931, www.walberla.de

Oberhalb von Kirchehrenbach erhebt sich die Ehrenbürg. Hier steht die Walpurgiskapelle, die im 17. Jahrhundert gebaut und der Walburga geweiht wurde – so entstand der Name »Walberla«.

Auf die Ehrenbürg Der Ausgangsort Kirchehrenbach liegt am nördlichen Fuß der Ehrenbürg, und den zentralen Dorfplatz umrahmen zahlreiche hübsche Fachwerkhäuser, die von der mächtigen Bartholomäuskirche aus dem 18. Jahrhundert überragt werden. Hier beginnt unsere Wanderung, die uns zunächst mit der Markierung roter Querstrich entlang der Asphaltstraße bis zum Wanderparkplatz bei der Speisegaststätte Zum Walberla leitet. Hier lohnt sich schon die erste Verschnaufpause, und man kann neben der wunderschönen Aussicht auf das Wiesenttal auch die kulinarischen Köstlichkeiten genießen. Nach dieser Pause gelangen wir zu einem Rastplatz und wenden uns kurz danach bei einer Quelle nach links. Nun wandern wir auf einem steinigen Pfad mit der Markierung stilisiertes Walberla weiter. Bei einer Wanderwegtafel treffen wir auf eine

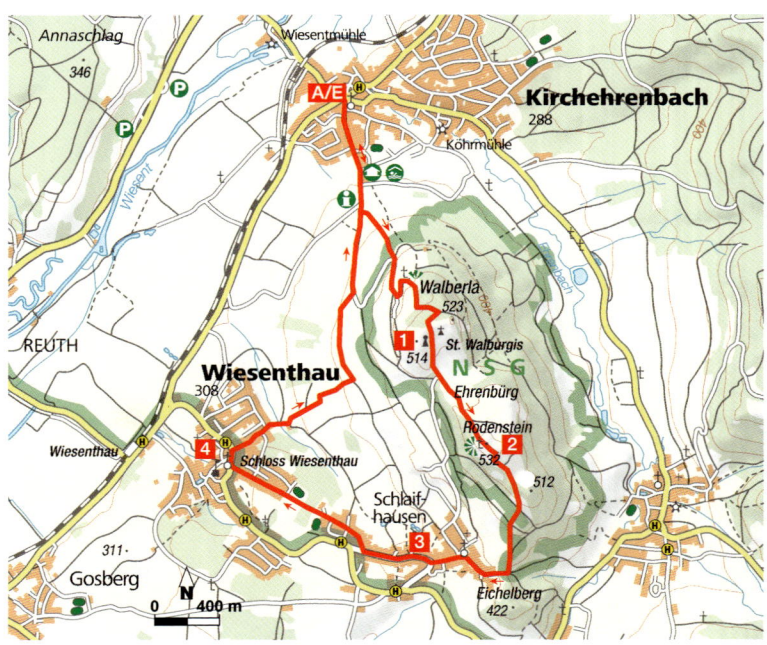

Asphaltstraße, wenden uns hier nach links und gelangen nach kurzem Anstieg zu einem hölzernen Kreuz, von dem sich eine herrliche Aussicht auf Kirchehrenbach bietet. Durch niederen Buchenwald führt unser Weg weiter aufwärts, bis wir zur ❶ Walpurgiskapelle gelangen Sie steht auf einer Hochebene und wurde im 17. Jahrhundert als Wallfahrtskapelle errichtet. Weit reicht der Blick von der Westseite des Plateaus in das untere Wiesenttal sowie ins Regnitztal mit Forchheim. Hier oben findet jeden ersten Sonntag im Mai das Walberlafest statt, aber auch an anderen Sommerwochenenden herrscht auf dem Walberla Hochbetrieb – Felsenkünstler finden am Rodenstein günstige Klettermöglichkeiten und die Drachenflieger auf der Hochebene einen idealen Startplatz.

Über den Rodenstein nach Schlaifhausen Wir überqueren die Hochfläche und wandern in einen kleinen Sattel hinab, von wo aus wir dann auf den gemächlichen ❷ Rodenstein mit dem hölzernen Kreuz hinaufsteigen. Von dieser höchsten Erhebung der Ehrenbürg geht es nun abwärts (Markierung roter Querstrich), und auf dem schönen Panoramaweg kommen wir zu einem Wanderparkplatz im Tal. Dort halten wir uns rechts und erreichen in wenigen Minuten das Dorf **Schlaifhausen** ❸, wo sich im historischen Gasthaus Kroder eine Rast lohnt.

Zum Schloss in Wiesenthau In Schlaifhausen folgen wir der Markierung gelbes Kreuz nach **Wiesenthau** ❹, wo an der Hauptstraße das Schloss-Hotel Wiesenthau zur Rast einlädt. Wir folgen nun der Markierung blauer Schrägstrich in Richtung Walberla und schwenken dort, wo wir auf die Markierung blauer Punkt treffen, nach links. Nun wandern wir wieder nach Kirchehrenbach, wo wir auf die Markierung roter Querstrich treffen und zum Ausgangspunkt beim Wanderparkplatz gelangen.

Die steil aufragenden Felsen geben dem Walberla einen besonderen Charakter.

28 Prachtvolle Sophienhöhle

Zur Burg Rabenstein

Leicht   12 km   66 m   3 Std.

Tourencharakter
Angenehme Wanderung auf breiten Wegen, überwiegend zwischen Feld und Wiese; leichter Anstieg auf Wiesenpfad im Wassertal.

Ausgangs-/Endpunkt
Bushaltestelle »Plärrer« in der Vorstadt von Waischenfeld

Anfahrt
Bahn/Bus: Mit der Bahn bis Bayreuth oder Forchheim und weiter mit dem Bus. **Auto:** A 70 bis Ausfahrt Stadelhofen und über Hollfeld nach Waischenfeld. Oder A 9 bis Ausfahrt Trockau und weiter nach Waischenfeld

Einkehr
In Waischenfeld Hotel Zur Post; Burgschenke auf Burg Rabenstein

Karte
Fritsch-Wanderkarte 1:50 000, Naturpark Fränkische Schweiz, Veldensteiner Forst/Hersbrucker Alb, Blatt Süd

Information
Städt. Tourist-Info, Marktplatz 58, 91344 Waischenfeld, Tel. 09202/96 01 17 oder 194 33, www.waischenfeld.de

Das Ailsbachtal gehört zu den reizvollsten Tälern in der Fränkischen Schweiz. Anziehender Mittelpunkt ist ein Felssporn, auf dem schon seit dem 12. Jahrhundert hoch über dem Tal die Burg Rabenstein thront. Sie gehört zu den schönsten Burgen im Frankenland.

Durchs Wiesenttal zur Sophienhöhle Wir starten in der Vorstadt bei der Bushaltestelle »Plärrer« mit Wanderwegtafel und folgen dem Wegweiser in Richtung Pulvermühle (Markierung gelbes Kreuz) auf einer Teerstraße in das Wiesenttal. Bei der Pulvermühle leitet uns ein Wegweiser in Richtung Burg Rabenstein und Sophienhöhle. Wir wandern auf einem Waldweg, gehen an der nächsten Gabelung geradeaus weiter und steigen durch das Wassertal allmählich aufwärts. Uns umgeben saftige Wiesen, auf denen viele verschiedene Blumen wachsen. Hier tummeln sich besonders im Frühsommer zahlreiche Schmetterlinge, zu denen Zitronenfalter, Kleiner Fuchs und auch Tagpfauenauge gehören. Nachdem wir auf der Höhe eine Asphaltstraße überquert haben, gehen wir durch ein kleines

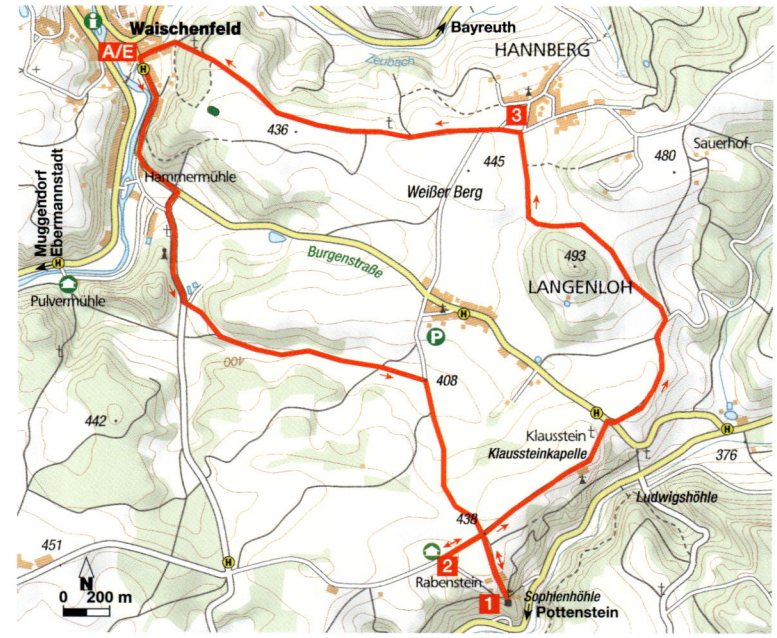

Waldstück und dann, dem Wegweiser »Burg Rabenstein, Sophienhöhle« folgend, auf einem Wiesenweg weiter. Dabei genießen wir die Aussichten über die weite Hügellandschaft. Der Weg bringt uns zu einer Asphaltstraße, wo wir auf die Markierung blauer Querstrich treffen und ihr folgen. Immer noch zwischen farbenfrohen Wiesen wandernd, gelangen wir zum Parkplatz bei der Burg Rabenstein. Hier führt ein Wanderweg in 15 Minuten zur ❶ Sophienhöhle, die mit ihren wundervollen Tropfsteingebilden eine besondere Attraktion darstellt. Sie befindet sich unterhalb der Klaussteinkapelle und ist eine der größten Zerklüftungshöhlen in der Fränkischen Schweiz. Als besondere Attraktionen gelten der steinerne Wasserfall (5 m hoch) und der Millionär, ein einzeln stehender Stalagmit (2,4 m hoch). Geöffnet ist die Höhle von Ostern bis 31. Oktober täglich von 9 bis 18 Uhr.

Rast auf Burg Rabenstein Nach dem Besuch der Sophienhöhle bietet sich die Einkehr in der Burgschenke an, wo man bei schönem Wetter die reizvolle Kulisse im Burggarten genießen kann. Auf keinen Fall sollte man auf eine Besichtigung der über 800 Jahre alten ❷ Burg Rabenstein verzichten, wo regelmäßig Führungen stattfinden (Tel. 09202/970580). Sie wurde wahrscheinlich von den Edelfreien von Waischenfeld erbaut und erstmals 1188 im Zusammenhang mit einem Eschwin de Rabenstein als Ministerialem erwähnt.

Zwischen Feldern nach Hannberg Nach der Besichtigung der Burg geht es zum Parkplatz zurück und nach rechts in Richtung Hannberg (Wegweiser). Zunächst gelangen wir auf einer Asphaltstraße bis zu einer Kreuzung, wo sich ein wunderschöner Bildstock befindet. Dort überqueren wir die Straße und folgen immer der Markierung rot-weiß diagonal geteiltes Rechteck, zunächst auf breitem Feldweg, dann am Feldrand entlang und dann wieder auf einem Feldweg, bis wir bei einem weiteren Bildstock (von 1816) den Ortseingang von ❸ Hannberg erreichen. Hier schwenken wir nach links und gelangen mit den Markierungen gelber Ring und gelber Punkt auf einem breiten Waldweg nach Waischenfeld, wo wir nach links schwenkend den Ausgangspunkt erreichen.

Die Flugschauen auf Burg Rabenstein wecken immer große Begeisterung.

29

Auf Felsen gebaut

Durchs Püttlachtal nach Tüchersfeld

Mittel · 17 km · 132 m · 5 Std.

Tourencharakter
Überwiegend gut begehbare Wald-
und Feldwege; im Püttlachtal
schöne Durchblicke und imposante
Felsgebilde, auf dem Rückweg vor
allem weite Feldlandschaft

Ausgangs-/Endpunkt
Städtisches Verkehrsamt/
Kurverwaltung in Pottenstein

Anfahrt
Bahn/Bus: Busverbindung mit
Bayreuth und Ebermannstadt.
Auto: A 9 bis Ausfahrt Pegnitz/
Grafenwöhr und auf der B 2/B 470
nach Pottenstein

Einkehr
In Pottenstein Hotel-Restaurant
Forellenhof; Gaststätte beim Cam-
pingplatz Fränkische Schweiz; in
Hühnerloh Gasthof Bayer

Karte
Fritsch-Wanderkarte 1:50 000,
Naturpark Fränkische Schweiz,
Veldensteiner Forst/Hersbrucker
Alb, Blatt Süd

Information
Verkehrsbüro Pottenstein,
Forchheimer Str. 1, 91276 Pottenstein, Tel. 09243/70841,
www.pottenstein.de

Wo Püttlach, Weihersbach und Haselbrunnerbach zusam-
menfließen, umgeben steil aufragende Felsen einen malerischen Talkessel. Hier liegen Pottenstein, eine der ältesten
Stadtsiedlungen in der Fränkischen Schweiz, und das berühmte Felsendorf Tüchersfeld.

Im Püttlachtal Wir starten beim Städtischen Verkehrsamt in Pottenstein
und gehen die Forchheimer Straße bis zur B 470, überqueren die Straße
und folgen dem Leo-Jobst-Weg (Markierung rotes Kreuz). Wir steigen
leicht aufwärts, bis bei einer Bank rechts ein Pfad mit mehreren auffälligen
Markierungen auftaucht, zu denen auch unsere Markierung gehört. Hier
wenden wir uns nach rechts und wandern nun mal leicht ansteigend,
dann wieder abwärts parallel zur Straße und der Püttlach weiter. Wir steigen einige Stufen abwärts und sehen bald durch die Bäume auf der gegenüberliegenden Seite den Campingplatz Bärenschlucht. Unser Weg
führt an Felswänden vorbei, die auch bei Kletterern beliebt sind. Wir nähern uns immer mehr der Püttlach, und es bietet sich bald eine schöne
Aussicht ins Tal. Die erste Rast können wir auf der Terrasse der Gaststätte
beim Campingplatz Fränkische Schweiz einlegen, der direkt am Wanderweg liegt.

Imposantes Tüchersfeld Wir gehen auf dem Leo-Jobst-Weg weiter und
kommen auf einem schmalen Waldweg nach ❶ Tüchersfeld, dem imposanten Felsendorf. Hier errichtete man schon Mitte des 13. Jahrhunderts
zwei Burgen, Ober- und Untertüchersfeld, die aber zerstört wurden. Aus
den Ruinen der Burg Untertüchersfeld entstand Anfang des 18. Jahrhunderts der markante Fachwerkbau, Judenhof genannt, in dem das Fränkische-Schweiz-Museum untergebracht ist. Ein Besuch dieses Museums
ist sehr zu empfehlen, weil es in vielfältiger Weise über den Landschafts-
raum Fränkische Schweiz informiert. Geologische, archäologische und
historische Gegebenheiten gehören ebenso dazu wie ein Überblick über
die bäuerliche Lebensweise und das Handwerk. Die Synagoge vermittelt
Informationen über die Juden, die seit dem Mittelalter in Franken siedeln.
Variante: Vom Wanderweg in Tüchersfeld bietet sich ein kürzerer Rückweg nach Pottenstein über Hühnerloh an (Markierung blauer Ring; dann
3:15 Std./10 km).

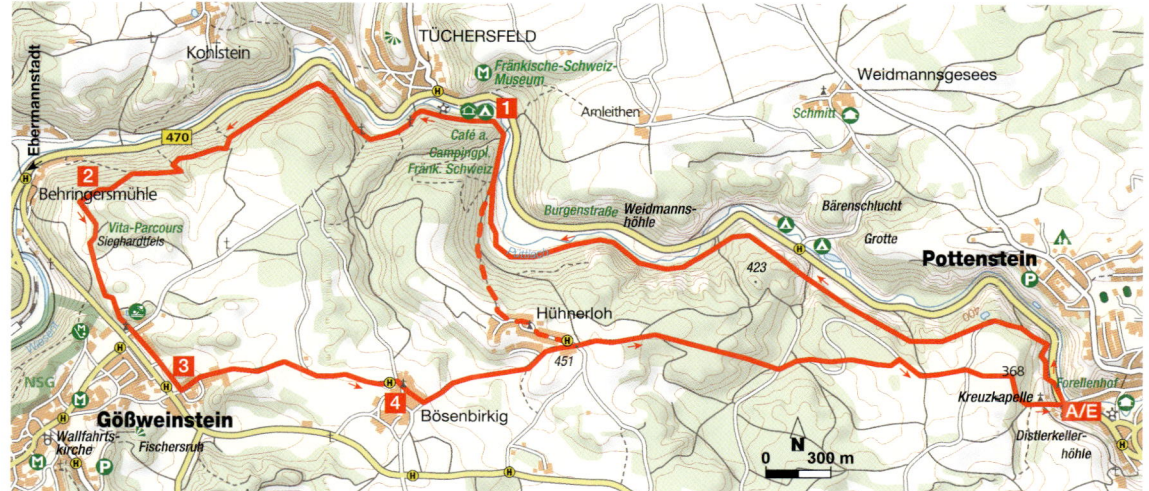

Zur berühmten Wallfahrtskirche Wir folgen weiter dem Leo-Jobst-Weg (Markierung rotes Kreuz), nähern uns der Straße und wandern in den Wald (an dieser Stelle ohne Markierung). Bald ist die Markierung rotes Kreuz wieder sichtbar, mit der wir nach ❷ **Behringersmühle** kommen. Der Ort liegt im Talkessel von Wiesent, Ailsbach und Püttlach und ist ein beliebter Fremdenverkehrsort. Wir steigen aber nicht ab, sondern folgen dem Pfad ohne Markierung weiter aufwärts (Wegweiser »Gößweinstein«), kommen an eine Wegkreuzung und schwenken dort nach rechts (Hinweis »Gö« am

Das Fränkische-Schweiz-Museum in Tüchersfeld bietet zahlreiche Ausstellungen.

Baum). Wir gelangen auf einen breiteren Weg, halten uns hier rechts, beschreiben mit unserem Weg einen Linksbogen und erreichen dann auf einem Wiesenweg an der August-Sieghardt-Straße den Ort ❸ **Gößweinstein**. Hier lohnt sich ein Abstecher in den Ort, um der berühmten Wallfahrtskirche einen Besuch abzustatten. Nach alten Überlieferungen gab es zeitweilig mehr als 100 000 Wallfahrer, die sich auf den Weg nach Gößweinstein machten, das im Ruf der Wundertätigkeit stand. Vor allem Papst Benedikt XIII. gab der Beliebtheit durch seinen Ablass besonderen Auftrieb, sodass der Fürstbischof Friedrich Carl von Schönborn in Gößweinstein eine neue Kirche

Das Paddeln auf der Wiesent ist bei Jung und Alt ein beliebter Freizeitsport.

errichten ließ. Sie wurde nach Plänen von Balthasar Neumann 1730 bis 1739 mit ihrer prachtvollen Zweiturmfassade gebaut. Zwischen 1755 und 1757 erhielt sie zusätzlich die prachtvolle Freitreppe von Johann Michael Küchel, die die Wirkung der Kirchenfront noch verstärkt. Küchel baute gemeinsam mit Peter Benkert auch den prächtigen Hochaltar (1740). Zwischen Chor und Querschiff sind mehrere große Seitenaltäre zu bewundern, die plastische Figurengruppen tragen.

Nach Pottenstein Nach dem Abstecher gehen wir zunächst auf der August-Sieghardt-Straße geradeaus weiter (links oben ist der Gasthof Schönblick) und biegen kurz danach links in die Straße Büchenstock (Wegweiser »Bösenbirkig, Hühnerloh, Pottenstein«, Markierung blauer Senkrechtstrich). Wir befinden uns nun auf dem Wallfahrtsweg zwischen Gößweinstein und Pottenstein, wandern aufwärts und kommen zwischen Wiesen und Feldern nach ❹ **Bösenbirkig**. Am Dorfteich rechts vorbei, verlassen wir nach der Gaststätte Sebald die Teerstraße links (Wegweiser »Hühnerloh, Pottenstein«) und wandern zwischen Feld und Wiese nach Hühnerloh, wo sich im Gasthof Bayer eine Rast lohnt. Über eine Asphaltstraße kommen wir zu einer Dreiergabelung, wo wir den mittleren Weg wählen und danach eine Wegkreuzung überqueren. Nun wandern wir im Wald weiter, dürfen den folgenden Abzweig nach links nicht verpassen und folgen von dort der Markierung blauer Querstrich bis zur Kreuzkapelle oberhalb von Pottenstein. Hier wenden wir uns nach rechts und steigen mit schöner Aussicht auf den Ort hinab ins Tal. Über die Forchheimer Straße erreichen wir wieder unseren Ausgangspunkt in Pottenstein.

Malerisch ist die Kulisse von Tüchersfeld, auch als Felsendorf bekannt.

30

Goliath und Barbarossa in der Teufelshöhle

Leicht   11 km   100 m   3 Std.

Tourencharakter
Bequeme Wanderung auf Feld-,
Wald- und Wiesenwegen; kurzer
steiler Anstieg aus dem Klumpertal
nach Kirchenbirkig

Ausgangs-/Endpunkt
Städtisches Verkehrsamt/
Kurverwaltung in Pottenstein

Anfahrt
Bahn/Bus: Busverbindung mit
Bayreuth und Ebermannstadt.
Auto: A 9 bis Ausfahrt Pegnitz/
Grafenwöhr und auf der B 2/B 470
nach Pottenstein

Einkehr
In Pottenstein Gasthof Goldene
Krone; Gaststätte beim Felsenbad
am Schöngrundsee

Karte
Fritsch-Wanderkarte 1:50 000,
Naturpark Fränkische Schweiz,
Veldensteiner Forst/Hersbrucker
Alb, Blatt Süd

Information
Verkehrsbüro Pottenstein,
Forchheimer Str. 1, 91276 Pottenstein, Tel. 09243/70 841,
www.pottenstein.de

Goliath und Barbarossa in der Teufelshöhle

Von Pottenstein durchs Klumpertal

Die Wanderung führt zum berühmten Felsenbad neben dem Freizeiteldorado Schöngrundsee, der im Sommer zu einer Kahnpartie einlädt, und zur beliebten Sommerrodelbahn. Nicht zu vergessen ist die Teufelshöhle, die größte Tropfsteinhöhle Deutschlands.

Zum Freizeiteldorado Schöngrundsee Wir starten beim Städtischen Verkehrsamt in Pottenstein und gehen zur B 470. Dort treffen wir auf die Statue der heiligen Elisabeth, die an der Straße in Richtung Gößweinstein steht. Einige Meter oberhalb vom Parkplatz führt unser Wanderweg dann nach links (Wegweiser »Klumpertal«) weiter. Zunächst wandern wir auf einem schönen Weg im Weiherbachtal dahin, von Schatten spendenden Bäumen begleitet, durch die die bizarren Felsen auf der gegen-

Ein wunderschöner Wanderweg führt durchs Weiherbachstal zur Teufelshöhle.

überliegenden Talseite hindurchschimmern. Dann treffen wir vor dem Schöngrundsee auf Bungee-Trampoline und ein Rodelmekka: Die Sommerrodelbahn ist mit 1160 Metern eine der längsten in Europa. Wer es ruhiger mag, kann auf dem Schöngrundsee mit dem Boot fahren oder im gegenüberliegenden Felsenbad faulenzen. Hier findet man auch eine Gaststätte mit einem der schönsten Biergärten Bayerns.

Teufelshöhle und Klumpertal Nach so zahlreichen Möglichkeiten der Freizeitbeschäftigung lohnt es sich trotzdem noch, die Wanderung zur ❶ **Teufelshöhle** fortzusetzen; dorthin führt ein schöner Spazierweg direkt am Schöngrundsee entlang. Mit einer erschlossenen Länge von 1,4 Kilometern ist sie die größte Schauhöhle der Fränkischen Schweiz. Als Fundort zahlreicher fossiler Knochen und durch besonders sehenswerte Tropfsteinbildungen ist die Höhle ein beeindruckendes und viel besuchtes Ausflugsziel. Anschließend folgen wir dem Talgrund weiter bis zur ❷ **Schüttersmühle**. Hier gehen wir nach rechts, genießen die eindrucksvolle Felsenkulisse und wandern ins Klumpertal, ein landschaftliches Kleinod. An Felsen vorbei führt unser Weg zur Mittelmühle, wo heute noch der letzte Landwirt des Klumpertals wohnt.

Kirchenbirkig und Deinzer Kreuz Beim Wegweiser »Kirchenbirkig/Weidenloh« (Markierung grünes Kreuz) wenden wir uns nach rechts und steigen durch den Wald aufwärts. ❸ **Kirchenbirkig** empfängt uns bei der spätgotischen Pfarrkirche St. Johannes der Täufer. Der Chor und der östliche Teil des Langhauses stammen aus dem 15. Jahrhundert. Nach rechts schwenkend kommen wir am Gasthof Bauernschmitt mit großer Terrasse vorbei, wo sich eine Rast lohnt. Den Ort verlassen wir in Richtung Pottenstein und erreichen mit der Markierung blauer Punkt Weidenloh, wo wir bei der Ortsmitte an der Wandertafel nach links schwenken und nun der Markierung grünes Kreuz zum Deinzer Kreuz folgen. Hier erwartet uns ein gemütlicher Sitzplatz mit Tisch und Bank am Gedenkkreuz zwischen drei Bäumen. Wir setzen unseren Weg mit der Markierung blaues Kreuz nach Pottenstein fort und wandern zwischen Waldrand und Wiese, im Wald leicht ansteigend und an einem Golfplatz vorbei, bis zu einer Straßenkreuzung. Diese überquerend gehen wir ein Stück auf einer Asphaltstraße weiter und wandern auf einem Wiesenweg dahin. Bald sehen wir Pottenstein vor uns, und immer auf die Markierung blaues Kreuz achtend, steigen wir zwischen bizarren Kalksteinfelsen steil nach Pottenstein hinab.

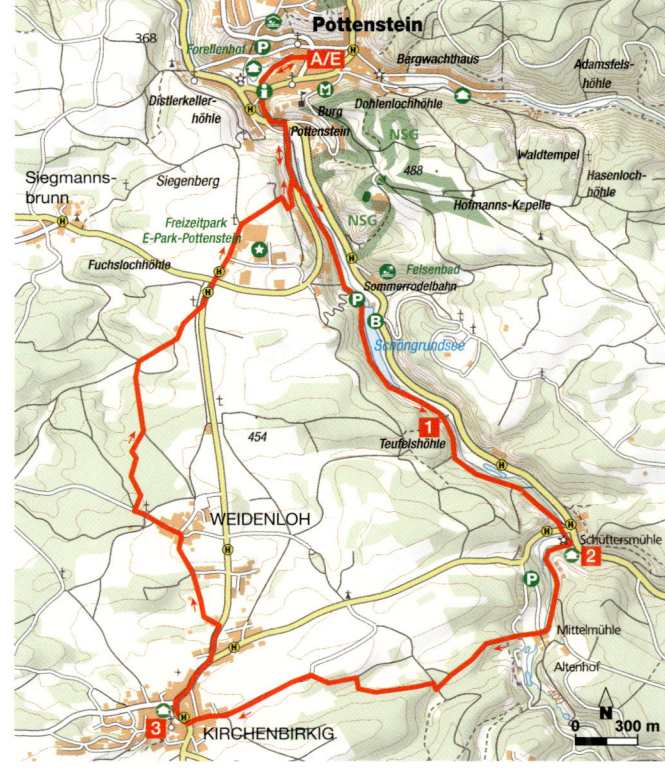

31

Zum »Klingloch«

Wanderung zur Esperhöhle

🔵 🥾 km ⛰️ 🕐 🚌

Leicht 12 km 139 m 3:15 Std.

Tourencharakter
Bequeme Wald- und Wiesenwande-
rung auf gut begehbaren Wegen,
bei Nässe streckenweise rutschig;
steiler Aufstieg von der Stempfermühle nach Gößweinstein

Ausgangs-/Endpunkt
Basilika in Gößweinstein

Anfahrt
Bahn/Bus: Mit der Bahn nach
Ebermannstadt und weiter mit dem
Bus nach Gößweinstein. **Auto:** A 9
bis Anschlussstelle Pegnitz/Grafen-
wöhr, auf der B 2/B 470 Richtung
Forchheim und nach Gößweinstein

Einkehr
In Gößweinstein Gasthof Stern mit
schattigem Biergarten; in Leutzdorf
Landgasthof Richter; Stempfermühle

Karte
Fritsch-Wanderkarte 1:50 000,
Naturpark Fränkische Schweiz,
Veldensteiner Forst/Hersbrucker
Alb, Blatt Süd

Information
Tourist-Info Gößweinstein,
Burgstr. 6, 91327 Gößweinstein,
Tel. 09242/456 und 840,
www.goessweinstein.de

Gößweinstein ist mit seiner weithin sichtbaren Basilika als Wallfahrtsort berühmt und zieht jedes Jahr Tausende von Pilgern, aber auch Urlauber an. Wanderer nutzen diesen schönen Ort gern als Ausgangspunkt für Touren ins Wiesenttal.

Gößweinstein und seine Basilika Obwohl Gößweinstein bis zum Bau der neuen Bergstraße zwischen 1928 bis 1932 nur über einen sehr steilen Weg von Behringersmühle her erreichbar war, ist es eigentlich der erste Fremdenverkehrsort in der Fränkischen Schweiz. Das Gnadenbild genoss schon im 15. Jahrhundert den Ruf der Wundertätigkeit und nach Überlieferungen strömten damals bereits um die 100 000 Wallfahrer in den Ort. Als Papst Benedikt XIII. 1729 den Ablass verfügte, gelangte die Wallfahrt zu weiterer Beliebtheit. Als Konsequenz ließ Fürstbischof Friedrich Carl von Schönborn 1730 eine neue Kirche errichten, und nach Plänen von Balthasar Neumann entstand ein großer Barockbau aus hellem Sandstein mit einer gewaltigen zweitürmigen Fassade. Das Innere besticht in strahlendem Weiß mit zartem Hellblau und Gold, mit feinen Stuckaturen und Bildhauerarbeiten. Den Innenraum sowie den Hochaltar, der um das gotische Gnadenbild der Krönung Mariens gebaut ist, gestaltete Johann Jakob Michael Küchel.

Zur Esperhöhle Von der Basilika in Gößweinstein gehen wir auf der Pezoldstraße am Gasthof Stern mit Biergarten und Sonnenterrasse vorbei bis zum Ortsausgang. Dort folgen wir dem Wegweiser »Leutzdorf, Burggaillenreuth« mit der Markierung blauer Senkrechtstrich nach links. Zwischen Wiesen und Waldstücken wechselt unser Wanderweg, bis wir zu einem Abzweig nach rechts kommen, den wir nicht verpassen dürfen (Markierung links und rechts). Wir stoßen auf eine Asphaltstraße, sehen rechts die Häuser von ❶ **Leutzdorf** und laufen in den Ort. Hier lädt der Landgasthof Richter zur Rast ein; das gemütliche Landgasthaus bietet gutbürgerliche Küche (eigene Hausschlachtung), und an heißen Sommertagen sitzt man gut im schattigen Biergarten. Bei einer kleinen Kapelle schwenken wir nach rechts und verlassen den Ort auf einem breiten Wiesenweg. An der nächsten Gabelung wählen wir den linken Weg und wandern durch Wald zur ❷ **Esperhöhle**. Der Paläontologe Georg August Goldfuß benannte im Jahr 1810 die im Volksmund »Klingloch« genannte

Höhle nach dem Begründer der wissenschaftlichen Höhlenforschung in der Fränkischen Schweiz, Johann Friedrich Esper. Der Besuch der Höhle ist heutzutage allerdings nur für Spezialisten mit Ausrüstung geeignet, da man sich kurz nach dem Eingang etwa 50 Meter abseilen muss. Zwischen 1. Oktober und 30. April gilt zudem ein generelles Besuchsverbot für die Höhle. Im Dritten Reich erfolgten Ausgrabun-

Idyllisch gelegen ist das Gasthaus der Burgpension Burggaillenreuth.

gen in der Höhle, die neben menschlichen Resten auch zahlreiche Scherben, Bronzeschmuck, Pferdeschmuck und viel Holzkohle zutage förderten. Kurz vor dem Kriegsende wurden sie 1945 per Bahn nach Berlin transportiert und gelten seitdem als verschollen.

Zum Keltenwall Wir folgen der Markierung blauer Senkrechtstrich weiter und gelangen an einer Schonung vorbei zu einer Forststraße, biegen dort nach rechts und halten uns an der folgenden Gabelung mit Wieseninsel abermals rechts. Kurz danach zweigt ein Weg zum Keltenwall ab, der sich auf einer plateauartigen Bergkuppe befindet. Hier hatte sich vor rund 2600 Jahren ein keltisches Adelsgeschlecht einen Herrensitz errichtet. Sehr guten Schutz bot die nach Norden steil abfallende Felswand, und gut erkennbar sind auch heute noch die Reste der einstigen Wallanlagen an den Süd-, Ost- und Westflanken. Vom Keltenwall kehren wir auf unseren Wanderweg zurück und kommen beim Gebäude der Freiwilligen Feuerwehr nach
❸ **Burggaillenreuth**.

Ins Wiesenttal Im Ort schwenken wir nach rechts und laufen auf dieser Straße bis zur Burg, in der sich eine Pension befindet. Dort finden wir rechts am Baum den Wegweiser »Talweg Behringersmühle« (Markierung rotes Kreuz) und folgen nun dem Weg abwärts ins Wiesenttal. Kurz vor den Gleisen der alten Bahnlinie biegen wir scharf nach rechts und wandern nun auf einem breiten Weg durch das Wiesenttal mit seinen imposanten Felsgebilden bis zur Sachsenmühle. Dort überqueren wir die Gleise und wandern weiter zur ❹ **Stempfermühle**, wo sich eine Rast auf der Terrasse an der Wiesent lohnt. Sie wurde bereits 1468 erstmals urkundlich erwähnt und war lange Zeit eine beliebte Kneipe der Erlanger Studenten. Wasserspendende Quellen und Wasserläufe waren für die Menschen früherer Zeiten beliebte und belebte Orte. Im klassischen Altertum waren es die geheimnisvollen Najaden und Nymphen, in unseren Breiten die Nixen, die sich dort aufhielten. Solche übernatürlichen Wesen sollen z. B. auch an der Stempfermühle im Wiesenttal gewohnt haben. An den flachen Stellen des Bachs haben sie sich gesonnt und ihre silbern schimmernden Leiber gewärmt. An warmen Frühlings- und Sommertagen stiegen sie – so wird's beschrieben – aus der Wiesent ans Land und tanzten zwischen Fels und Gebüsch ihren Reigen. Solche und ähnliche Geschichten haben sich die Menschen in den Dörfern der Alb fast überall erzählt (s. *Mitteilungen der Fränkischen Geographischen Gesellschaft*, Bd. 49, 2002). Hinter dem Gebäude der Stempfermühle führt ein steiler Weg, anfangs über Stufen, aufwärts nach Gößweinstein (Markierung blauer Punkt, die allerdings kaum sichtbar ist). An einer gelben Bank wenden wir uns links und wandern an

einem selten gewordenen geschützten Bestand von Eiben vorbei zur Martinswand, einem Kletterfelsen mit schönen Tiefblicken. Nur noch ein kurzes Stück aufwärts erreichen wir dann auf der Pezoldstraße wieder Gößweinstein.

Scheffel und die Burg Hoch über dem Ort thront auf einem nach drei Seiten steil abfallenden Felsen eine Burg, die im 11. Jahrhundert von Graf Goswin erbaut wurde. Nach ihm wurde auch der Ort benannt, der sich bald am Fuß der Burg entwickelte. Seit 1124 gehörte die Burg dem Hochstift Bamberg und war über Jahrhunderte der Amtssitz der Bamberger Bischöfe. Seit 1890 in Privatbesitz, erhielt sie ihr heutiges Aussehen im späten 19. Jahrhundert. »Wer dich, oh Goswinstein erbaut, verbrauchte manch Pfund Heller …«, schrieb Victor von Scheffel (1826–86), dem die Gößweinsteiner 1933 ein Denkmal setzten. Es steht in der Balthasar-Neumann-Straße, wo sich auch der berühmte Scheffel-Gasthof (Nr. 6) befindet; hier lebte Victor von Scheffel 1883, und im Scheffel-Zimmer erinnern über 100 Bilder, Gedichte und Artikel an den Dichter und Sänger.

Direkt an der Wiesent lädt die Stempfermühle mit Terrasse zur Rast ein.

32

Ein altes Falschmünzernest

Zur Burgruine Leienfels

Leicht   14 km   156 m   4 Std.

Tourencharakter
Wechsel von gut begehbaren Wiesen- und breiten Waldwegen; An- und Abstiege verlaufen allmählich.

Ausgangs-/Endpunkt
Bärnfels, Gebäude der Freiwilligen Feuerwehr

Anfahrt
Bahn/Bus: Mit der Bahn nach Forchheim und Pegnitz und weiter mit dem Bus bis Bärnfels. **Auto:** A 9 bis Anschlussstelle Pegnitz/Grafenwöhr, dann B 2/B 470 Richtung Forchheim und vor Gößweinstein in Richtung Gräfenberg nach Bärnfels abbiegen

Einkehr
In Obertrubach Gasthof Drei Linden; in Leienfels Gaststätte Zur Burgruine mit Biergarten

Karte
Fritsch-Wanderkarte 1:50 000, Naturpark Fränkische Schweiz, Veldensteiner Forst/Hersbrucker Alb, Blatt Süd

Information
Tourist-Info Obertrubach, Teichstr. 5, 91286 Obertrubach, Tel. 09245/988-13, www.trubachtal.com

Ein Besuch der Burgruine Leienfels bietet nicht nur zauberhafte Aussichten bis ins Fichtelgebirge, sondern lässt sich auch auf einem Wanderweg durch das schöne Gründleinstal nach Obertrubach verbinden.

Nach Obertrubach Unsere Wanderung beginnt in Bärnfels beim Gebäude der Freiwilligen Feuerwehr; hier folgen wir dem Wegweiser ins Gründleinstal (Markierung gelbes Dreieck) und gehen zunächst zwischen zwei Gebäuden zu einem schmalen Weg am Holzgeländer. Er führt in den Wald, an bizarren Felsen vorbei, und öffnet sich bald im Gründleinstal, einem breiten Wiesental. Wir befinden uns nun auf einem Lehrpfad und wandern durch einen Hohlweg. Es ist ein alter Fuhrweg, in dem die Reifen der Kutschen ihre Spuren hinterlassen haben. Im Lauf der Zeit haben auch Regen und Schneeschmelze ihren Beitrag zur Erosion geleistet. Unser Weg mündet in eine Schotterstraße; hier schwenken wir nach rechts und folgen dem Wegweiser bis nach ❶ Obertrubach.

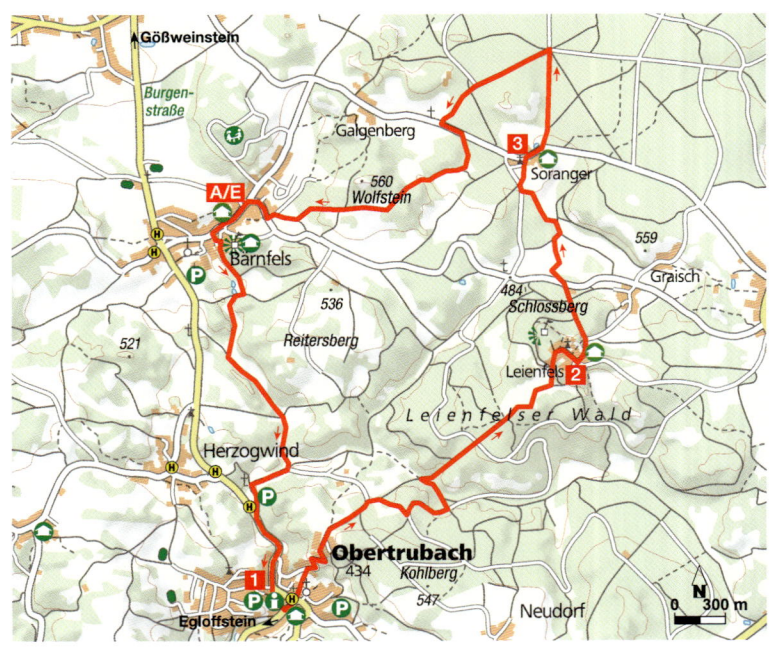

Zur Burg Leienfels Den Ort erreichen wir auf der Teichstraße, gehen zur Kirche in der Ortsmitte, wenden uns dort nach links und folgen dem Wegweiser zur Burg Leienfels. Der Weg führt an der Ketteler-Siedlung vorbei durch den Wald. An der folgenden Gabelung finden wir wieder den Wegweiser Richtung Leienfels. Bei der nächsten Gabelung orientieren wir uns an der Markierung gelbes Kreuz und wandern auf breitem Waldweg bis zu einer Bank; dort biegen wir nach links und gelangen auf einem Pfad aufwärts zu einer Kreuzung mit Schutzhütte. Von hier sind es nur noch etwa 500 Meter, bis wir mit der Markierung blaues Kreuz nach Leienfels gelangen. Unser Wanderweg führt durch den Wald, dann am Wiesenrand entlang zu einem Querweg. Dort schwenken wir nach links und können nach wenigen Metern in ❷ Leienfels bei der Gaststätte Zur Burgruine im Biergarten verschnaufen. Vorher lohnt sich aber noch der kurze Weg (Wegweiser) hinauf zur Burgruine, die auf einem Felsvorsprung liegt. Sie gehört zu den schönsten Aussichtspunkten in der fränkischen Schweiz, denn die Sicht von hier aus reicht an klaren Tagen bis zum Fichtelgebirge. Nach diesem Genuss geht es zurück zur Gaststätte in Leienfels, wo wir riesige »Schäuferla« oder andere deftige Gerichte genießen können.

Über Soranger nach Bärnfels Von der Gaststätte folgen wir dann dem Wegweiser zunächst in Richtung Pottenstein (Markierung blaues Kreuz), gehen aber nur 100 Meter auf der Straße abwärts, biegen dann nach links und folgen der Markierung abwärts durch den Wald. Bald erreichen wir das hübsche Dorf ❸ Soranger. Unser Weg führt am Kruzifix vorbei zum Ortsende. Dort biegen wir bei der Schutzhütte nach links und folgen der Markierung blaues Kreuz zwischen Feld und Wiese in den Wald. Auf dem breiten Weg gehen wir bis zu einer Kreuzung, wo uns die Markierung blauer Punkt auf einen breiten Waldweg nach links leitet. Unser Weg mündet in eine Asphaltstraße, die wir überqueren und so geradewegs nach Bärnfels gelangen.

Von diesem Felsen in Bärnfels bietet sich ein grandioser Ausblick auf den Ort.

33

Märchenhafte Felsen und Grotten

Der Karstkundliche Lehrpfad bei Neuhaus

Mittel 14km 80m 4Std.

Tourencharakter
Abwechslungsreiche Wanderung auf breiten Wegen und schmalen Pfaden; längere Strecken im Wald, Wechsel von Auf und Ab

Ausgangs-/Endpunkt
Bahnhof in Neuhaus an der Pegnitz

Anfahrt
Bahn/Bus: Neuhaus ist Bahnstation auf der Strecke Bayreuth–Nürnberg. **Auto:** A9 bis Anschlussstelle Plech und über Plech nach Neuhaus an der Pegnitz

Einkehr
In Neuhaus an der Pegnitz Hotel-Restaurant Burg Veldenstein; Gasthof Grottenhof bei der Maximiliansgrotte

Karte
Fritsch-Wanderkarte 1:50 000, Naturpark Fränkische Schweiz, Veldensteiner Forst/Hersbrucker Alb, Blatt Süd

Information
Verkehrsamt Neuhaus an der Pegnitz, Unterer Markt 9, 91284 Neuhaus an der Pegnitz, Tel. 09156/929 10

Die Landschaft der oberen Pegnitz ist abwechslungsreich und malerisch. Für Wanderfreunde ist besonders die bizarre Felsenwelt östlich von Neuhaus an der Pegnitz ein Eldorado, wo auf dem Karstkundlichen Pfad Höhlen, Dolinen und skurrile Felsgebilde beeindrucken.

Wo die »Weiße Frau« umgeht Wir starten am Bahnhof in Neuhaus an der Pegnitz, gehen die Bahnhofstraße nach rechts und folgen der Markierung grüner Punkt zur Pegnitz. Nachdem wir den Fluss überquert haben, wenden wir uns nach rechts und folgen dem Wegweiser »Karstkundlicher Rundweg« an der Pegnitz entlang. Wir überqueren eine Straße und wandern auf dem festen Sandweg an bizarren Felsgebilden vorbei zur ❶ Mysteriengrotte. Durch den zwei Meter breiten Höhleneingang gelangt man leicht in die 15 Meter lange und 9 Meter breite Felshalle. Der Name der Grotte geht auf die Sage vom gelegentlichen Erscheinen der »Weißen Frau« zurück. Dabei handelt es sich um die Orlamünder Gräfin Kunigunde von Leuchtenburg, die im 13. Jahrhundert am Fuß der Plassenburg lebte. Nachdem sie ihre beiden Kinder getötet hatte, weil sie annahm, die Säuglinge stünden der Wiederverheiratung mit dem Nürnberger Burggrafen Albrecht dem Schönen im Weg, kam sie nicht zur Ruhe. Trotz Gründung eines Klosters soll ihr unruhiger Geist nach ihrem Tode auch in der Mysteriengrotte umgehen.

Neuhaus an der Pegnitz wird von der eindrucksvollen Burg Veldenstein überragt.

Große Schätze und »schreckbare Geister« Von der Grotte führt unser Wanderweg über einen schönen Wiesenweg zur ❷ **Schlieraukapelle**, einer einsam stehenden Feldkapelle. Mit der Markierung grüner Punkt gelangen wir zu einem Fahrweg, überqueren eine Wiese und dann eine Asphaltstraße. Nach links bietet sich ein schöner Blick nach Krottensee. Unsere Markierung führt uns nun zur ❸ **Maximiliansgrotte**, die von Ostern bis Ende Oktober besichtigt werden kann. Die Besichtigung ist allerdings nur während einer Führung möglich (geöffnet 1. April bis Ende Okt. Di–So; Führungen um 10/11/12/14/15/16 und 17 Uhr).

Beeindruckende Felsen In der Nähe der Maximiliansgrotte lädt der Gasthof Grottenhof zur Rast, bevor wir oberhalb des Grotteneingangs dem Wegweiser »Karstkundlicher Pfad« weiter folgen. Wir steigen eine Treppe aufwärts und kommen an eng stehenden, mit Moos bewachsenen, teilweise stark durchlöcherten Felsen vorbei und fädeln uns dann auf einen Fahrweg mit Schotter ein. Geradeaus weiter folgen wir dem Wegweiser »Zwei Brüder, Steinerne Stadt«; dort angekommen, bietet sich uns eine Anhäufung bizarrer Felsen. Durch lichten Wald mit dichten Hochstauden gelangen wir abwärts auf einen breiten Fahrweg. Hier schwenken wir nach rechts, wenden uns dann nach links und steigen aufwärts. Wir durchqueren eine Höhle und kommen zu einer Wiese am Wald. Hier halten wir uns links, schwenken auf einer Asphaltstraße nach rechts und gelangen nach ❹ **Krottensee**, einem Straßendorf. Unser Weg durchquert den Ort; auf der Hauptstraße halten wir uns rechts und folgen vor dem Gasthof Zur Linde dem Schotterweg zwischen Wiesen. Über die Straßen Am Wiesengrund und Krottenseer Weg kommen wir zur Königsteiner Straße in Neuhaus, schwenken nach rechts und gehen nach der Unterführung links zum Bahnhof.

Burg Veldenstein Der Ort Neuhaus an der Pegnitz wird von der eindrucksvollen Burg Veldenstein überragt. Sie thront majestätisch auf einem Felsen hoch über dem Pegnitztal und ist zweifellos eine der schönsten Burgen am Rand der Fränkischen Schweiz.

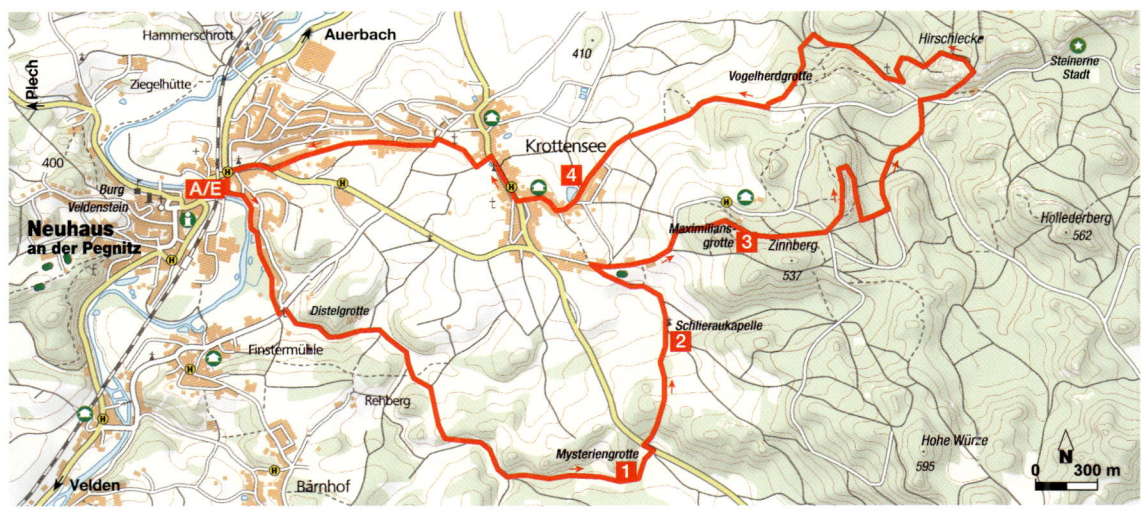

Bayerischer Wald

Vom Hochschachten blicken Wanderer hinüber auf den Großen Arber (o. l.); Ausblick vom Lusen (u. l.); schattige Schluchten wie die Steinklamm bieten bei heißem Wetter angenehme Temperaturen (o, r.); eine der zwei Einkehrstationen auf dem Großen Arber: das Schutzhaus (u. r.)

Der verborgene Schatz

Vom Burgstall über den Hohen Bogen

34

Mittel | 11 km | 360 m | 3:30 Std.

Tourencharakter
Auf Wegen und Pfaden über Stock und Stein werden auf dem breiten Bergrücken bewirtschaftete Hütten und herrliche Aussichten erreicht.

Ausgangs-/Endpunkt
Wanderparkplatz direkt an der Forstdiensthütte Hoher Bogen

Anfahrt
Auto: Im Dreieck zwischen Rimbach, Furth im Wald und Eschlkam in Madersdorf dem Pfeil »Forstdiensthütte Hoher Bogen« gut 3 km bergauf folgen

Einkehr
Berghaus Hohenbogen (neben Sessellift-Bergstation), Haus Schönblick, Forstdiensthütte

Karte
Kompass-Wanderkarte 1:50000, Nr. 195 Nördlicher Bayerischer Wald

Auf dieser entzückenden Höhenwanderung geht es in stetem Auf und Ab über den Hohen Bogen. Am Bärenriegel, Eckstein und vom Haus Schönblick erwarten uns herrliche Aussichten. Am Burgstall soll zusätzlich ein Schatz verborgen liegen.

Burgstall Die bewirtschaftete Forstdiensthütte steht zwischen der alten Schutzhütte von 1846 und einer halb offenen Kapelle. In dieser erinnert der Bayerische Wald-Verein an den Heimatdichter Maximilian Schmidt, genannt Waldschmidt. Neben dem Denkmal führt der 2014 neu ausgeschilderte »Baierweg« (blaue Raute, weißer Grund) zusammen mit dem Goldsteig auf einem breiten Weg in Richtung Burgstall, dem Westgipfel des lang gestreckten Bergrückens. Haben wir gut drei Viertel der Wegstrecke absolviert, biegen wir gemäß Beschilderung nach links ab. Ein Stück weiter treffen wir auf die asphaltierte Zufahrt zum ❶ **Sendemasten des Bayerischen Rundfunks** mit seiner rot-weißen Spitze. Dorthin legen wir die letzten 200 Meter in einem weiten Bogen zurück. Damit das derzeitige Gipfelkreuz nicht völlig im Schatten des Stahlbetons steht,

Blick vom Eckstein ins Künische Gebirge auf Osser-Doppelgipfel und Zwercheck

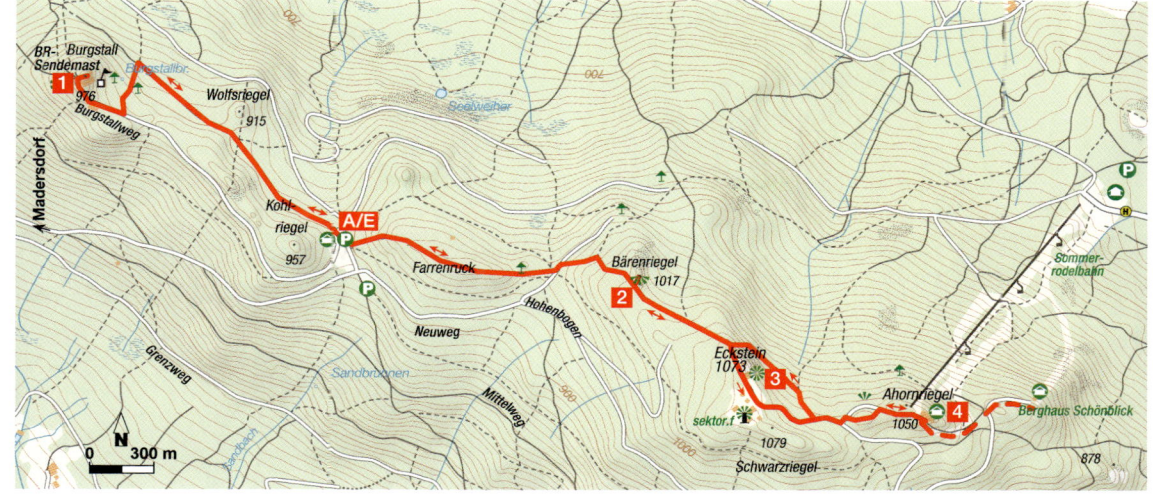

platzierte es die Bergwacht am Rande des Plateaus. In Richtung Norden fällt der Blick hinab zum Further Drachensee.

Die blaue Raute Nicht seinem Aussehen verdankt der Hohe Bogen seinen Namen, sondern den Grafen von Bogen. In der Tat wollte dieses Adelsgeschlecht am Ende des 12. Jahrhunderts auf dem Burgstall eine Festung errichten. Diese blieb jedoch unvollendet. Nur 50 Jahre später erlosch sogar die ganze Herrscherlinie. Das Hause Wittelsbach, welches später die bayerischen Könige stellte, trat ihr Erbe an. Dabei übernahm es auch die weiß-blauen Rauten der Grafen von Bogen. Noch heute zieren diese das Wappen des Freistaats Bayern.

Der Goldschatz In etwa an der Stelle, an der heute die Rundfunkantenne auf dem Burgstall steht, liegen einer Legende nach in einem kupfernen Braukessel funkelnde Goldmünzen verborgen. Alle hundert Jahre soll jemand die Chance erhalten, das Gold zu bergen und eine verwunschene Frau zu erlösen. Ein Hirte, so heißt es, war der Letzte, der sich bei Mitternacht am Fuße des Burgstalls einfand – und zwar, wie ihm aufgetragen, von zwei Priestern begleitet. Bei seinem Aufstieg ließ sich das Trio von finsteren Teufelsfratzen nicht schrecken. Gerade als der Hirte die Goldmünzen greifen wollte, schlug jedoch ein furchterregender Drache die Gottesmänner in die Flucht. Der Hirte heftete sich an ihre Fersen, der Schatz blieb zurück. Wenn ein damals zartes Ahornbäumchen groß und mächtig sei, erhält erneut jemand die Möglichkeit, den Schatz zu bergen, heißt es. Wie sehr die Legende lebt, zeigte sich Anfang des 19. Jahrhunderts. Damals legten fröhliche Wanderer auf dem Burgstall eine Pause ein und musizierten. Daraufhin kamen örtliche Bauern angerannt. In der Tat vermuteten diese, die Gaudi erklänge als Freude darüber, dass jemand den Schatz geborgen habe.

Zurück und zum Farrenruck Auf der vom Hinweg bekannten Strecke marschieren wir zurück zur Forstdiensthütte. Wer Asphalt nicht scheut, kann alternativ auf der Zufahrtsstraße eine kleine Runde kreieren (bis 2014 war diese Straße als Goldsteig ausgewiesen). Ab Forstdiensthütte marschieren wir nun in entgegengesetzter Richtung gemäß Pfeil »Sesselbahn/Bergstation/Nk3«. An der nach 100 Metern folgenden Gabelung halten wir uns halb rechts und steigen im Schatten von Fichtennadeln, Buchenblättern und vereinzelten mächtigen Ahornbäumen bergwärts. Rasch erreichen wir den Farrenruck. Von dieser Kuppe an wird weitgehend am Kamm entlanggewandert. Nachdem wir eine Forststraße queren, folgt der nächste Anstieg. Ein Stich-

Links: Wer es deftig mag, bestellt im Haus Schönblick gerne Schweinebraten aus dem Holzofen.

Mitte: Die Terrasse neben dem Berghaus Hohenbogen liegt windgeschützt.

weg führt links auf den ❷ Bärenriegel. Vom Felskopf schweift der Blick knapp über die Baumwipfel sowie über den ehemaligen 80 Meter hohen NATO-Horchposten hinweg, der heute zum »sektor.f« gehört.

Auf den Eckstein Etwa zehn Gehminuten hinter dem Bärenriegel erreichen Wanderer eine markierte Gabelung. Dort halten wir uns halb rechts. Am oberen Ende des steilen Weges erreichen wir den ❸ Eckstein. Dorthin grüßen die Osser-Doppelgipfel und das Zwercheck. Neben dem Eckstein lag lange Zeit eine von den USA betriebene Abhörstation. Seit diese Stellung aufgelassen wurde, erreichen Wanderer auf der neuerdings als Ri11 ausgewiesenen Strecke direkt den monströsen Horchposten der ehemaligen deutsch-französischen Militäranlage.
Bereits seit 2004 befindet sich die ehemalige Stellung mit ihren zwei Stahlbetontürmen in privater Hand. Der Träger strebt an, in dem jetzt so genannten »sektor.f« ein Begegnungszentrum einzurichten. Über den aktuellen Stand der Dinge informiert die Website www.sektor-f.de.

Ungewöhnlicher Rundblick Im ersten Schritt entstand im Jahr 2014 ein Zugang zur 50 Meter über dem Erdboden gelegenen Aussichtsplattform. Diese erklimmen Schwindelfreie über eine spektakuläre Außentreppe mittels 293 Stufen. Ein automatisiertes Kassensystem gewährt bei Tageslicht und passendem Wetter für 6 Euro Einlass, wobei Geldscheine gewechselt werden. Nette Geste: Für den Nachwuchs öffnet sich eine kostenfreie Kinderschleuse (Zeiten: Mai bis September 8–20 Uhr, April und Oktober 9–18 Uhr, übrige Monate 10–16 Uhr, Tel. 09947/12 22).

Auf der mächtigen Aussichtsplattform mit ihrer atemberaubenden Aussicht schweift der Blick vom Oberen Bayerischen Wald in alle vier Himmelsrichtungen. Wer zurück auf dem Boden der Tatsachen das markante Gelände verlassen will,

marschiert auf Asphalt bergab. Nach 500 Metern wird eine Straßenkreuzung erreicht. Dort folgen wir dem Holzpfeil zum »Berghaus« über eine Kuppe hinweg, bis der Waldweg kurz vor der Einkehr erneut auf die Straße trifft.

Ausgestopfter Bussard in der Gaststube der bewirtschafteten Forstdiensthütte

Am Ahornriegel Das ❹ **Berghaus Hohenbogen** liegt neben dem unauffälligen Ahornriegel. Vor der Einkehrstation fällt vom 2007 errichteten Holzkreuz der Blick hinab zur Talstation des Sessellifts über dem Wallfahrtsort Neukirchen beim Heiligen Blut. Vor der Tür liegt eine vom Ostwind geschützte Terrasse. Im Unterschied zum Bärenriegel und zum Eckstein sehen wir von dort aus den Großen Arber mit seinen Radarkugeln. Vom saalähnlichen Gastraum aus öffnet sich ein ebenso herrliches Panorama.

Den Rückmarsch antreten Vom Berghaus begeben wir uns auf bekannter Strecke über die Kuppe hinweg zurück zur Straßenkreuzung und biegen dort rechts ab. Nur 100 Meter weiter erfolgt halb rechts der Einstieg in den Pfad Nk3, der durch zunehmend abschüssigen Wald um den Eckstein herumführt. Dahinter stoßen wir auf die vom Hinweg bekannte Gabelung. Via Bärenriegel und Farrenruck geht es weiter westwärts. Zurück an der Forstdiensthütte schließen wir die Wanderung ab. Zwar haben wir keine Runde absolviert, jedoch vermieden, mögliche alternative Rückwege auf eher faden Forststraßen zu absolvieren. Denn für Wanderer gilt auf dem Hohen Bogen: Der Bergrücken kann am meisten entzücken.

Rauch überm Kaitersberg

Vom Ecker Sattel zur Kötztinger Hütte

Mittel 11 km 500 m 4 Std.

Tourencharakter
Dem schweißtreibenden Aufstieg folgt eine märchenhafte Kammwanderung durch teils lichten, teils dichten Wald. Der Rückweg erfolgt auf derselben legendären Strecke.

Ausgangs-/Endpunkt
Wanderparkplätze Ecker Sattel (2 €)

Anfahrt
Bahn/Bus: Wanderbus/RBO 6065, 1x tgl. passend hin und zurück.
Auto: Auf den Ecker Sattel von Norden über Arrach, von Süden über Arnbruck

Einkehr
Kötztinger Hütte, Berggasthof Eck (Sattelhöhe)

Karte
Kompass-Wanderkarte 1:50 000, Nr. 195 Nördlicher Bayerischer Wald

Auf dem Großen Riedelstein begeistern die Aussichten, in den Rauchröhren die Felswände und im Steinbühler Gesenke der nach Süden hin schroff abfallende Bergrücken. In der Kötztinger Hütte setzt sich dann alles in Ruhe.

Sportlicher Aufstieg Am Ecker Sattel lassen wir den stattlichen Berggasthof rechts liegen. Zwischen dem Skicenter und dem Speicher für die dazugehörigen Schneekanonen marschieren wir über den großflächigen Winterparkplatz hinweg. Dahinter schlängelt sich der u. a. als Goldsteig markierte Weg ordentlich bergan. Unserer Forststraße schließt sich ein Pfad an, welcher am Kleinen Riedelstein vorbeiführt. Trittsichere machen einen Abstecher dorthin, ehe der schweißtreibende Aufstieg am höchsten Punkt unserer Tour gipfelt: dem ❶ **Großen Riedelstein**. Von den markanten Radarstationen am Hohen Bogen im Norden bis zum Großen Arber im Südosten reicht der fantastische Rundblick.

Der Waldschmidt Eine Gedenktafel auf dem Gneiskopf erinnert an den Heimatdichter Maximilian Schmidt (1832–1919). Den dazugehörigen Turm errichteten dessen Bewunderer bereits zu seinen Lebzeiten. Vorden-

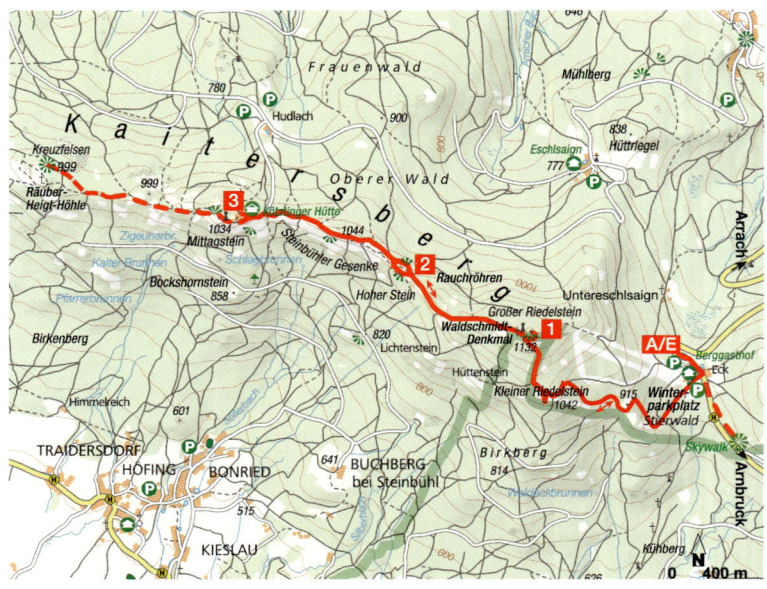

ker war der gebürtige Eschlkamer in Sachen Tourismus. Bereits 1890 gründete er den Bayerischen Fremdenverkehrsverband. Aus dem von ihm organisierten Volkstrachtenfest entwickelte sich der heute allseits beliebte jährliche »Einzug der Wiesnwirte« auf dem Oktoberfest in München. Seinen erblichen Titel »genannt Waldschmidt« erhielt der Schriftsteller einst von Prinzregent Luitpold im Königreich Bayern verliehen. Seine Nachkommen führen ihn noch heute.

Am breiten Kamm Der herrliche Kammweg beginnt bei der Infotafel zum Waldschmidt-Denkmal am Fuße der Gipfelformation. Zunächst führt dieser uns durch dichten Mischwald sanft bergab. Geht es wieder bergauf, steuern wir direkt auf zwei geheimnisvolle Felsköpfe zu, die aussehen, als hätte sie ein Riese mit einer Axt gespal-

Wer den Großen Riedelstein (1132 m) rechts herum erklimmt, den belohnt ein herrlicher Rundblick.

ten: die ❷ **Rauchröhren**. Zur Zeit des Dreißigjährigen Krieges (1618–1648) verschanzten sich hier die Bewohner des Umlandes vor Plünderern. Damit die Schutzsuchenden nicht der Schein ihres Lagerfeuers verriet, kochten und wärmten sie sich genau zwischen den zwei Gneistürmen. Aus dem Spalt stieg der Rauch auf, was der Formation ihren Namen gegeben haben soll. Während das dortige Gipfelkreuz geschulten Kletterern mit Seil und Haken vorbehalten bleibt, führt Wanderer entweder ein leichter Weg links um die Rauchröhren herum oder ein schwieriger Weg für Trittsichere mitten durch den sagenumwobenen Felsspalt hindurch.

Verdiente Einkehr Gleich hinter den Rauchröhren vereinigen sich die zwei Wegvarianten wieder. Sodann peilen wir das Steinbühler Gesenke an, wo sich links überraschend tiefe Abgründe auftun. Schließlich streben Wanderer vereint mit einem Forstweg bergan der ❸ **Kötztinger Hütte** entgegen. Drinnen am Kachelofen und in einem der geräumigen Nebenzimmer oder draußen auf der Sonnenterrasse servieren die Wirtsleute bodenständige Hausmannskost. Beim Blick zurück gen Osten erspähen wir den gerade zurückgelegten Kamm mit dem Großen Riedelstein, links dahinter den Großen Osser.

Der Rückmarsch Von der Kötztinger Hütte schreiten wir zunächst ein Stück auf dem bekannten Forstweg bergab. Dabei achten wir darauf, den Einstieg rechts in den Kammweg nicht zu verpassen. Via Steinbühler Gesenke und Rauchröhren geht es direkt am oder nahe am Kamm auf bekannt schöner Strecke zurück. Kurz vor dem Großen Riedelstein biegen wir nach rechts ab und steigen am Kleinen Riedelstein vorbei hinunter zum Ecker Sattel.

36

Der versteinerte Drache

Ums prämierte Pfahl-Geotop bei Viechtach

Leicht   3 km   100 m   1 Std.

Tourencharakter
Teils Pfad, teils breiter und schattiger Weg um die markanten Pfahlzacken sowie um den aufgelassenen Steinbruch herum

Ausgangs-/Endpunkt
Wanderparkplatz Großer Pfahl unmittelbar nördlich der Riedbachbrücke

Anfahrt
Bahn/Bus: RBO aus allen Richtungen zum Stadtplatz. Anmarsch vom Zentrum auf dem Pfahlsteig durchs Riedbachtal (2 km).
Auto: Von der B 85-Abzweigung Viechtach weiter 700 m in Richtung Cham

Einkehr
Schnitzmühle (5 km entfernt; Anfahrt B 85 in Richtung Regen, dann gemäß Schild links abbiegen; bayerische und thailändische Küche); Café Venus (nördlich Stadtplatz Viechtach; in den Oster-, Pfingst- und Herbstferien tgl., sonst nur Fr, Sa, So)

Karte
Kompass-Wanderkarte 1:50 000, Nr. 195 Nördlicher Bayerischer Wald oder Nr. 185, Westlicher Bayerischer Wald

Sage und schreibe 150 Kilometer lang zieht sich der Bayerische Pfahl durch das Mittelgebirge. Ein triftiger Grund spricht dafür, die Felsformation bei Viechtach zu umrunden: Der Quarzkamm tritt nirgendwo markanter zutage!

Der Drachenkamm Zum ausgeschilderten »großen Rundweg« führt vom Parkplatz eine Treppe hinauf. Rasch wird der ❶ **Pfahl** mit seinen ungestüm wirkenden Zacken erreicht. Um die Runde im Uhrzeigersinn zu meistern, marschieren wir auf der linken Seite der Felsformation bergauf. Wer den bis zu 30 Meter herausragenden Quarz betrachtet, versteht, warum ihn Sagen als Drachenkamm beschreiben. Unter dem Gestein soll demnach eine reiche Königin im Kristallpalast hausen, die das Werben um Ritter Bertold gegen dessen Braut Wolfindis verlor. Die grüne Eidechse, welche die Verführerin als Botin gesandt hatte, erstarrte daraufhin und formt seitdem den Kamm aus Stein.

Alter Steinbruch Kurz vor der letzten großen Zacke verlassen wir den Schotterweg und folgen halb links leicht erhöht Weg Nr. 4 und Nr. 9. Zwi-

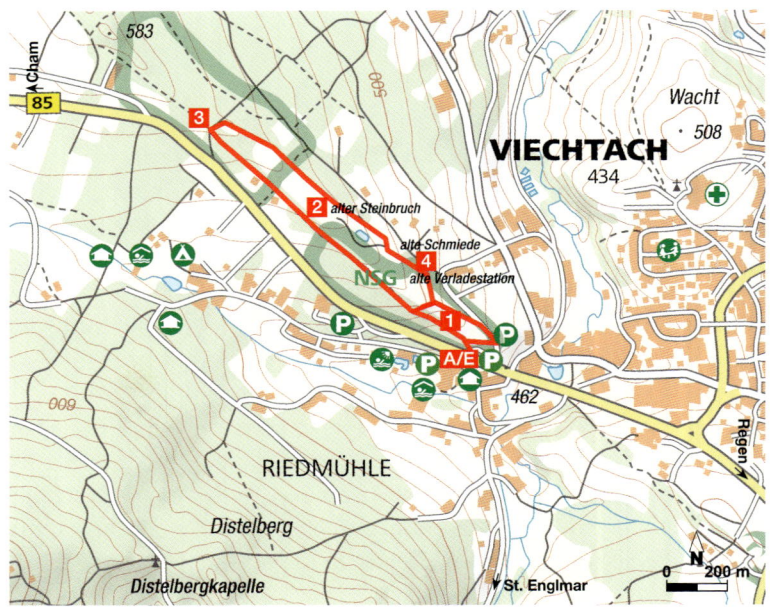

Hochoffiziell Bayerns Geotop Nummer eins: der Pfahl bei Viechtach

schen Fichten, Kiefern, Eichen und Birken schützt ein wuchtiges Holzgeländer vor dem gewaltigen Abgrund zum ❷ **ehemaligen Steinbruch**. Die tiefe Narbe in der Natur verdeutlicht, wie viel Quarz der Mensch dem Pfahl einst abrang. Ein Stück weiter erreichen wir einen mit Heidelbeeren bewachsenen, intakten Quarzkamm. Dieser markiert den ❸ **Wendepunkt** des großen Pfahl- Rundwegs. Beim Rückweg treffen wir auf die andere Seite der Pfahlkante. Die Zeiten, als in dem künstlichen Canyon noch Quarz abgebaut und als Schotter oder Edelsplitt genutzt wurde, sind zum Glück vorbei. Vielmehr steht der Pfahl rund um Viechtach seit rund 80 Jahren unter Naturschutz.

Entzückender Rücken An der ❹ **ehemaligen Schmiede** und der Verladestation vorbei erreichen wir die reizvolle und vom Verkehrslärm der Bundesstraße abgeschottete Nordseite des Zackenkamms. Dieser zählt offiziell nicht nur als »Bayerns Geotop Nummer eins«, sondern auch zu den 77 bedeutendsten Geotopen in Deutschland. Typische Krüppelkiefern und schmächtige Birken wachsen, wo sich Erdreich in den Nischen der Steilwand hält. Zum Abschluss spazieren wir um die Formation herum und verabschieden uns vom Drachen.

Das Pfahlgedicht Der Dichter Siegfried von Vegesack, der bis zu seinem Tod 1974 den »Fressenden Turm« neben der Burgruine Weißenstein bewohnte (heute ein Museum), verewigte den Quarz in folgendem Gedicht: »In weißer Zauberstunde, erstarrt im Sternenschein, gleißt überm Tannengrunde, der weiße Stein. In übermoosten Tiefen, drängt aus dem Felsenschacht, als wenn ihn Sterne riefen, der Quarz mit aller Macht. Er dringt durch Felsenwände, von Inbrunst ganz erfüllt, daß sich in ihm vollende, das Sternenbild. In seligem Erinnern, an das bestirnte All, wächst tief im Felseninneren, der Quarzkristall.«

37

Wo Inseln schwimmen

Vom Brennes zum Kleinen Arbersee

Mittel	8 km	300 m	3 Std.	

Tourencharakter
Teils lichte, teils schattige Runde auf breiten Waldwegen, kurze Abschnitte auf sportlichem Pfad und geradliniger Forststraße; am Anfang sowie zum Abschluss geht es bergauf.

Ausgangs-/Endpunkt
Parkplatz am Brennessattel gegenüber Arber-Alm

Anfahrt
Bahn/Bus: 590/6080 Furth im Wald–Lam–Arber bis Brennes Sporthotel. **Auto:** Von Norden via Lam, von Südwesten via Bodenmais/Bretterschachten, sonst über die B 11 (Zwiesel od. Bayerisch Eisenstein)

Einkehr
Berghaus Sonnenfels, Seehäusl, Mooshütte, Arber-Alm

Karte
Kompass-Wanderkarte 1:50 000, Nr. 195 Nördlicher Bayerischer Wald

Vom Brennes geht es über eine seitliche Kammlage bergauf, ehe sich Wanderer durch den unteren Teil der insgesamt 500 Meter abfallenden Seewand hinab zum Naturschutzgebiet rund um den Kleinen Arbersee schlängeln.

Aufstieg, der erste Vom Asphalt aus lassen wir die urige Arber-Alm sowie die folgende Forstdienststelle rechts liegen. Sogleich folgen wir Nr. 9 halb rechts bergan in Richtung Großer Arber. Etwas zurückversetzt entdecken wir die Markierung LO3. Hinter dem dichten Fichtenbestand stoßen wir an die Skipiste. Fortan wird der Forst lichter. Zwischen dem Berghaus Sonnenfels und dem Skilift steigen wir am Waldrand bergan. Rund 250 Meter weiter wird eine reich beschilderte ❶ **Wanderkreuzung** erreicht. Dort verlassen wir Nr. 9 und folgen LO3 scharf rechts in Richtung Kleiner Arbersee.

Hinab durch die Seewand Der breite Weg schlängelt sich durch Mischwald bergab. In der zweiten Rechtsserpentine steht eine Rastbank. In der folgenden Geraden heißt es aufpassen: Ein Pfeil weist nach links hinab zum Kleinen Arbersee. Der anfangs steile und holprige Pfad führt von

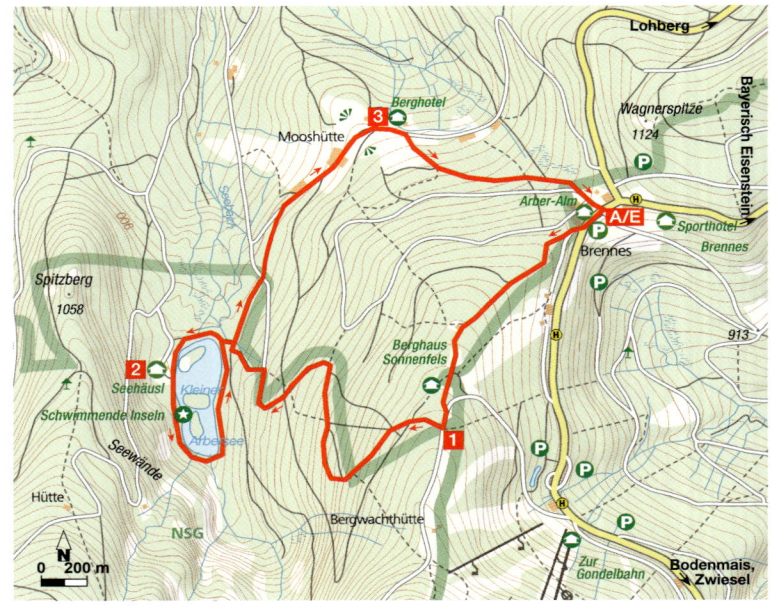

einem Rinnsal weg zu einem anderen hin und über dieses hinweg. Wir stoßen auf einen breiten Weg, biegen nach rechts sowie nur 20 Meter weiter vor dem Bach scharf nach links ab. Nur 50 Meter entfernt liegt das eiszeitliche Gewässer. Zwei Infotafeln empfangen uns.

Kleiner Arbersee Wer das Nass gegen den Uhrzeigersinn umrundet, landet am Auslauf über die Seebach-Brücke hinweg am ❷ Seehäusl mit seiner großflächigen Terrasse. Ganz im Süden des Moränensees erfreuen beim Zulauf muntere Kaskaden. Dorthin führen teils Bohlen. Am Rand der Quellmoore gedeihen Farne, Moose und Flechten. Im Schatten der Fichten überrascht kaum, dass Lohberg als waldreichste Gemeinde Deutschlands gilt. Auf der anderen, östlichen Uferseite verläuft der Pfad leicht erhöht. Bei der Gabelung links gelangen wir erneut direkt ans Wasser und erreichen wieder die Infotafeln.

Zur Mooshütte Nach der Seerunde folgen wir dem »Gläsernen Steig«. Der breite Weg führt durch dichten Wald. Sanft bergab treffen wir auf auf eine Forststraße, welche halb rechts bergan leitet. Unser Blick fällt ins Künische Gebirge mit dem Zwercheck und – weiter links – dem Doppelgipfel des Großen Ossers. Im Hintergrund spitzt der Hohenbogen samt Radarturm hervor. Nahe der Kuppe hinter dem stattlichen Hof liegt das ❷ Berghotel Mooshütte.

Aufstieg, der zweite Ab Mooshütte folgen wir der Forststraße nur 100 Meter weiter und wechseln dann halb rechts bergauf in den Hohlweg (Holzpfeil »Arberbergbahn« und Markierung »Gläserner Steig«). Aus dem Fichtenhain hinaus erklimmen wir zwischen der Skischule mit ihrem Zaun aus ausgemusterten Wintersportbrettern und der Pension Arberwald hindurch schließlich den Brennessattel.

Muntere Kaskaden speisen den Kleinen Arbersee.

Der König im Bayerwald

Ab Bodenmais übers Rißloch auf den Arber

Schwer	15 km	830 m	5:15 Std.	

Tourencharakter
Reizende wie fordernde Tour auf steinig-verwurzelten Pfaden und Wegen aus schattigem Bergwald zu lichten Höhen mit großartigem Gipfelerlebnis; Aufstieg auf direkter Variante, hinab via Chamer Hütte

Ausgangs-/Endpunkt
Wanderparkplatz Rißlochweg kurz nach Ende des Asphalts

Anfahrt
Bahn/Bus: u. a. Waldbahn bis Bodenmais (1,5 km Anmarsch).
Auto: Via Drachselsried oder Teisnach oder Langdorf oder Bretterschachten, in Bodenmais von der Bahnhofsstraße über die Gleise in den Rißlochweg bis zum Parkplatz

Einkehr
Schutzhaus und Eisensteiner Hütt'n unterhalb Gipfel, Chamer Hütte (ab Mitte Juni); Waltini's Stadl (ab 17 Uhr, mit Zaubershow, Mo, Mi geschl., 5 km in Richtung Regen)

Karte
Kompass-Wanderkarte 1:50 000, Nr. 195 Nördlicher Bayerischer Wald

Den höchsten Berg im Bayerwald, den Großen Arber, erreichen Wanderer aus allen Himmelsrichtungen. Ein glanzvoller wie sportlicher Aufstieg startet bei Bodenmais an den Rißlochfällen vorbei durch die Südflanke. Zuletzt führt eine Himmelsleiter aufs Hochplateau.

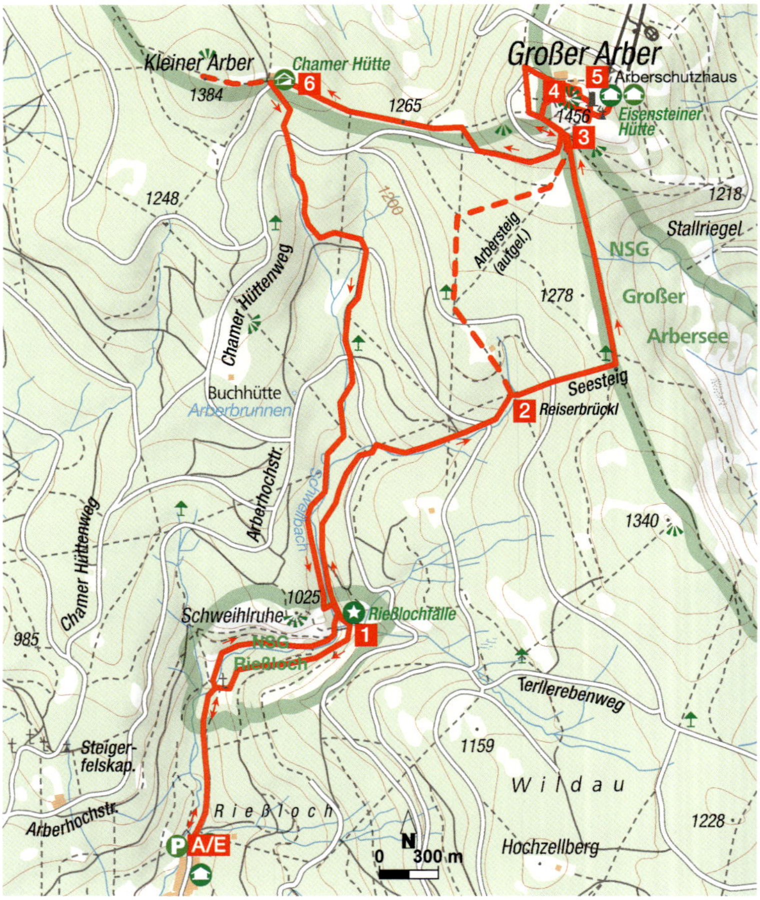

Die größten Fälle Vom Wanderparkplatz Rißlochweg marschieren wir geradewegs weiter. Dann folgen wir halb links dem ausgewiesenen »steinigen Weg« (auf dem »bequemen Weg« kommen wir zurück). Der Moment,

an dem wir zum ersten Mal das Rauschen des Rißbachs im urwüchsigen Blätterwald vernehmen, lässt nicht lange auf sich warten. Schließlich erreichen wir die mit Abstand größten Wasserspiele im ganzen Bayerwald: die ❶ **Rißlochfälle**. Unten angekommen, wechseln wir das Ufer, um auf der linken Seite der Gischt emporzusteigen. Über mehrere Kaskaden hinweg stürzt das Nass fünfzig Meter zu Tal. Ein Stück oberhalb der sehr steilen Wegstrecke vereinen sich die zwei Wegvarianten am anderen Ufer.

Über der Seewand Weg Nr. 2 nimmt nun den Arbergipfel ins Visier, wobei der Aufstieg auf teils äußerst steinigem Untergrund verläuft. Wanderer sehen zunächst links den Schwellbach, dann rechts den Arberbach fließen und überqueren die Arberhoch- und Banklstraße. Schließlich wechseln wir auf dem ❷ **Reiserbrückl** über den Arberbach auf den Seesteig Nr. 2b, queren die Auerhahnstraße und steigen hoch zum Kamm. Bei der dortigen T-Kreuzung wenden wir uns nach links und folgen der roten Nr. 1. Die Seewand, unter der sich in Richtung Osten der Große Arbersee versteckt, fällt hier nicht mehr ganz so steil ab wie am südlicher gelegenen Mittagsplatzl. Geht es wieder bergauf, nähern wir uns der ❸ **Bodenmaiser Mulde**.

Zum Plateau Eine Himmelsleiter führt empor zum Bodenmaiser Riegel, einem der vier Gneisköpfe, die das großflächige Plateau wie Zacken einer Steinkrone zieren. Vom Bodenmaiser Riegel führt der gesplittete Rundweg geradewegs zum Kleinen Seeriegel mit Blick in Richtung Kleiner Arbersee. Dort wenden wir uns nach rechts, lassen dann die militärische Radaranlage und den Funkturm links liegen und peilen den höchsten Punkt des Bayerwaldes an, den natürlich ein mächtiges ❹ Gipfelkreuz krönt. Beim prächtigen Rundblick fallen in Richtung Nordosten die Schneisen im Wald auf, welche zum tschechischen Skigebiet Špičák (Spitzberg/Dorf Eisenstein) jenseits der Grenze gehören. Im Südosten spitzt rechts hinter dem benachbarten Großen Falkenstein der zweithöchste Bayerwaldgipfel hervor, der Große Rachel. Da das Arberplateau oberhalb der Baumgrenze liegt, gedeihen Borstgras und alpine Latschenkiefern. Verdecken Wolken die Sonne, kann es kühl werden.

Gipfeleinkehr Hungrige und Durstige steuern über den Gipfel hinweg unterhalb der Bergstation der Arberbahn ❺ Schutzhaus oder Eisensteiner Hütt'n an, deren Sonnenterrassen natürlich auch die Gondelfahrer magisch anziehen. Arberbergbahn wie Hütten werden vom Fürstenhaus Hohenzollern betrieben, in deren Besitz sich die Nordflanke des Königs des Bayerwaldes befindet. Das Angebot der Einkehrstationen gleicht sich – mit einer entscheidenden Ausnahme: Die Eisensteiner Hütt'n beherbergt das Standesamt von Bayerisch Eisenstein.

Bedeutende Köpfe Auf unserem Rückweg steigen wir zunächst zurück aufs Plateau. Links laden Abstecher zum Großen Seeriegel sowie zur Arberkapelle mit ihrer Madonna aus Kalkstein ein. Dorthin pilgern Katholiken am vorletzten Sonntag im Au-

Die Chamer Hütte und der Trog davor liegen zwischen Großem und Kleinem Arber.

gust zur Arberkirchweih, dem im wahrsten Sinne höchsten Fest im Bayerwald. Vorbei an der unbewirtschafteten Zwieseler Hütte erreichen wir erneut den Bodenmaiser Riegel, in dem Findige den Kopf von Richard Wagner erkennen wollen. Für Dr. Heide Göttner-Abendroth von der Akademie HAGIA symbolisiert der Gneiskopf hingegen eine mächtige Alte, die der Überlieferung nach Jünglingen mit Liebeskummer ein tröstendes Zeichen gibt. Das ganze Gipfelplateau hält die Forscherin für einen vergessenen Kultort aus mutterrechtlich geprägter Zeit, bei dem die vier Felsenriegel einen magischen Kreis formen.

Dem kleinen Bruder nahe Wenn wir das Plateau verlassen, stehen die Zeichen auf Abstieg. Auf bekannter Strecke steigen wir die Treppen hinunter in die Bodenmaiser Mulde. Dort orientieren wir uns nach rechts (Markierung 2a sowie Goldsteig-»S«) und landen sogleich auf einer Schotterstraße. Diese beschreiten wir nur solange, bis aus ihr halb rechts ein Pfad hervorgeht, welcher uns durch eine Senke zur ❻ **Chamer Hütte** führt. Da die Einkehrstation unterhalb des Seitengipfels liegt, heißt diese auch »Schutzhaus Kleiner Arber«.

Zum Ausklang Von der Einkehr führt Weg 2a aus lichter Höhe unter dichte Baumkronen. Wir passieren die Bankl- und die Auerhahnstraße. Sodann begleitet uns talwärts das muntere Plätschern des Schwellbachs. Schließlich vereint sich hinterm Holzsteg der Weg 2b mit dem uns bekannten Weg 2. Nach rechts geht es in Richtung Rißlochfälle, wobei wir sogleich auf dem vergleichsweise »bequemen Weg« zurück zum Ausgangspunkt streben und die Tour vollenden.

Links: Die Bodenmaiser Mulde und den gleichnamigen Riegel verbinden Steintreppen.

Rechts: Den Kleinen Arber (1384 m) erreichen Ausdauernde von der Chamer Hütte aus.

Inseln im Waldmeer

Von Buchenau zu Hochweiden und Moorseen

Mittel	17 km	500 m	5:15 Std.	

Tourencharakter
Aufstieg am Pommerbach und Marsch zur Hirschbachschwelle jeweils über wenig Stock und Stein; äußerst reizvolle Passage zum Hochschachten teils über Holzbohlen; nach Halbzeitrunde Rückmarsch auf gleicher Strecke; erfordert Ausdauer; Brotzeit mitnehmen

Ausgangs-/Endpunkt
Wanderparkplatz Buchenau am Pommerbach

Anfahrt
Bahn/Bus: Falkenstein-Bus.
Auto: Auf halber Strecke zwischen B 11-Ausfahrt Zwiesel-Mitte und Frauenau nach Buchenau abbiegen; aus Bayerisch Eisenstein ab Ludwigsthal via Oberlindbergmühle

Einkehr
Gasthof zum Latschensee sowie Zur Alten Dampfsäge in Buchenau

Karte
Kompass-Wanderkarte 1:50 000, Nr. 195 Nördlicher Bayerischer Wald

Mit drei Schachten (Hochweiden) und der Triftsperre am Hirschbach erleben Wanderer die einst von Menschenhand geschaffenen Kulturlandschaften inmitten der Naturgewalt von schaurig-schönen Hochmooren.

Zeugnis früher Weiden Vom Wanderparkplatz steigen wir direkt an der rechten Seite des beschaulichen Pommerbaches unter schattigem Blätterdach gemäß »Pestwurz« weitgehend sanft bergan. Drei Forststraßen, die in etwa der Höhenlinie entlang verlaufen, werden gekreuzt. Schließlich erklimmen Wanderer die erste der ehemaligen Hochweiden auf der Tour: den ❶ Lindbergschachten. Wo Bauern 300 Jahre lang im Sommer ihr Jungvieh weiden ließen, wachsen heute Heidelbeeren.

Zur alten Klause Von der Lichtung weist unser »Pestwurz« hinein in einen abschüssigen Buchenwald, in dem der Pfad etwa entlang der Höhenlinie verläuft. Rund um den schmalen Gruftbach, den wir queren, wächst der seltene Tüpfelfarn. Alte Kräuterhexen sagen, die Wurzel der Pflanze mache Menschen sanftmütig. Bald eine halbe Stunde lang verläuft unser Pfad über der etwa parallel darunterliegenden Forststraße, um schließlich in diese zu münden. Einen Steinwurf weiter folgt eine Gabelung, an der wir uns halb rechts halten und sogleich die ❷ Hirschbachschwelle bewundern.

Hoch zum Moor Hinter dem einst künstlich angelegten Speicher führt ein leicht verwurzelter Pfad nach links bergan. Abgestorbene Fichtenstämme und modrige Stümpfe säumen den Weg zum ❸ Zwieselter Filz. Ein Holzbohlenweg lotst uns zwischen Latschen und Moortümpeln, sogenannten Latschenseen, hindurch. Insekten wie die Moorlibelle oder Pflanzen wie der fleischfressende Sonnentau besiedeln das Biotop.

Schachten Nummer zwei Lassen wir die Bohlen hinter uns, geht es wenige Höhenmeter hinauf bis zum ❹ Kohlschachten. Auf diese Hochweide trieben Bauern noch bis Anfang der 60er-Jahre des letzten Jahrhunderts ihr Vieh. Im Vergleich dazu liegt der Lindbergschachten bereits einige Dekaden länger brach. Erneut über Bohlen gelangen wir an der Hinteren Sulz vorbei zum ❺ Latschensee. Zuletzt erreichen wir dieses bezaubernde Nass auf einem gut 50 Meter langen Stichweg links. Lat-

schen wie Fichten spiegeln sich in dem natürlichen Gewässer.

Schachten Nummer drei Ein Stück nach der zweiten Bohlenpassage erreichen Wanderer den fast 10 Hektar großen Hochschachten. Am oberen Ende der ehemaligen Hochweide entlang gelangen wir zu einer **❻ T-Kreuzung**. Hier biegen wir gemäß Rundweg »Wolf« nach rechts ab und marschieren sehr sanft bergab. Von halb rechts grüßt der Große Arber. Unmittelbar bevor wir eine Schutzhütte samt **❼ Fahrradparkplatz** erreichen, knickt der »Wolf« nach rechts. 500 Schritte weiter folgt ein fast ebenso langes Stück auf Forststraße,

Ein Stichweg führt im Hochmoor zum malerischen Latschensee.

ehe wir erneut rechts abbiegen und wieder den Kohlschachten erreichen. Am Wanderknoten auf dem Kohlschachten verlassen wir den »Wolf« und fädeln erneut in den »Pestwurz« ein – auf dem Rückmarsch natürlich in Pfeilrichtung »Lindbergschachten« und »Buchenau«. Auf der uns bekannten Strecke achten wir auf der Forststraße hinter der Hirschbachklause darauf, nicht den Einstieg in den Pfad durch den abschüssigen Wald zu verpassen.

Klassiker für Fitte Eine 20,5 km lange Runde absolviert, wer ab Hochschachten dem »Borstgras« via Almschachten bis zur Trinkwassertalsperre und von dort den Richtungspfeilen »Buchenau/Gläserner Steig« folgt. Auf dem zusätzlichen Teil dieser Rundtour bekommen Wanderer weitere schöne, jedoch keine reizvolleren Landschaften als bisher zu Gesicht. Die reine Gehzeit für die bei Wanderern bekannte Herausforderung beträgt insgesamt rund 6 Stunden (500 Hm).

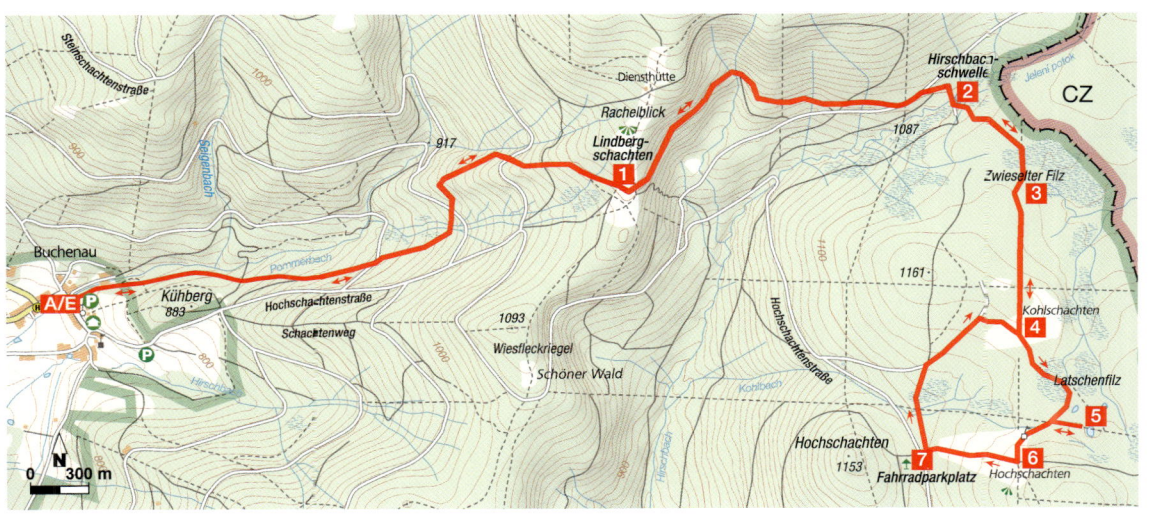

Gipfelglück überm See

Ab Diensthütte via Rachel zum Gfäll

Schwer 11 km 690 m 4 Std.

Tourencharakter
Erfordert Puste; der Lohn sind herrliche Aussichten vom zweithöchsten Bayerwaldgipfel; im Tal dichter sowie überm See lichter Wald und steiler Pfad; Auftakt/Abschluss Rachel-Bus

Ausgangspunkt
P+R Spiegelau bzw. Diensthütte

Endpunkt
Gfäll bzw. P+R Spiegelau

Anfahrt
Bahn/Bus: Rachel-/Ostbayernbus; Waldbahn. **Auto:** Via Zwiesel oder B 85 oder Grafenau oder Neuschönau; in Spiegelau Pfeil »Rachel/Lusen/P+R« folgen; Abfahrt Rachel-Bus P+R bei Redaktionsschluss ab 8.35 Uhr stündlich; Fahrzeit: 25 Minuten

Einkehr
Racheldiensthütte, Waldschmidthaus

Karte
Kompass-Wanderkarte 1:50 000, Nr. 196 Mittlerer Bayerischer Wald

Den höchsten Gipfel im Nationalpark Bayerischer Wald erobern Wanderer ab Racheldiensthütte am wildromantischen Rachelsee vorbei. Der Abstieg führt vom bewirtschafteten Waldschmidthaus über den Klingenbrunner Rachelsteig nach Gfäll.

Wie einst mit Schlitten Vom gleichnamigen Buswendehammer ist es nicht viel mehr als ein Katzensprung zum idyllisch gelegenen Ensemble rund um das bewirtschaftete Touristenhaus ❶ **Racheldiensthütte**. Rechts an den Holzhäusern vorbei folgen wir dem »Specht« auf einer alten Schlittenziehbahn in Pfeilrichtung Felsenkanzel.

Kleine Aussichten Unter den Blättern von Buchen schreiten wir stetig bergan bis zur gesicherten ❷ **Felsenkanzel**. Zwischen mächtigen Bäumen erheischen wir südwärts Blicke gen Horizont. Haben wir genug gesehen, folgen wir weiter dem »Specht«, der nun weitgehend sanft auf und ab verläuft. Die folgende Wanderkreuzung merken wir uns für den späteren

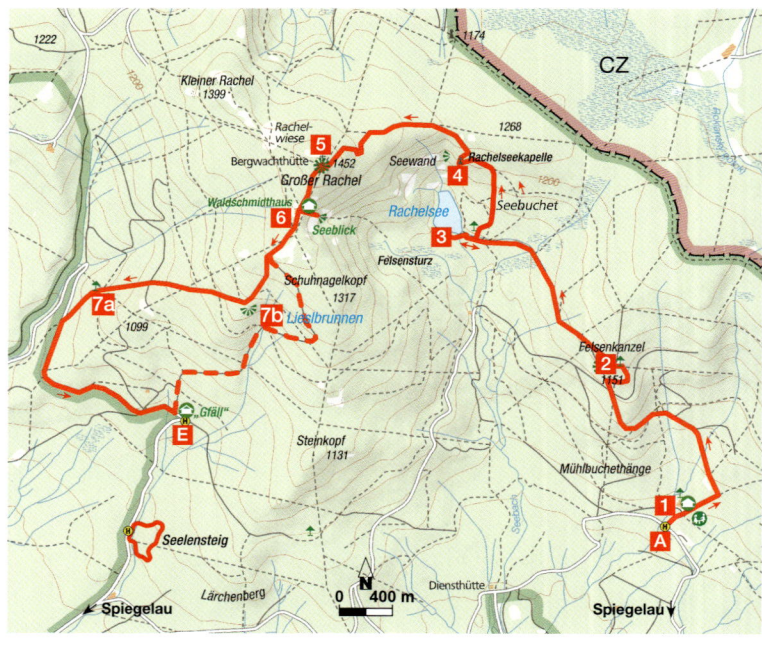

Aufstieg zum Gipfel. Zunächst marschieren wir jedoch ein Stück hinab zum ❸ **Rachelsee.**

Märchenhaftes Gewässer »Ergründest du mich, verschling' ich dich.« Das befürchtete lange Zeit der Volksmund, der im Rachelsee verwunschene Menschen vermutete. Der Legende nach warten in dem schaurig-schönen Gewässer arme Seelen als Fische ohne Augen aufs Jüngste Gericht.

Sportlicher Aufstieg Ein Stück zurück und um die Schutzhütte herum folgen wir jetzt dem »Auerhahn« gegen den Uhrzeigersinn in Richtung Rachelgipfel. Zunehmend führt uns der steinige Pfad vor Augen, warum er als »beschwerlich« bezeichnet wird. Ein kurzer Abstecher bringt uns wenige Schritte hinab zur ❹ **Rachelkapelle.**

Oberhalb der Rachelkapelle fällt der Blick hinunter auf das eiszeitliche Gewässer

Gipfelglück In Richtung Rachel verlangt uns der Pfad einiges ab. Im lichten Gelände wirken die Baumskelette wie aufrecht stehende Fischgräten und die Stümpfe wie irreale Skulpturen. Schließlich wird über eine treppenartige Passage die Bergwachthütte erreicht. Der zerklüftete ❺ **Rachelgipfel** liegt wenige Meter entfernt am Ende des Stichwegs. Ein mächtiges Kreuz mit dem Corpus Christi krönt den bizarr anmutenden Gneiskopf.

Hinab nach Gfäll An der Bergwachthütte vorbei heißt es, aufmerksam talwärts in Richtung ❻ **Waldschmidthaus** zu steigen. Zum jetzigen Zeitpunkt kommt die Einkehr vielen Wanderern gerade recht. Der weitere Abstieg auf dem »Auerhahn« beginnt sanft, nach 400 Metern erreichen wir eine Gabelung. Dort wechseln wir von der breiten Forststraße halb rechts zum »Bärlapp«. Der sogenannte Klingenbrunner Rachelsteig führt uns nun weitgehend geradlinig sowie deutlich talwärts, wobei es immer grüner wird. Unterhalb der ❼a **Schutzhütte Emeiriegel** trifft unser Pfad auf eine Forststraße. Von dort aus nach links erreichen Wanderer in weniger als 30 Minuten ohne weiteres Gefälle den Bushalt Gfäll (vorher unbedingt nach den aktuellen Abfahrtszeiten erkundigen; 10 Minuten Fahrzeit).

Abkürzung Anstatt auf den Klingenbrunner Rachelsteig zu wechseln, können Wanderer ab Waldschmidthaus durchgängig auf der Forststraße vorbei zum Gfäll-Bushalt talwärts marschieren (siehe gestrichelte Linie auf der Karte). Auf Höhe ❼b **Lieslbrunnen** verläuft dieser Weg überraschend steil bergab. Vorteil: Im Vergleich zum Klingenbrunner Rachelsteig erreichen wir Gfäll locker 15 Minuten eher.

41 Zum alten Flößersteig

Wo die Große Ohe die Steinklamm schuf

Mittel · 4,5 km · 140 m · 1:45 Std.

Tourencharakter
Hin zur Schlucht reizvolle Waldwege, zurück steiniger Pfad direkt
am Wildwasser entlang durch die
märchenhafte Klamm, Abschluss
auf Asphalt hoch zum Parkplatz

Ausgangs-/Endpunkt
Naturbad Spiegelau

Anfahrt
Bahn/Bus: Waldbahn Spiegelau
(1 km Anmarsch durch Pfarrer-
Schweikl- und Steinbergstraße).
Auto: Via Zwiesel oder B 85 oder
Grafenau oder Neuschönau; Pfeile
zum versteckt gelegenen Naturbad
aus Richtung Norden beim Ortsein-
gang Spiegelau, aus Süden hinterm
Bahnübergang

Einkehr
Gasthof Genosko (Mo. geschl.),
nahe Hauptstraße

Karte
Kompass-Wanderkarte 1:50 000,
Nr. 196 Mittlerer Bayerischer Wald

Mit der Kraft und der Ausdauer des Wassers grub die Große Ohe südlich von Spiegelau die bis zu 100 Meter tiefe Steinklamm. Durchs Herz der Klamm verläuft der alte Flößersteig.

Um den Ochsenberg Vom Naturbadparkplatz in den teils dichten, teils lichten Wald hinein startet der »Marienkäfer« gegen den Uhrzeigersinn. Auf Höhe der Streusiedlung ❶ **Marienhöhe** folgt eine Links-Rechts-Kombination auf Asphalt, unmittelbar danach biegen wir scharf links ab und marschieren durch schattigen Mischwald. Der nächste Pfeil weist nach rechts. Anschließend steigen wir talwärts, bis wir auf den Krebsenbach stoßen. Ohne Langdorf weiter anzupeilen, verläuft links die Forststraße in Pfeilrichtung »Steinklamm« am Waldrand entlang um den Ochsenberg herum.

Zum Brückenheiligen Geht es erneut in den Forst hinein, halten wir uns an der Gabelung halb links. Bergab nähern sich Wanderer der rauschenden Steinklamm, die wir auf Höhe der ❷ **Marienbrücke** erreichen. Wer

Auch Kaskadenreihen erfreuen in
der schattigen Steinklamm.

will, erwidert den Gruß des heiligen Johannes Nepomuk. Abgesehen vom erhofften göttlichen Beistand verrät die Wucht der Brückenpfeiler, was die Erbauer dem Gewässer zutrauen. Aufgepasst: Der »Marienkäfer« quert die Brücke nicht. Vielmehr gehen wir ein Stück zurück, um stromaufwärts am linken Ufer der Großen Ohe das Herzstück der wildromantischen Klamm zu genießen.

Wo die Gischt zischt In der Schlucht wird es abenteuerlich. Aufmerksame erspähen muntere Kaskaden, glatte Felswände oder sedimentgefüllte Strudellöcher. Angesichts dessen, dass ein Kanal im Oberlauf reichlich Wasser abzweigt, rauscht das Nass immer noch beachtlich. Wo Menschenhand den Hangwald lichtete, erreichen Sonnenstrahlen die Tallage. In Richtung Spiegelau tauchen wir schließlich aus der Schlucht auf und erreichen einen Steinwurf weiter das Ende der Steinklammstraße, wo wir auf Asphalt zu marschieren beginnen. Hinter der nach der Straße benannten Pension erreichen wir eine ❸ **Abzweigung**. Von dort leitet der Kränkweg kurz und knackig bergauf zum Ausgangspunkt zurück.

Über harten Stein fließt das weiche Wasser der Großen Ohe durch die tiefe Schlucht.

Himmel und Hölle

Der bronzene Heiland auf Luzifers Lusen

Mittel 10,5 km 500 m 4:30 Std.

Tourencharakter
Wege, Pfade und Bohlen bergwärts, dem breiten Sommerweg folgt Schotter; sportliche Passagen rund um den Gipfel sowie beim Rückmarsch vom Sommerweg zur Martinsklause, von wo aus es zuletzt hochgeht; Anfang/Abschluss auf Asphalt; Wochenendtrubel meiden!

Ausgangs-/Endpunkt
Waldhäuser-Ausblick

Anfahrt
Bahn/Bus: Lusen-Bus. Auto: Von der Nationalparkstraße zwischen Spiegelau und Neuschönau bei Graupsäge nach Waldhäuser abbiegen, der Parkplatz Ausblick liegt unmittelbar vor der Sperre für private Kfz

Einkehr
Lusenschutzhaus, Café-Restaurant Am Guldensteig und Berggasthof Lusen in Waldhäuser

Karte
Kompass-Wanderkarte 1:50 000, Nr. 196 Mittlerer Bayerischer Wald

Ein graues Meer aus Granit umrahmt das Gipfelkreuz des Lusen, das Wanderer über die Himmelsleiter erreichen. Einer Sage nach warf der Teufel die Steine ringsherum.

Der erste Riegel Vom Parkplatz Waldhäuser-Ausblick folgen wir der Teerstraße 400 Meter bergan. In der Rechtskurve verabschieden wir uns vom Asphalt und wechseln rechts auf den Fernwanderweg (grüner Dreieckspfeil). Schritt für Schritt streben wir auf den Waldhäuserriegel zu. Auf halbem Weg dorthin marschieren wir bei der T-Kreuzung geradewegs weiter. Vor der bewaldeten Kuppe knickt der Pfad nach links weg, sodass der höchste Punkt umgangen wird. Auf einem Bohlenweg lassen wir zwischen Heidelbeeren und Himbeeren in sumpfigem Terrain den Waldhäuserriegel hinter uns. Wenige Meter vor der Bushaltestelle ❶ **Waldhausreibe**, früher Lusenparkplatz genannt, erreichen wir erneut

Der Gipfelkegel besteht aus einem Blockmeer.

Asphalt. Dort gehen wir ein paar Schritte nach rechts. Noch bevor die dortige Schutzhütte neben dem Wendehammer erreicht wird, weist der »Luchs« nach links zum sogenannten Sommerweg.

Der »Sommerweg« Auf einem breiten Waldweg folgen wir dem »Luchs« stetig sanft bergan. Nach einem weiten Bogen erreichen wir die Glasarche, welche deutsche und tschechische Kunsthandwerker zusammen errichteten. Sogleich lassen wir die ❷ **Schutzhütte** links liegen und marschieren auf dem Schotterweg weiter bergauf. Kerzengerade geht es auf das Gipfelkreuz zu.

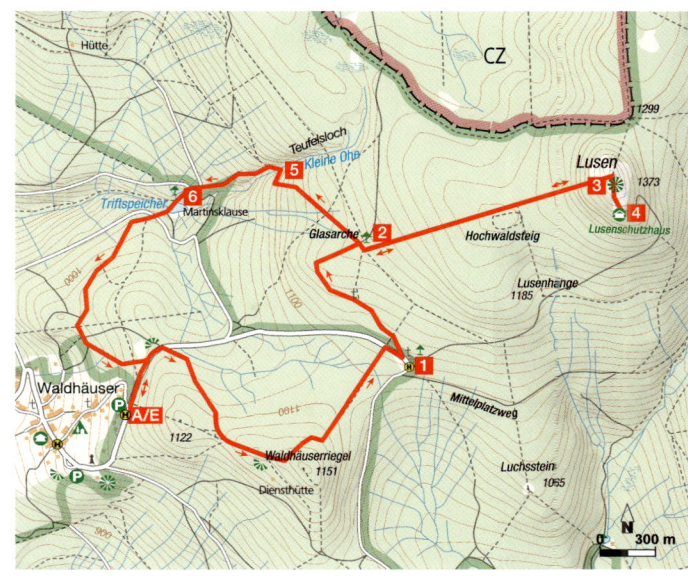

Gipfel in Sicht Auf den Sommerweg folgt eine Senke. Dahinter geht der Schotter Schritt für Schritt in die Himmelsleiter über. Der Gipfel scheint zum Greifen nah, doch der sportliche Aufstieg über die Steintreppen zieht sich hin. Mit Geduld und Ausdauer wird der ❸ **Gipfel** erreicht. Der nackte Kegel sah auch vor Borkenkäfer und Windwurf so aus. Der Blockstrom ist nämlich das natürliche Ergebnis jahrtausendelanger Verwitterung und zählt zu den wertvollsten Geotopen in Bayern. Das ❹ **Schutzhaus** des Bayerischen Wald-Vereins liegt südlich unterhalb des Gipfels versteckt. Wanderer erreichen es auf dem steinigen Steig.

Der Abstieg Während sehr viele Wanderer auf dem breiten Winterweg zu Tal streben, auf dem bergtüchtige Fahrzeuge das Schutzhaus beliefern, marschieren wir zunächst erneut auf den ❸ **Gipfel** hoch. Sodann steigen wir behutsam die Himmelsleiter talwärts. Auf der uns bekannten Strecke wird die Schutzhütte samt Glasarche erreicht. Den breiten, unteren Teil des Sommerwegs sparen sich Wanderer, die nun der »Ranne« folgen.

Der unsichtbare Wildbach Ein Stück weiter führt die »Ranne« über Holzbohlen, die von Weidenröschen gesäumt werden. Sodann schlängelt sich der schmale Steig hinunter ins ❺ **Teufelsloch**. Mit der Schlucht queren wir die Kleine Ohe. Da diese hier unterirdisch verläuft, bekommen wir das Wildwasser nicht zu Gesicht.

Zum alten Triftspeicher Nun führt der Pfad bergab zum tiefsten Punkt unserer Tour: zur romantisch gelegenen ❻ **Martinsklause**. Hinter der Klause verabschieden wir uns von der »Ranne« und orientieren uns am »Zaunkönig«. Zum Waldhäuser-Ausblick steigen wir ein Stück bergan. Oberhalb der scharfen Linkskurve landen wir schließlich auf Asphalt. Nach rechts laufen wir 200 Meter auf der Lusenstraße bergab bis zu unserem Ausgangspunkt.

Der wilde Dschungel

Durchs steinreiche Felswandergebiet

Mittel   4,5 km   200 m   1:45 Std.

Tourencharakter
Überschaubare Tour, im schattigen
Herzstück der Runde verwurzelte
und steinige Pfade; Blick nach Süden von der Großen Kanzel östlich
Felswandergebiet; An- und Ab-
marsch auf breiten Wegen

Ausgangs-/Endpunkt
Wanderparkplatz Felswandergebiet
gegenüber Jugendwaldheim

Anfahrt
Bahn/Bus: Finsterau-Bus. **Auto:** Via
Nationalparkzentrum Lusen oder
Freyung (in Reschmühle in Rich-
tung »Nationalpark« abbiegen, in
Sagwassersäge rechts) oder Mauth

Einkehr
Gasthof Euler in der Ortsmitte von
Neuschönau (5 km Anfahrt, Di ge-
schl.)

Karte
Kompass-Wanderkarte 1:50 000,
Nr. 196 Mittlerer Bayerischer Wald

Wie der Teufel das Weihwasser scheuten Bauern einst das unwegsame Gelände südlich Seefilz und nannten dessen Gneisblöcke Steinberg. Heute entdecken Abenteurer auf wilden Pfaden die urwüchsige Natur.

Der Anmarsch Vom Parkplatz geht es ein paar Treppen hoch, sodann folgen wir dem »Haselhuhn« nach links. Über eine sanfte Kuppe hinweg mündet unser Pfad nach etwa zehn Gehminuten in einen Forstweg. Nach rechts marschieren wir darauf ein Stück durch Mischwald weiter, ehe rechts der ❶ Einstieg ins Felswandergebiet über Steintreppen erfolgt.

Raue Wildnis Zwischen moosbewachsenen Felsblöcken und -klippen sowie den Wurzeltellern modriger Stümpfe führt unser Pfad nun ein Stück steil bergauf. Die unbehelligt verrottenden Bäume verraten, dass wir uns in der Naturzone des Nationalparks befinden. Aufmerksame entdecken in verwinkelten Felsspalten das seltene Leuchtmoos, welches Sonnenlicht

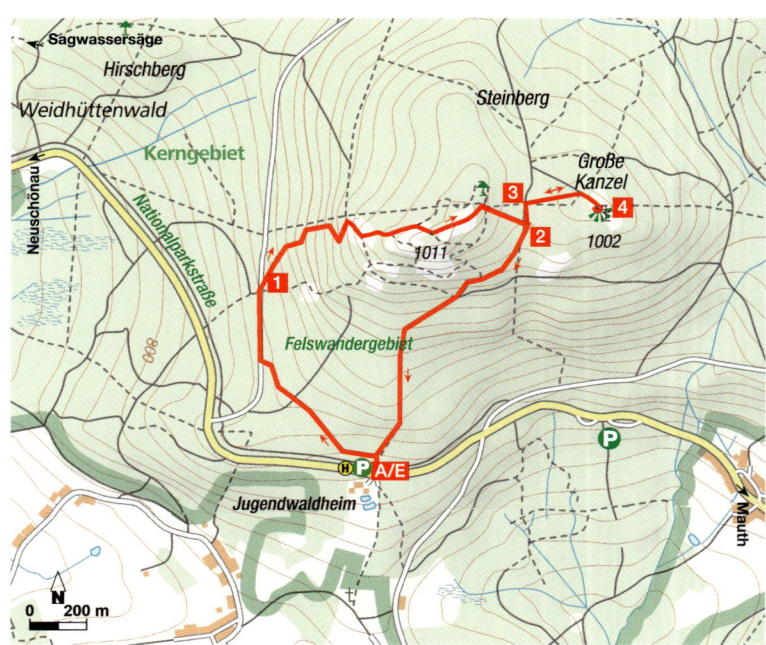

zu reflektieren vermag. Nahe der Kleinen Kanzel führt der Pfad direkt zwischen zwei mannshohen Blöcken hindurch. Vereint mit dem »Hauptwanderweg« (drei Bäume) schlängelt sich das »Haselhuhn« weiter durchs Felswandergebiet, welches in Richtung Osten Schritt für Schritt ausläuft. Nach insgesamt bis zu einer Stunde erreichen wir eine ❷ Wanderkreuzung und wechseln nach links vom »Haselhuhn« zur »Eberesche/Vogelbeere«.

Weitblick An der folgenden ❸ T-Kreuzung geht es nach rechts sowie zuletzt in einem Bogen auf die ❹ Große Kanzel hinauf. Vom Gipfelkreuz der schroffen, steil abfallenden Gneisformation in Richtung Süden erblicken Schwindelfreie den kegelförmigen Kreuzberg mit der Wallfahrtskirche Sankt Anna. Auf dem Rückmarsch setzen wir am Fuße der Kanzel zur T-Kreuzung zurück. Nach links in Richtung Schönbrunn folgen wir der »Eberesche/Vogelbeere«. Vereint mit dem »Haselhuhn« wird unter vorwiegend von Buchen gebildetem Laubdach recht geradlinig auf breitem Pfad zurück zum Ausgangspunkt marschiert.

Der abenteuerliche Weg führt zwischen Felsen hindurch.

Auf der Großen Kanzel thront ein mächtiges Kreuz.

44

Die schwarze Ilz

Am Wildwasser zur Burgruine Dießenstein

Leicht | **15 km** | **250 m** | **4:15 Std.**

Tourencharakter
Größtenteils breiter Weg direkt oder nahe am letzten großen Wildwasser in Ostbayern entlang durch schattigen Auwald; am Ende kurz Asphalt

Ausgangs-/Endpunkt
Parkplatz an der Schrottenbaummühle

Anfahrt
Auto: Von der B 85 nördlich von Tittling in Richtung Rappenhof abbiegen sowie über Loizersdorf zur Schrottenbaummühle; alternativ via Perlesreut, Röhrnbach oder Fürsteneck sowie jeweils nördlich Atzldorf abbiegen

Einkehr
Schrottenbaummühle, Gasthaus Hammerschmiede (ab Schneidermühle 300 m an der Staatsstraße entlang)

Karte
Kompass-Wanderkarte 1:50 000, Nr. 197 Südlicher Bayerischer Wald oder Nr. 196 Mittlerer Bayerischer Wald

Eingebettet ins Naturschutzgebiet Obere Ilz liegt die traditionsreiche Schrottenbaummühle. Stromaufwärts gelangen Wanderer an zwei weiteren Mühlen vorbei zur sagenumwobenen Burgruine Dießenstein.

Stromaufwärts An der Sonnenterrasse der Gaststätte vorbei marschieren wir am Ostufer flussaufwärts. Stets bleibt der gekieste Weg nah am Ufer. Wo Fichten Spalier stehen, queren wir sogleich den Schirmbach. Dahinter beginnen sich sowohl die Ilz als auch der Weg zu schlängeln. Auf Höhe der Straßenbrücke erreichen wir gegenüber der ❶ **Schneidermühle**, die wir links liegen lassen, Asphalt.

Nach Dießenstein Am Ostufer folgen wir weiter dem Goldsteig flussaufwärts. Während unser Weg geradlinig verläuft, schlängelt sich die Ilz, sodass das Ufer teils bis zu 200 Meter entfernt liegt. Im Fichtenhain marschieren wir halb rechts über eine kleine Kuppe hinweg. Zurück am Nass erreichen wir den Übergang zur ❷ **Dießensteiner Mühle**. Dort verlassen wir den Goldsteig und wechseln auf dem Steg ans Westufer, wo ein Rastplatz lockt. Unmittelbar um das alte Gemäuer herum führt der anfangs spärlich gesicherte, verwurzelte und steinige Trampelpfad Nr. 83 direkt am Wasser entlang, sodann mitten durch einen märchenhaften Auwald. Anschließend lassen wir einen von oben einmündenden Forstweg sowie eine bemooste Blockhalde links liegen. Nur 50 Meter weiter weist ein

Ziel und Wendepunkt: die Burgruine Dießenstein in der Ilzleite

132

leicht zurückversetztes grünes Schild den direkten und steilen Weg hinauf zur ❸ **Burgruine Dießenstein**, welche bereits durch den Blätterwald spitzt.

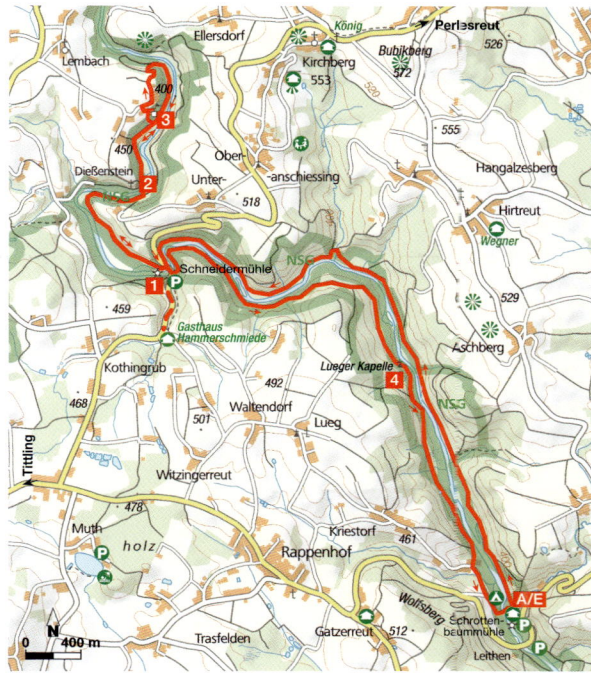

Zurück von Mühle zu Mühle Von der Ruine steigen wir bergwärts zurück in die grabenartige Senke. Die steile Strecke links umgehen wir, indem wir uns nun bergan zur Straße hochschlängeln. Dort angekommen wenden wir uns nach rechts. Die Ilztalrunde Nr. 83 führt 50 Meter auf Asphalt auf ein Anwesen zu, sodann der Feldweg halb links in einem Bogen um den Hof samt Nebengebäuden herum. Dahinter geht es rechts in einem großen Bogen den Hangwald hinunter zur Ilz, die wir auf Höhe einer Holzbank erreichen. Jetzt marschieren wir stromabwärts und lassen die Ruine rechts liegen. An der Dießensteiner Mühle, deren jetzige Turbine die Kraft des Wassers in Strom ummünzt, queren wir den Fluss zum bekannten Ostufer. An der Straßenbrücke wechseln wir erneut die Flussseite und gehen jetzt erstmalig hinüber zur Schneidermühle. Unmittelbar hinter der Brücke führt der Forstweg nach links an der Kartentafel vorbei weiter stromabwärts.

Neues im Westen Der Weg am Westufer der Ilz zeigt forstwirtschaftlichen Charakter und verläuft wie eine Berg- und Talbahn, teils über 100 Meter vom Fluss erhöht oder entfernt. Auf halber Strecke zwischen Schneider- und Schrottenbaummühle empfängt den Wanderer die hölzerne ❹ **Lueger Kapelle**. Flussabwärts wird zum Abschluss 400 Meter auf Asphalt marschiert, bevor links die Campingplatzbrücke hinüber zur altehrwürdigen Schrottenbaummühle leitet.

In aller Ruhe dümpelt ein Kahn nahe Schrottenbaummühle vor sich hin.

Bayerische Hausberge

Blick von der Brecherspitz hinunter zum Spitzingsee (o. l.); weite Wiesen und alte Fichten vor dem Wendelstein bei Geitau (u. l.); Marienfigur in der Abendmahlkapelle (o. r.); Zeit für Träumereien: unterwegs im Murnauer Moos (u. r.)

45

Zur Eiskapelle

Eisiges Tor unter der Watzmann Ostwand

Leicht   6 km   220 m   2:30 Std.

Tourencharakter
Breite Wege, Wanderwege, steigähnlicher Weg (Trittsicherheit erforderlich)

Ausgangs-/Endpunkt
Bahn/Bus: Königssee Bushaltestelle. **Auto:** Großparkplatz Königssee

Anfahrt
Bahn/Bus: München–Salzburg
bis Freilassing, dann Freilassing–
Berchtesgaden und weiter mit
Bus 841 bis Königssee.
Auto: A8 München–Salzburg bis
Ausfahrt Berchtesgaden, dann
nach Berchtesgaden und weiter
zum Königssee

Karte
AV-Karte 1:25 000, BY 21 Watzmann, Nationalpark Berchtesgaden

Einkehr
St. Bartholomä,
Tel. 08562/96 49 37,
www.bartholomae-wirt.de

Information
Tourist-Info Berchtesgaden,
Tel. 08562/96 70,
www.berchtesgaden.com

Kaum eine Gegend ist mehr von Mystik und Sagen erfüllt als der Königsee. Türkisblau und klar liegt der See im fjordartigen Tal. Von St. Bartholomä geht es über St. Johann und Paul zur Eiskapelle unter der wilden Watzmann Ost-wand. Man darf ihr nicht zu nahe treten!

Der Atem des eisigen Riesen Kalt bläst der Wind aus dem Portal der Eis-kapelle. So, als ob ein eisiger Riese im Berg unter den steilen Wänden der Watzmann Ostwand wohnt und gerade Luft holt. Kommen Sie dem Tor auf keinen Fall zu nahe! Denn jederzeit können große Steinschläge über die steilen Bergflanken der Watzmann Ostwand zu Tal gehen. Gerade noch war alles friedlich, Sekunden später rauschen bedrohlich die Steinmassen über die Eiskapelle hinunter. Ich selbst durfte Zeuge dieses Schauspieles werden. Wie schnell sich doch die Szenerien im Hochgebirge ändern!

Ein bayerischer Fjord? Blick von St. Bartholomä nach Norden über den Königssee

Dem Paradies nahe Für eine magisch-mystische Tour brauchen wir uns nicht den Platz im Boot mit vielen anderen Touristen zu teilen. Eng an eng sitzt man dort und man kann nur schwer die wunderbare Schwingung der einzigartigen Landschaften erfahren. Mit dem Ruderboot sind Sie fast alleine auf dem Königssee. Türkis schimmert das Wasser, in dem man schwimmen und zugleich trinken könnte. An diesem Ort in Oberbayern komme ich dem Paradies schon sehr nahe. Es sind archaische Gefühle, die mich auf meiner langen Ruderbootstour von Königssee nach St. Bartholomä erfüllen. Wunderbare Momente in einer Natur, die mir ganz deutlich ihre Energie zu geben scheint. Auf dem Weg zur Eiskapelle, an der Kirche St. Johann und Paul, wird zudem vermutet, dass es hier einen vorchristlichen Wasserkultplatz gab.

Mit Boot und Bergschuh zur Eiskapelle Von der Bushaltestelle oder dem Großparkplatz am Königssee gelangen wir mit dem Fahrgastschiff oder mit dem Ruderboot nach ❶ **St. Bartholomä.** Vom Bootsanleger orientieren wir uns nach rechts mit dem Wegweiser »Eiskapelle«, der uns auch im Folgenden leitet. An der nächsten Weggabelung geht es dann links auf einem breiten Schotterweg durch den Wald. An der ❷ **Kirche St. Johann und Paul** gehen wir auf den Wanderweg, der bergauf führt. Nach einem Aussichtspunkt folgt ein steigähnlicher Weg. Ein Warnschild nach einer Viertelstunde Gehzeit weist auf das ❸ **Wegende** hin. Von dort können wir die Eiskapelle sehen. Wegen der Gefahr von Lawinenabgängen und Steinschlägen ist von einem Weitergehen ausdrücklich abzuraten. Der Rückweg entspricht dem Hinweg zurück zu den Ausgangspunkten.

46

Zauberwald und Hintersee

Wo die Riesen mit Felsen warfen

Leicht   6 km   100 m   1:45 Std.

Tourencharakter
Breite Schotterwege, Wanderwege, Nebenstraßen

Ausgangs-/Endpunkt
Bahn/Bus: Bushaltestelle Hintersee; **Auto:** Parkplatz Hintersee (Westufer)

Anfahrt
Bahn/Bus: München–Salzburg bis Freilassing, dann weiter nach Berchtesgaden und von hier mit Bus 846 nach Hintersee.
Auto: A 8 München–Salzburg bis Ausfahrt Inzell, weiter Richtung Zell am See nach Schneizlreuth und nach Berchtesgaden über Schwarzbachwacht/Taubensee, dort nach Hintersee

Karte
AV-Karte 1:25 000, BY 20 Lattengebirge, Reiteralm

Einkehr
Wirtshaus Zauberwald (Abstecher), Tel. 08657/552, www.ramsau-zauberwald.de; Gasthaus Seeklause, Tel. 08657/91 99 38, www.hintersee-gasthaus-seeklause.de

Information
Tourist-Info Ramsau, Tel. 08657/98 89 20, www.ramsau.de

Verträumt ist der Hintersee von den Bergriesen der Reiteralpe und des Hochkalters umrahmt. Von ihm ging ein dramatischer Bergsturz aus, von dem heute die mystischen Felsblöcke im Zauberwald übrig geblieben sind. Dazwischen plätschert der Bach der Ramsauer Ache mit türkis-kristallenem Wasser.

Die streitlustigen Riesen Natürlich gibt es neben der geologischen Erklärung des Zauberwaldes auch eine Sage, genauso für den Hintersee. Zwei große, streitlustige Riesen bewarfen sich täglich mit Felsbrocken. Der eine Riese wohnte auf dem Hochkalter und der andere oben auf der Reiteralpe. Mit Wucht stießen die Felsen immer wieder zusammen. Ein riesiger Steinhaufen entstand im Tal und staute den Klausbach derart auf, dass der Hintersee entstand. Neugierig liefen die Riesen hinunter in das Tal, um zu sehen, was sie angerichtet hatten. Im Hintersee sahen sie zum ersten Mal ihre Fratzen und erschraken so, dass sie schreiend davonliefen und nie mehr gesehen wurden. So hinterließen sie ein Steinlabyrinth, das nach und nach zuwuchs – den heutigen Zauberwald. Bewachsene Steinriesen im lichten Wald, dazwischen Farne und Moose, das Rauschen und Plätschern der Ramsauer Ache, die frische Luft, all das bereichert unsere Sinne in dieser traumhaft mystischen Landschaft.

Streitlustige Riesen sollen die Steine in die Ramsauer Ache gerollt haben.

Seerundweg und Zauberwald Vom Ort Hintersee folgen wir der Straße in nördlicher Richtung aus dem Ort. Dann zweigt rechts der ❶ **Seerundweg Hintersee** ab. Wieder an der Straße angelangt wandern wir neuerlich rechts mit dem gewohnten Wegweiser, bis wir erneut rechts dem Seerundweg folgen. Am ❷ **Kiosk** orientieren wir uns links Richtung »Zauberwald-Naturlehrpfad« und wandern nun bergab entlang der Ramsauer Ache. Über eine Brücke geht es mit den Wegweisern »Ramsau, Mühlsteinweg« auf die andere Bachseite. Noch vor dem urigen Wirtshaus im Zauberwald, das mit einem Abstecher eine Einkehr lohnt, gehen wir an der nächsten ❸ **Brücke** wieder auf die andere Bachseite und folgen der Alten-Hinterseer-Straße, einer ehemaligen Rodelbahn, links, zunächst leicht ansteigend, dann weitgehend eben. So wird wieder die Fahrstraße erreicht. Dort gehen wir auf dem gewohnten Weg am See zurück nach Hintersee.

Steinmännchen im Sonnenlicht an der Ramsauer Ache

Steinerne Agnes und Schlafende Hexe

Zwei sagenumwobene Damen im Lattengebirge

Mittel   8 km   1300 m   Bahn 7 Std.
Auto 6:30 Std.

Tourencharakter
Wanderwege und Steige (Tritt-
sicherheit erforderlich), Tour bei
Nässe nicht zu empfehlen

Ausgangs-/Endpunkt
Bahn/Bus: Ausgangspunkt Bahnhof
Bayerisch Gmain, Endpunkt Bus-
haltestelle Hallthurm; **Auto:** Park-
platz Wanderzentrum Bayerisch
Gmain

Anfahrt
Bahn/Bus: München–Salzburg
bis Freilassing, dann Freilassing–
Berchtesgaden bis Bayerisch
Gmain. **Auto:** A8 München–Salzburg bis Ausfahrt Berchtesgaden,
dann weiter Richtung Berchtesgaden über Bad Reichenhall nach
Bayerisch Gmain; in Bayerisch
Gmain rechts in die Lattenbergs-
straße und an
einer Straßengabelung rechts in
die Alpentalstraße bis zum Wanderzentrum fahren

Karte
AV-Karte 1:25 000, BY 20 Lattengebirge, Reiteralm

Einkehr
Unterwegs keine Möglichkeit

Information
Tourist-Info Bad Reichenhall,
Tel. 08651/6060,
www.bad-reichenhall.com

Heute begegnen wir gleich zwei sagenumwobenen Da-
men. Zunächst gehen wir am Felsen der Steinernen
Agnes vorbei, bevor wir dann der Schlafenden Hexe auf
den Pelz steigen. Diese Tour auf entlegenen Pfaden bietet
viele schöne Natureindrücke und Ausblicke.

Die Schlafende Hexe Der Rotofen im Lattengebirge wird auch die Schlafende Hexe genannt. Tatsächlich erinnert das Bergmassiv an eine liegende
Frau. Das Besondere daran ist, dass man von beiden Seiten des Felsmas-
sives, also von Norden genauso wie von Süden, diesen Anblick hat. So
sind der Kopf mit dem Kinn, die sehr markante Nase genauso wie der
Hexenbusen deutlich zu erkennen. Die Nase der Hexe ist auch als »Mont-
gelas-Nase« bekannt. Dabei bezieht man sich auf Maximilian von Mont-
gelas und die Form wie auch die Größe seiner Nase. Zwei Sagen gibt es
von der Schlafenden Hexe. Die eine berichtet, dass sie den Christen und
Missionaren nicht wohlgesonnen war. Dem Gottesmann Martinus wälzte

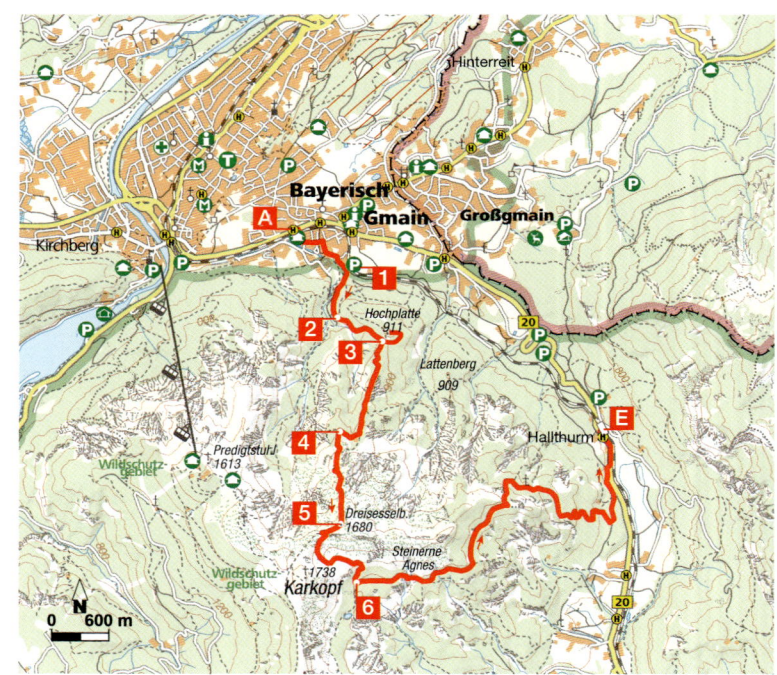

sie sogar einen dicken Felsbrocken zu Tale. Martinus hielt der Hexe ein großes Holzkreuz entgegen. Daraufhin erbebte der Berg mit einem fürchterlichen Donner. Dabei wurde die Hexe zu Boden geschleudert und versteinert, so wie sie heute noch über dem Lattengebirge liegt. Die zweite Sage berichtet, dass eine schon in die Tage gekommene Magd der Arbeit müde war. Der Jungbauer aber trieb sie weiter an. Da meinte die Magd: »Leck mich am Arsch, ich schlafe jetzt«, und so schläft sie bis heute.

Die Steinerne Agnes Damit noch nicht genug. Auch die Steinerne Agnes hat ihre ganz eigene Sage. Bei der 15 Meter hohen Felsformation aus Ramsau-Dolomit soll es sich um eine versteinerte, gottesfürchtige und keusche Sennerin gehandelt haben. Sie wurde versteinert, um sie vor den Nachstellungen des Teufels zu schützen. Aber auch hier gibt es eine zweite Version. Danach war sie ganz im Gegenteil eine

Leben und Sterben des Waldes: Blick von der Hochplatte zum Dreisesselberg

Anderswelt Wappbachschlucht: in sich gehen und Auszeit nehmen

Dirne. Die tötete ihr uneheliches Kind und wurde dafür versteinert. Das passende Ambiente zu diesen Sagen liefert die mystische Landschaft in den Nordabbrüchen des Lattengebirges zwischen den Schluchten des Wappbaches und des Weißbaches. Alte knorrige Latschen, Lärchen und Kiefern säumen den urigen Pfad. Jeder Baum ist wie ein eigenes Kunstwerk. Grandiose Ausblicke haben wir dann auf dem Weg vom Dreisesselberg hinüber zum Rotofensattel, mit der ganzen Prominenz der Berchtesgadener Alpen vom Watzmann bis zum Untersberg.

Aussichtsreiche Wanderung Bahnfahrer nehmen die Obere Bahnhofstraße bergauf. An deren Ende geht es kurz in die Lattenbergstraße nach rechts. Dann gehen wir links in die Alpentalstraße, und gelangen an einer Linkskurve vorbei am Feuerwehrhaus bis zum ❶ **Parkplatz des Wanderzentrums**. Vom Wanderparkplatz folgen nun auch die Autofahrer der Forststraße nur wenige Meter in südlicher Richtung, bis links ein Wanderpfad zur »Hochplatte« abzweigt. An einer schwer wahrnehmbaren Weggabelung geht es rechts weiter mit dem ❷ **Schild Rundweg Hochplatte**. Wir folgen dem Wanderweg Nummer 6. An der nächsten Weggabelung folgen wir dem gleichen Wanderwegweiser weiter bergauf durch den Kiefernwald. Wir kommen erneut an eine Weggabelung und folgen nun links dem Wegweiser »Rundweg Hochplatte Weg 3«, bevor dann erneut links ein Pfad mit dem ❸ **Wegweiser Oberer Rundweg Aussichtskanzel** durch die Bergwiesen zum Aussichtspunkt mit zwei Bänken abzweigt. Ein Abstecher zur westlichen Aussichtskanzel lohnt ebenso! Anschließend steigen wir

Links: Blick von der Hochplatte auf den Dreisesselberg

Mitte: Wunderschönes Ensemble: der Florianiplatz in Bad Reichenhall mit dem Hochstaufen

wieder ein kurzes Stück auf dem Hinweg von der Hochplatte ab. Dann orientieren wir uns auf dem nach Süden ziehenden Kammweg Richtung »Dreisesselberg, Toni-Michl-Steig«. Später zweigt links der Weg zum Weißbach ab, wir gehen hier geradeaus steil in Kehren weiter Richtung »Dreisesselberg, Toni-Michl-Steig«. An der nächsten ❹ **Weggabelung** geht es dann links zum Dreisesselberg. In vielen Kehren zieht der Weg, teilweise auch durch Schrofengelände, hinauf zum ❺ **Gipfel des Dreisesselberges**. In diesem Bereich ist besondere Trittsicherheit erforderlich. Vom Gipfel geht es dann bergab durch die Latschengassen Richtung »Predigtstuhl, Hallthurm«. Am nächsten Abzweig orientieren wir uns links ❻ **Richtung Hallthurm**. An der folgenden Weggabelung wandern wir geradeaus Richtung »Hallthurm über Rotofensattel«. Am Sattel angelangt führt der Wegweiser »Hallthurm« in vielen Kehren bergab durch den Bergwald. An der Einmündung zu einer Forststraße geht es mit dem Schild »Hallthurm, Bus« nach links. Am Wanderparkplatz folgen wir diesem Wegweiser neuerlich und kommen so an einer sozialtherapeutischen Einrichtung vorbei. Über eine Teerstraße gelangen wir auf die Bundesstraße. Diese wird mit Vorsicht überquert. Dann geht es entlang der Bundesstraße rechts nur wenige Meter bis zur ❼ **Bushaltestelle**. Autofahrer fahren von dort mit Bus 841 zurück nach »Bayerisch Gmain-Brücke«. Über die Lattenbergstraße folgen wir der Linkskurve, bis dann rechts die Alpentalstraße zurück zum ❶ **Parkplatz am Wanderzentrum** führt. Bahnfahrer können hier in etwa zehn Minuten zum Bahnhof in Bayerisch Gmain laufen oder bis Bad Reichenhall Hbf. fahren, um jeweils von dort mit dem Zug die Heimreise anzutreten.

Sagenumwobener Fels im Lattengebirge: die Steinerne Agnes mit Blick auf den Hochkalter

48

In der Kendlmühlfilzen

Zauberwege durchs Moor am Chiemsee

| Leicht | 14 km | 80 m | 4:30 Std. |

Tourencharakter
Breite Wege, Wanderwege, Bohlen- und Moorwege

Ausgangs-/Endpunkt
Bahn: Bahnhof Übersee;
Auto: Parkplatz Bahnhof Übersee

Anfahrt
Bahn/Bus: München–Übersee.
Auto: A 8 München–Salzburg bis Ausfahrt Grabenstätt/Übersee, dann weiter Richtung Reit im Winkl bis nach Übersee zum Bahnhof, dort befinden sich Parkplätze.

Karte
Landesamt für Vermessung und Geoinformation 1:50 000, Chiemsee, Chiemgauer Alpen

Einkehr
Alpenhof Chiemgau,
Tel. 08642/894 00,
www.alpenhof-chiemgau.de

Information
Tourist-Info Übersee, Tel. 08642/295, www.uebersee.com

Einen mystisch anmutenden Moorwurzelpfad verknüpft die aussichtsreiche Runde mit der Kirche St. Peter und Paul auf Westerbuchberg und dem Ewigkeitsweg in der Kendlmühlfilzen. Auf dem Weg liegt auch das Moor- und Torfmuseum, das seine ganz eigene Geschichte hat.

Durch das Moor Vom Bahnhof in Übersee orientieren wir uns in westlicher Richtung. Am Kreisverkehr geht es weiter über die Dorfstraße Richtung Grassau in die Ortsmitte von Übersee. Dort lohnt ein Abstecher zur ❶ **Pfarrkiche St. Nikolaus**. Weiter wandern wir auf der Grassauer Straße in südlicher Richtung. An der ❷ **Kramerstraße** folgen wir rechts dem Wegweiser »Sportplatz, Hinterbichl«. An der Rechtskurve der Straße geht es nach links mit dem Schild »Westerbuchberg« am östlichen Fuß des Westerbuchberges weiter. Ein Fußweg führt uns zum Lokal ❸ **Schöne Aussicht**. Hier überqueren wir die Straße und gehen an der Halserer-

Auf dem Ewigkeitsweg durch die Kendlmühlfilzen

bichl-Kapelle rechts Richtung »Sonnleiten«. An der nächsten Weggabelung orientieren wir uns nach rechts ohne Beschilderung, weiter am Fuße des Berges. Am folgenden Abzweig wenden wir uns neuerlich nach rechts, vorbei am Schild »Sackgasse«. Bei der nächsten Gabelung geht es geradeaus nach Westerbuchberg. Der Weg führt bergauf, im Schlussanstieg führen uns Stufen hinauf nach ❹ **Westerbuchberg**. Hier folgen wir links der Straße in die Ortsmitte vorbei am Alpengasthof zur Kirche St. Peter und Paul. Dort führt eine geteerte Fahrstraße in den Wald in westlicher Richtung. Wegabzweigungen zu beiden Seiten des Weges ignorieren wir. An der nächsten Weggabelung wenden wir uns nach links mit dem Wegweiser »Wessen, Rottau«. Am folgenden ❺ **Abzweig** gehen wir am Schild »JVA-Bernau« neuerlich nach links und folgen den Schildern »Radweg Achental« auf ebenes Gebiet. So orientieren wir uns am nächsten Abzweig in der ❻ **Ebene** rechts nach Bernau und zum Moor- und Torfmuseum. Dorthin führt ein breiter Schotterweg. Anschließend geht es weiter in westlicher Richtung direkt an der Bahnlinie entlang mit dem Schild »Bahnweg Bernau, Chiemsee«. Nach ungefähr einer Viertelstunde Gehzeit gehen wir links über eine ❼ **Holzbrücke** ohne Beschilderung. In südlicher Richtung geht es durch den Moorwald, zur Rechten fließt ein kleiner Bach. Am Waldrand angelangt, orientieren wir uns nach links und kommen am Tennisplatz vorbei. Dann folgen wir links der ❽ **Fahrstraße** zum Moor- und Torfmuseum. Dort geht es ein Stück auf dem bekannten Hinweg in östlicher Richtung nach »Westerbuchberg, Kendlmühlfilzen«. An der nächsten Weggabelung gehen wir geradeaus ohne Beschilderung weiter in östlicher Richtung auf einen Weg mit Wiesenstreifen. Im Wald folgen wir dem Pfad durch die Kendlmühlfilzen. Am nächsten Abzweig gehen wir nach rechts in den ❾ **Ewigkeitsweg** über einen schmalen Pfad mit Moorstegen. An der folgenden Gabelung geht es nach links, hier ohne Beschilderung. Dann leitet uns das Schild »Westerbuchberg« geradeaus und der Weg wird nun breiter. Am Waldrand, noch vor der Bachbrücke, gehen wir links Richtung »Westerbuchberg«. Mit diesem Hinweis wandern wir am nächsten Abzweig wieder links. Auf dem bekannten Hinweg geht es im Folgenden zurück nach Übersee.

49

Abendmahlkapelle und Bärnsee

Zwei Sagen um einen mystischen Moorsee

Leicht   8 km   260 m   3:30 Std.

Tourencharakter
Breite Wege, Wanderwege, Bohlen-
wege

Ausgangs-/Endpunkt
Bahn: Bahnhof Aschau im
Chiemgau; **Auto:** Parkplatz Bahn-
hof Aschau im Chiemgau

Anfahrt
Bahn/Bus: München–Prien, dann
Prien–Aschau. **Auto:** A 8 München–
Salzburg bis Ausfahrt Frasdorf,
nach Aschau, hier weiter nach
Sachrang bis zum Hans-Clarin-
Platz am Bahnhof Aschau

Karte
AV-Karte 1:25 000, BY 17
Chiemgauer Alpen West

Einkehr
Café Pauli, Tel. 08052/14 66,
www.cafe-pauli.de; Pizzeria
Peppino, Tel. 08052/57 62

Information
Tourist-Info Aschau,
Tel. 08052/904 90,
www.aschau.de

An den Vorbergen der Kampenwand liegt eine mythenrei-
che Gegend. Die Wanderung verbindet Aschau mit der
Abendmahlkapelle und dem Bärnsee, um den sich die
Sage von der weinenden Nonne rankt.

Die weinende Nonne Die Klosterschwestern sollen nicht in ihr kleines
Klosterkirchlein gegangen sein. Statt mit einfachen glatten Hauben beklei-
det, gingen sie mit feinen Spitzentüchern nach Aschau zum Pfarrgottes-
dienst. Nur eine Nonne blieb fromm. Deren Ermahnungen kamen aber bei
ihren Mitschwestern nicht an. Sie wusste sich nicht anders zu helfen und
so trug sie das Kruzifix aus der Klosterkirche hinauf in das kleine Kirch-
lein nach Höhenberg. Dort legte sie es nieder und weinte bitterlich. Als sie
sich danach umdrehte und vor die Kirche ging, lag anstelle des schönen
Klosters der dunkle Bärnsee.

Von der Kapelle zum See Vom Bahnhof in Aschau geht es über den Cla-
rin-Platz zur Bahnhofstraße, der wir nach rechts folgen. Am Kreisverkehr

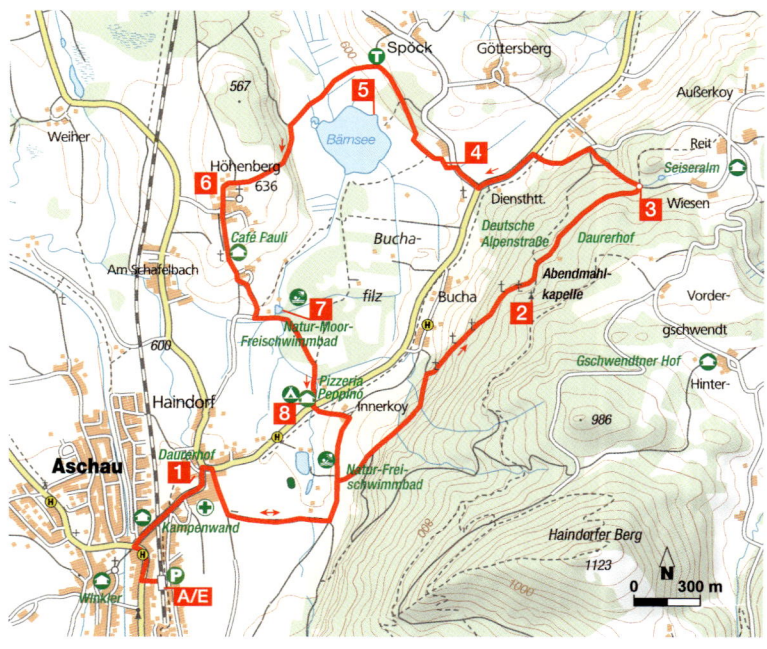

orientieren wir uns neuerlich nach rechts in die Bernauer Straße über die Bahngleise, vorbei an der Orthopädischen Kinderklinik. In der folgenden Rechtskurve nach dem ❶ **Daurerhof** biegen wir rechts in einen Feldweg ein. Am nächsten Abzweig gehen wir links Richtung »Seiserhof, Seiseralm, Gschwendtner Hof«. Mit eben diesem Hinweis geht es am nächsten Abzweig neuerlich nach links, wenig später nach rechts. Der Weg führt über eine Wiese leicht bergauf in den Wald. Wieder folgen wir dem letztgenannten Wegweiser, nun auf einem breiten Kreuzweg hinauf zur ❷ **Abendmahlkapelle**. Nach einem Abstecher dorthin, rechts bergauf, folgen wir dem Weg weiter Richtung »Seiserhof, Seiseralm«. Dabei wird der Abzweig zum Gschwendtner Hof rechts ignoriert. Es geht geradeaus weiter, neuerlich mit dem Schild »Seiserhof, Seiseralm«, dabei verengt sich der Weg im Wald zusehends. An der nächsten ❸ **Wegkreuzung** geht es dann links hinunter in Richtung »Bärnsee, Staatsstraße«. Der Fahrstraße zur Seiseralm folgen wir nun links bergab. Neuerlich links geht es auf den Rad- und Fußweg neben der Hauptstraße, bevor wir dann der Nebenstraße rechts nach »Göttersberg, Spöck« folgen. Nach wenigen Metern nehmen wir den ❹ **Wiesenweg** links zum Café Pauli und folgen dann wieder rechts dem Bärnsee-Rundweg durch den Buchenwald hinauf nach Spöck. Kurz davor wenden wir uns nach links und gehen nun um das ❺ **Nordufer des Sees**. Dann zweigt der Weg vom See rechts steil bergauf durch den Wald ab, bevor es über weite Wiesen nach ❻ **Höhenberg** geht. In der Ortsmitte gehen wir links hinunter Richtung »Café Pauli, Bärnsee-Rundweg« und weiter bergab zum ❼ **Naturmoorfreibad**. Hier folgen wir dem Schild »Naturerlebnispfad, Aschau, Bärnsee« nach Innerkoy. Am Ende des Naturerlebnispfades geht es an einer Gabelung rechts nach »Innerkoy, Pizzeria Peppino«. An der ❽ **Pizzeria** überqueren wir die Hauptstraße. Dann gehen wir auf einer Nebenstraße nach Innerkoy mit dem Schild »Aschau, Aufham« und weiter rechts über einen Wiesenweg mit dem gleichen Wegweiser. Die restliche Wegstrecke bis zum Bahnhof entspricht der des Hinweges.

Besondere Baudenkmäler: die Rastkapelle mit Blick auf Schloss Hohenaschau

50

Auf den Wendelstein

Wie der Berg zu seinem Namen kam

Mittel   13 km   1380 m   6 Std.

Tourencharakter
Breite Wege, Wanderwege, Steige (Trittsicherheit erforderlich), Tour bei Nässe nicht zu empfehlen

Ausgangs-/Endpunkt
Bahn: Bahnhof Geitau;
Auto: Parkplatz Bahnhof Geitau

Anfahrt
Bahn/Bus: München–Bayrischzell bis Geitau. **Auto:** A 8 München–Salzburg bis Ausfahrt Weyarn und weiter über Miesbach, Schliersee Richtung Bayrischzell; zunächst den Abzweig Geitau rechts ignorieren, am zweiten Abzweig den kleinen Schildern Richtung Klooleithen, Wendelstein, Geitau Bahnhof links zum Bahnhof an der Kneippanlage folgen

Karte
AV-Karte 1:25 000, BY 16 Mangfallgebirge Ost

Einkehr
Kesselalm, Tel. 08028/2602, www.kesselalm.de, Wendelsteinhaus, Tel. 08023/404, www.wendelsteinbahn.de

Information
Tourist-Info Fischbachau, Tel. 08028/876, www.fischbachau.de

Im Zeichen der Kirchen steht diese Tour, etwa der Wallfahrtskirche Birkenstein, der Feuerhörndlkapelle und des Wendelsteinkircherls. Stille Wege führen von der Kesselalm über den einsamen Schweinsberg auf den viel besuchten Wendelstein und wieder hinunter nach Geitau. Ein interessanter Kontrast.

In den dunklen Unterwelten der Wendelsteinhöhle

Aus Gold wird Eisen Viele Legenden ranken sich um den Wendelstein. Wir wollen uns dem Ursprung seines Namens widmen. Zahlreiche Höhlen gab es früher am Wendelstein. Heute sind viele von ihnen verfallen oder mit Gestrüpp bedeckt. Eine dieser Höhlen soll damals reich an Schätzen gewesen sein. Von den kleinen hilfsbereiten Bergmandln wurde die Höhle bewacht. Ganz leise verrichteten sie drum herum auch die Arbeiten der Senner, wenn es diesen wieder einmal zu viel geworden war. Ehe die Bergmandln nach getaner Arbeit die Sennhütten verließen, legten sie den hart arbeitenden Mägden schon mal eine Goldmünze zurück. Der Hüterbub konnte das alles jedoch nicht für sich behalten. Er erzählte das Geheimnis herum und so machten sich die Leute aus dem Tal hinauf zu der besagten Höhle. Zuerst wurden die Bergmandln beobachtet. Dann gingen die Leute in die Höhle unter dem Gipfel. Voller Goldgier entnahmen sie die Goldstücke. Da rumpelte es gewaltig im Berg und die Leute hielten nur noch Eisenbrocken in der Hand. Die Bergmandln waren von da an verschwunden. So wandelten sich die Schätze von Gold zu Eisenbrocken und fortan erhielt der Berg den Namen Wendelstein. Eine wirklich schöne Legende.

Blick vom einsamen Schweinsberg zum Wendelstein

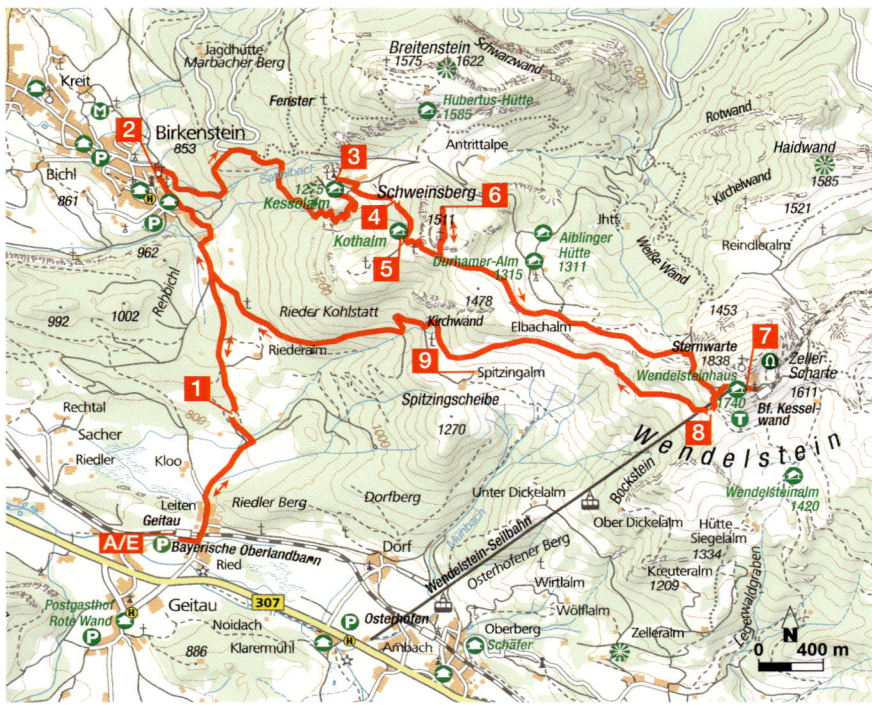

Links: Ein ganz besonderer
Ort: die Kesselalmkapelle

Mitte: Am Gachen Blick
unter dem Wendelstein

Über Birkenstein auf den Gipfel Vom Bahnhof Geitau halten wir uns links auf einer geteerten Fahrstraße. Diese gabelt sich wenig später. Hier geht es mit dem Wegweiser »Fischbachau-Birkenstein« nach links. An den nächsten Weggabelungen folgen wir dem gleichen Wegweiser. Ein Forstweg führt zunächst durch eine Allee, dann steil bergauf, später wieder eben über weite Grasflächen zu einer Schranke. Hier geht es an der ❶ **Weggabelung** rechts bergauf und mit dem Wegweiser »Kesselalm, Birkenstein« an einem Heustadel vorbei. An der nächsten Weggabelung gehen wir nur wenige Meter links bergab, dann zweigt ein Pfad rechts ohne Beschilderung zur ❷ **Wallfahrtskirche Birkenstein** ab. Nach der Besichtigung der Wallfahrtskirche nehmen wir nun den rechten bzw. südseitigen Weg am Sattelbach zur Kesselalm, queren später den Bach über eine Brücke und gehen weiter bergauf. An der Weggabelung geht es dann auf einem bequemen Almenweg hinauf Richtung »Kesselalm, Breitenstein«.

An der ❸ **Kesselalm** lohnt zunächst ein Abstecher zur Feuerhörndlkapelle. Dann geht es auf dem Forstweg weiter bergauf in Richtung »Schweinsberg, Breitenstein«. Wenig später halten wir uns rechts ❹ **Richtung Schweinsberg** weiter auf einem

Forstweg bis zur ❺ Kotalm. Hier geht es mit dem bekannten Wegweiser weiter bergauf, nun auf einem Wanderweg. Am Schweinsbergsattel angelangt, geht es dann links über einen kleinen Steig hinauf zum ❻ Gipfel des Schweinsberges. Diesem folgen wir wieder zurück zum Sattel. Jetzt gehen wir hinüber, ein Stück bergab, in Richtung »Wendelstein, Elbachalm«. Dort führt dann der Steig hinauf zur ❼ Bergstation am Wendelstein. Über die zunächst gleiche Hangseite nehmen wir den Abstieg vor, steigen dabei unter der Seilbahn ein Stück tiefer ab. Dann orientieren wir uns ❽ Richtung Spitzingalmen, Geitau. Auf einem Höhenpfad führt der Weg, nun leicht abfallend, über die ❾ Spitzingalmen. Im Wald mündet der Wanderpfad auf einen breiteren Almenweg, dem wir bergab durch den Bergwald folgen. Im Talgrund wenden wir uns nach links Richtung Geitau auf dem bereits bekannten Hinweg zurück zum Bahnhof.

Übrigens: Wer nicht absteigen möchte, kann auch mit der Seilbahn nach Osterhofen abfahren. Von dort ist es dann nicht weit zum Bahnhof. Hier bringt der Zug die Autofahrer nach Geitau und die Bahnfahrer in Richtung München.

51

Spitzingsee und Grünsee

Fließt das Wasser unterirdisch in den Inn?

Mittel	7 km	700 m	5 Std.	

Tourencharakter
Breite Wege, Wanderwege, Steige und Pfade (Trittsicherheit erforderlich), Tour bei Nässe nicht zu empfehlen

Ausgangs-/Endpunkt
Bahn/Bus: Haltestelle Spitzingsee Taubensteinbahn; **Auto:** Parkplatz Spitzingsee Taubensteinbahn

Anfahrt
Bahn/Bus: München–Bayrischzell bis Fischhausen-Neuhaus und weiter mit Bus 9562 bis Spitzingsee Taubensteinbahn.
Auto: A 8 München–Salzburg bis Ausfahrt Weyarn und weiter über Miesbach, Schliersee nach Fischhausen-Neuhaus und zum Spitzingsee bis Parkplatz Taubensteinbahn

Karte
AV-Karte 1:25 000, BY 15 Mangfallgebirge Mitte

Einkehr
Alte Wurzhütte, Tel. 08026/60680, www.alte-wurzhuette.de; Berggasthaus Willy Merkl Haus, Tel. 08026/71262; Albert-Link-Hütte (Abstecher), Tel. 08026/71264, www.davplus.de

Information
Tourist-Info Schliersee, Tel. 08026/60650, www.schliersee.de

Vom sagenumwobenen Spitzingsee geht es zum grünen Auge, dem Grünsee. Dazwischen liegen Stolzenberg, Rotkopf und Stümpfling auf einer traumhaften Kammwanderung, Trittsicherheit vorausgesetzt.

Der unterirdische Fluss Die Legende vom Spitzingsee besagt, das sich dort ein geheimnisvoller Strudel befindet, der mit dem Inn verbunden sein soll. So seien im See drei Männer ertrunken, die allesamt wieder in Wasserburg am Inn angeschwemmt wurden. Eine Ente kam ebenfalls in diesen Strudel, tauchte auch am Inn bei Wasserburg auf, allerdings immer noch fröhlich schnatternd. Den Beweis, dass es sich um die Ente vom Spitzingsee han-

delt, blieb man allerdings schuldig. Schön ist es im letzten Sonnenlicht am See, dann wenn die Sonne einen mystischen Streif über das Wasser zieht und sich die Wellen im Föhnwind kräuseln. Auf dem Stolzenberg haben mich die alten Baumriesen beeindruckt, abgestorben, von Wind und Wetter zerzaust, bilden sie wahre Kunstwerke. Eine schöne Wanderrunde mit vielen magisch-mystischen Momenten.

Seenrunde Von der Talstation der Taubensteinbahn begeben wir uns nach rechts in nordwestlicher Richtung auf den Spitzingseerundweg. Auf diesem Weg laufen wir um den See, bis die ❶ **Wurzhütte** und der Bootsverleih am Südufer des Sees erreicht sind. Hier folgen wir dem Wegweiser zur Albert-Link-Hütte in den Roßkopfweg in Bachnähe, dabei passieren wir ein Skigebiet und wandern zuletzt in südlicher Richtung. An einer Weggabelung nahe den ❷ **Valepper Almen** wenden wir uns nun rechts steil bergauf zu den Haushamer Almen mit den Wegweisern »Stolzenberg, Roßkopf«. An den ❸ **Haushamer Almen** geht es rechts mit dem Schild »Roßkopf über Grünsee« vorbei am Grünsee. Etwas Gespür für die Wegführung ist in diesem Abschnitt erforderlich. Anschließend wandern wir weiter zum ❹ **Roßkopf**. Hier folgen wir dem Wegweiser »Stolzenberg« nach links. Dieser Wegweiser leitet uns auch im Weiteren über den Kammweg unterhalb des Rotkopfes. Ein kurzes Stück geht es dann bergab, bevor der Anstieg zum ❺ **Stolzenberg** ansteht. Im Abstieg gehen wir mit den Wegweisern »Spitzingsee-Ort« über Bergwiesen auf einen Pfad bergab zu den ❸ **Haushamer Almen**. Dieses Wegstück sollte man bei trockenen Wegverhältnissen angehen, da es sonst leicht eine Rutschpartie geben könnte. Die restliche Wegstrecke entspricht der des Aufstieges bis zur ❶ **Wurzhütte**. Dort gehen wir dann auf dem östlichen Seeuferweg vorbei am Arabella-Hotel zum Parkplatz und zur Bushaltestelle an der Taubensteinbahn. Somit hat man auch den Spitzingsee komplett umrundet.

Auf die Brecherspitz

Wo einst die Hexen tanzten

Schwer   8 km   560 m   3:30 Std.

Tourencharakter
Breite Wege, Wanderwege, seilversicherter Steig (Trittsicherheit und Schwindelfreiheit erforderlich), Tour bei Nässe nicht zu empfehlen

Ausgangs-/Endpunkt
Bahn/Bus: Haltestelle Spitzingsattel; **Auto:** Parkplatz Spitzingsattel

Anfahrt
Bahn/Bus: München–Fischhausen-Neuhaus und weiter mit Bus 9562 nach Spitzingsee bis Spitzingsattel.
Auto: A 8 München–Salzburg bis Ausfahrt Weyarn und weiter über Miesbach, Schliersee Richtung Bayrischzell; nach Fischhausen-Neuhaus rechts bis zum Spitzingsattel; bei starkem Verkehr am Schrägparkplatz Bahnhof Fischhausen-Neuhaus parken und mit Bus 9562 nach Spitzingsee bis Spitzingsattel fahren

Karte
AV-Karte 1:25 000, BY 15 Mangfallgebirge Mitte

Einkehr
Obere Firstalm (Abstecher), Tel. 08026/73 02, www.firstalm.de

Information
Tourist-Info Schliersee, Tel. 08026/606 50, www.schliersee.de

Ein Hexentanzplatz soll die Brecherspitz gewesen sein. Der Berg bietet ein Traumpanorama von den Hohen Tauern im Süden bis nach München im Norden. Zudem ist der Anstieg ab dem Spitzingsattel relativ kurz, weshalb sich hier auch eine Halbtagestour anbietet.

Mystische Abendstimmung Keine Frage, im Herbst an sonnigen Wochenenden braucht man hier oben schon mal Platzkarten. Doch in den frühen Morgen- und Abendstunden haben Sie diesen Berg für sich, der dann seine ganz eigene Aura entfaltet. Ich hatte Lust, den Berg an einem mystischen Sommernachmittag zu besteigen. Donnergrollen und dunkle Wolken zogen herum und tauchten die Brecherspitz in ein mystisches Licht, wenn sich der Berg kurz zeigte. Als das Gewitter abzog, stieg ich hinauf und die Abendsonne tauchte die Landschaft in sanfte Farben.

In der Welt der Hexen Eine Senke im Boden, die von einem ringförmigen Wall umgrenzt wird – noch heute lässt sich der Hexentanzplatz auf der Brecherspitz erkennen. Er galt seit jeher als unheimlich. Die Pyramide des Berges fasziniert mit ihrer ungewöhnlichen Form. Ein besonderes Schauspiel ist es, wenn an Tagen mit Hochnebel die Pyramide des Gipfels mystisch aus den Nebelschwaden ragt. Bei solchen Wetterlagen steht man hier oben wie in einer anderen Welt.

Alte, windzerzauste Fichten im Abendlicht unter der Brecherspitz

Über Almwiesen zum Gipfel Vom Spitzingsattel gehen wir auf dem breiten Schotterweg hinauf Richtung »Obere Firstalm, Brecherspitz«. Zur Orientierung: Hier steht eine Schranke am Beginn des Weges, an der die Öffnungszeiten der Oberen Firstalm angebracht sind. Der breite Schotterweg zieht steil den Berg hinauf, weiter oben folgt ein Flachstück. Noch vor Erreichen der Oberen Firstalm führt uns der ❶ **Wegweiser Richtung Brecherspitz** nach rechts. An der nächsten Gabelung folgen wir neuerlich diesem Schild nach rechts. In Kehren zieht der Weg über die Almwiesen weiter bergauf und gewinnt dabei deutlich an Höhe. Auf dem ❷ **Sattel** angelangt lohnt ein Abstecher zur Freudenreichkapelle links. Andernfalls gehen wir weiter in östlicher Richtung zur Brecherspitz. Es folgt ein teilweise seilversicherter Kammweg, der Aufmerksamkeit und Trittsicherheit verlangt, bevor der Schlussanstieg hinauf zum ❸ **Gipfel** durch die Latschengassen genommen wird. Der Abstieg erfolgt auf dem bekannten Hinweg zurück zum Spitzingsattel.

Ein abenteuerlicher Kammweg führt vom Freudenreichsattel hinüber zur Brecherspitz.

53

Riederstein und Baumgartenschneid

Wo der Jäger vom Bären gerettet wurde

Mittel   11 km   Bahn 770 m   Bahn 5:15 Std.
                  Auto 700 m   Auto 4:45 Std.

Tourencharakter
Breite Wege, Wanderwege und Steige (Trittsicherheit erforderlich), Tour bei Nässe nicht zu empfehlen

Ausgangs-/Endpunkt
Bahn/Bus: Tegernsee, Haltestelle Schwaighof; **Auto:** Tegernsee, Wanderparkplatz Riederstein

Anfahrt
Bahn/Bus: BOB München Tegernsee und weiter mit Bus 9556 Kreuth, 9560 Monialm oder 9559 Ringlinie A bis Tegernsee Schwaighof.
Auto: A8 München–Salzburg bis Holzkirchen, dann über Gmund nach Tegernsee und weiter Richtung Rottach-Egern; in Tegernsee-Schwaighof links der Riedersteinstraße bis zum Wanderparkplatz Riederstein folgen

Karte
AV-Karte 1:25 000, BY 15 Mangfallgebirge Mitte

Einkehr
Gasthaus Riederstein, Tel. 08022/ 27 30 22, www.berggasthaus-riederstein-am-galaun.de

Information
Tegernseer Tal Tourismus, Tel. 08022/ 92 73 8 60, www.tegernsee.com

Von Tegernsee geht es auf die Riedersteinkapelle. Einer Sage nach wurde hier ein Jäger von einem Bären gerettet. Der Jäger gelobte daraufhin, die Kapelle zu bauen. Weiter geht es dann auf die Baumgartenschneid mit Traumblick auf den Tegernsee.

Bären-Legende Die Legende der Riedersteinkapelle besagt, dass ein Jäger auf einem Felsensporn einem Bären begegnete. Der Jäger konnte gerade noch einen Schuss auf den Bären abfeuern, bevor dieser ihn angriff. Der Bär fiel über die Felsklippen zu Tal und stöhnte furchterregend. Doch dann verlor der Jäger im steilen Gelände den Halt. Noch im Fallen rief er »Heilige Mutter Gottes, hilf mir«, obwohl es eigentlich keine Rettung mehr gab. Da geschah ein Wunder und der Jäger landete genau auf dem weichen Fell des Bären. Zum Dank erbaute er eine Kapelle, die der Gottesmutter Maria geweiht wurde. Auf dem Felsen vor der Kirche kann man tatsächlich in die senkrechten, felsigen Abgründe blicken. Im milden Licht der Nachmittagssonne zieht der Tegernsee mystische Silberstreifen über das Wasser, die der seichte Sommerwind

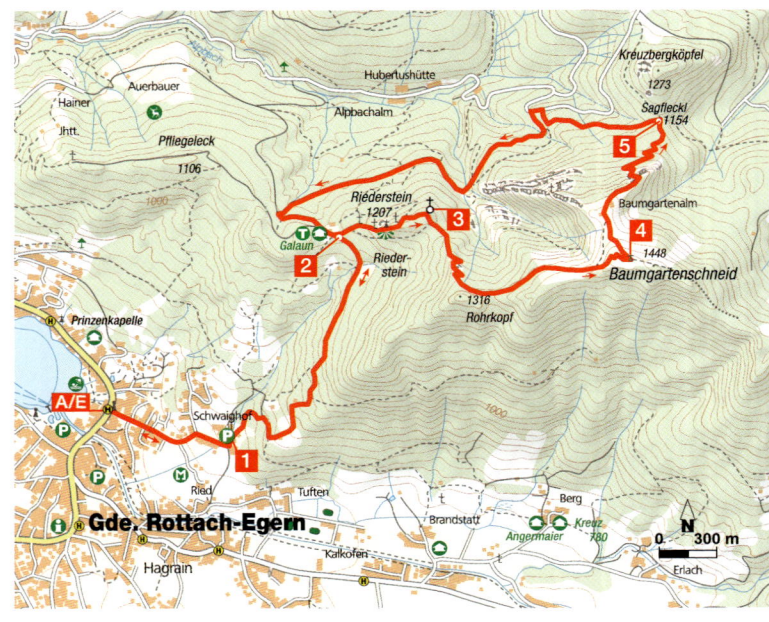

wie ein Relief aufraut. Was für eine Stimmung, die dem Riederstein eine ganz besondere Aura verleiht. Das gilt auch für die Mariengrotte, die wir beim Aufstieg über den Kreuzweg zum Riederstein passieren. Kerzen sind um die Gottesmutter aufgestellt, daneben steht eine Bank.

Über die Kapelle zum Gipfel Bahn- und Busfahrer gehen von der Bushaltestelle Tegernsee-Schwaighof hinauf in die Riedersteinstraße. Das Schild »Galaun, Baumgartenschneid« geleitet uns hier. Die Straße endet an einem ❶ **Wanderparkplatz**, dem Ausgangspunkt für Autofahrer. Von hier wandern wir Richtung »Galaun, Baumgartenschneid« bis zum Berggasthof Riederstein auf einem Schotterweg. Zunächst führt der Weg sehr steil bergauf, dann verläuft er in mäßiger Steigung. Kurz vor dem Gasthof wenden wir uns nach rechts und folgen dem Wegweiser ❷ **Richtung Riederstein**. Sogleich gabelt sich der Weg. Es geht über den linken Weg mit dem Schild »Riederstein über Kreuzweg und Treppen« bis zur ❸ **Riedersteinkapelle**. Nach der Besichtigung der Kapelle folgen wir dem Wegweiser »Baumgartenschneid« auf einem Kammweg durch den Wald. Zwei Abzweigungen nach rechts mit dem Schild »Galaun« werden ignoriert. Weiter geht es bergauf zur ❹ **Baumgartenschneid** über den Kammweg am Rohrkopf vorbei. Vom Gipfel aus gehen wir in nördlicher Richtung auf dem Kamm bergab über die Baumgartenalm in Richtung »Alpbachtal, Prinzenweg«. An der Wegkreuzung des Sagflecks halten wir uns links ❺ **Richtung Alpbachtal, Tegernsee**. So gelangen wir auf einen breiten Forstweg, auf dem es nur wenige Meter nach links geht. Am Wegdreieck orientieren wir uns neuerlich links Richtung »Galaun, Tegernsee«. Der Forstweg gewinnt dabei zwischenzeitlich wieder etwas an Höhe. Dann geht es abermals links nach »Galaun, Riederstein«. Kurz nach dem Gasthof Riederstein gelangen wir so wieder auf der Anstiegsroute zurück nach Tegernsee-Schwaighof.

Links: Am Riederstein: Hier soll der Jäger vom Bären gerettet worden sein.

Rechts: Ein ganz besonderer Ort: die Mariengrotte unter dem Riederstein

54 Rund um den Wallberg

Die Sage vom Gloggnersee

Mittel | 13km | 750m | 4:15Std.

Tourencharakter
Breite Wege, Wanderwege

Ausgangs-/Endpunkt
Bus: Haltestelle Talstation Wallberg-
bahn; **Auto:** Parkplatz Talstation
Wallbergbahn

Anfahrt
Bahn/Bus: München–Tegernsee
und weiter mit Bus 9550 Pertisau
oder 9556 Wildbad Kreuth,
Klamm, Kreuth bis Wallbergbahn.
Auto: A8 München–Salzburg bis
Ausfahrt Holzkirchen und weiter
über Gmund und Bad Wiessee
nach Rottach-Egern/Weissach dann
weiter Richtung Achensee bis Abzweig Wallbergbahn

Karte
AV-Karte 1:25 000, BY 15 Mangfallgebirge Mitte

Einkehr
Wallberghaus, Tel. 08022/62 88,
www.wallberghaus.de; Wildbach-
hütte, Tel. 08022/70 44 63 3,
www.wildbachhuette.de; Almhof
Enterrottach, Tel. 08022/56 41

Information
Tourist-Info Rottach-Egern,
Tel. 08022/67 31 00,
www.rottach-egern.de;
Wallbergbahn,
Tel. 08022/70 53 70,
www.wallbergbahn.de

Rund um den Wallberg geht es über die mystischen Rottacher Wasserfälle zum Gloggnersee. Der kleine Weiher ist
in der Karte als Widrigsee oder Glocknersee eingetragen.
Wir sind der Sage des Sees auf der Spur. Eine spannende
Wanderrunde mit angenehmer Auffahrt.

Der versunkene Goldschatz Der Gloggnersee liegt am Fuße des Wallber-
ges, am Ende des Rückweges dieser Tour. Er hat weder Zu- noch Abfluss
und befindet sich in einer Senke, umgeben von Weideflächen. Um ihn
rankt sich eine Sage. Demnach waren die Mönche vom Tegernsee auf der
Suche nach einem neuen Versteck für ihren alten Schatz. Abends im Winter fuhr ein Fuhrwerk nach Enterrottach. Die Kiste auf dem Wagen des
Fuhrwerkes war mit einem Tuch zugedeckt. Um nicht aufzufallen, fuhr
man abseits der Straße. Am Gloggner Weiher wollte der Fahrer des Fuhrwerkes abkürzen und über das Eis des zugefrorenen Sees fahren. Mitten
auf dem Weiher zerbarst das Eis, Ross und Begleitung versanken im See.
Nach vielen Jahren entdeckten zwei Bauern einen metallisch glänzenden

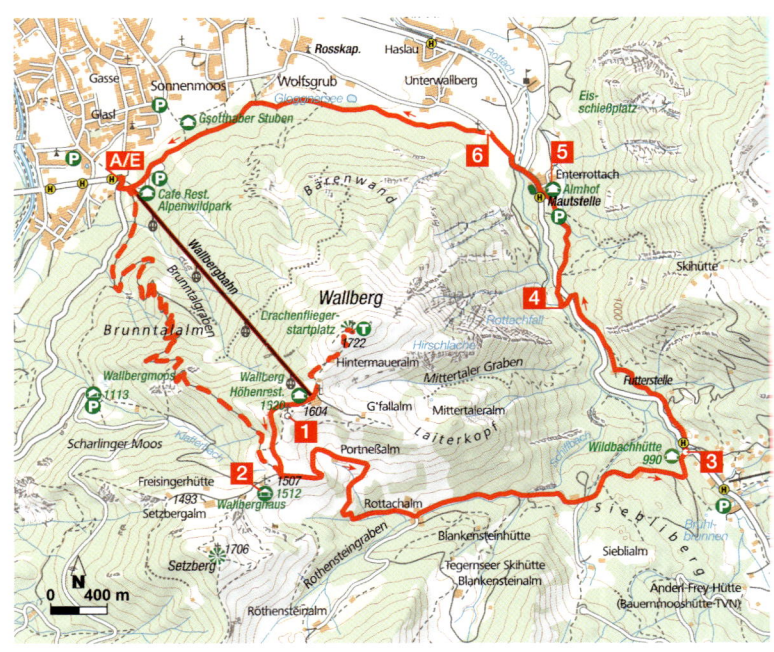

Gegenstand auf dem Grund des Sees. Hastig und mit viel Kraft und Ziehhaken holten Sie die Truhe bis kurz vor die Oberfläche des Sees. Doch der sumpfige Boden gab nach, der Ziehhaken rutschte ab und die Kiste fiel zurück in den See. Nur noch das Klirren der Goldstücke war in der Kiste zu hören. Nie mehr hat man seitdem etwas von der Goldkiste am Gloggnersee gehört. Eine wirklich schöne Sage.

Bequem bergab Nach der Auffahrt mit der Wallbergbahn kann man zunächst das ❶ **Wallbergkircherl** besichtigen. Die Kirche bildet ein eindrucksvolles Motiv, an föhnigen Tagen zeigt sich die Zugspitze im Hintergrund. Nun wenden wir uns bergab zum ❷ **Wallberghaus**. Davor orientieren wir uns nach links. Ein bequemer Almenweg führt in vielen Kehren bergab Richtung »Rottachalm, Sutten« durch den Pfenniggraben. Weiter geht es am Schiffbach entlang hinunter nach Sutten. Im Talgrund überqueren wir die Mautstraße in Nähe des ❸ **Sutten-Parkplatzes** und nehmen den Fußweg auf der anderen Bergseite bergab Richtung »Rottacher Wasserfälle, Enterrottach«. Der Wegweiser zur Bodenschneid rechts wird im Folgenden ignoriert. Dann gelangen wir zu den ❹ **Rottacher Wasserfällen** über die Mautstraße. Besondere Vorsicht ist hier angesagt. So folgen wir dem Stufenweg bergab zu den Wasserfällen. Danach nehmen wir den kurzen Gegenanstieg zur Mautstraße. Diese wird neuerlich überquert. Weiter geht es auf dem Fußweg nach Enterrottach hinunter. Etwa 300 Meter gehen wir neben der Straße vorbei am ❺ **Wirtshaus Enterrottach**, überqueren die Rottach und folgen gleich darauf dem ❻ **Weg zur Wallberg-Talstation**. An der nächsten Gabelung nehmen wir mit diesem Wegweiser den linken Weg am Waldrand unweit des Gloggnersees, der möglicherweise durch den Weidezaun nicht zu erreichen ist. Durch den Wald geht es dann weiter zurück zur Wallberg-Talstation.

Plankenstein oder Blankenstein? Zwei Namen, ein Berg, rechts daneben der Risserkogel

Durch die Lange Filze

Anderswelten im Murnauer Moos

Leicht · 12 km · 60 m · 4:30 Std.

Tourencharakter
Breite Wege, Wanderwege, Bohlenweg, Rad- und Fußweg

Ausgangs-/Endpunkt
Bahn: Bahnhof Grafenaschau in
Westried; **Auto:** Parkplatz Bahnhof
Grafenaschau in Westried

Anfahrt
Bahn/Bus: München–Garmisch bis
Murnau und weiter Richtung
Oberammergau bis Grafenaschau
(Westried). **Auto:** A 95 München–
Garmisch bis Ausfahrt Großweil,
Murnau und weiter nach Murnau;
dann Richtung Bad Kohlgrub und
in Westried am Ortsende links nach
Grafenaschau und gleich wieder
links in die Moosrainerstr. zum
Bahnhof Grafenaschau in Westried

Karte
Landesamt für Vermessung und
Geoinformation 1:50 000, Pfaffen-
winkel

Einkehr
Café Habersetzer, Tel. 08842/
498 55, www.cafe-habersetzer.de

Information
Tourist-Info Ohlstadt, Tel. 08841/
74 80, www.ohlstadt.de

Die Lange Filze liegt am nordwestlichen Rand des Murnauer Mooses. Die mystischen Anderswelten bezaubern
mit Moorbirken, Latschen und Kiefern auf einem romantischen Bohlenweg. Dabei reihen sich die Berge von der
Benediktenwand bis zum Ettaler Manndl wie an einer Per-
lenkette auf.

Bärenlegende In Grafenaschau lohnt ein Besuch der Kirche St. Wolfgang.
Einer Legende nach gingen drei Buben der Familie Hohenleitner um 1517
auf das Feld. Sie sollten dort das Vieh hüten. Der jüngste, Heinrich, sollte
schon bald wieder nach Hause gehen. Doch er verirrte sich im Wald. Nach
drei Tagen konnte man den Jungen wohlbehalten auffinden, da er von
einem kinderfreundlichen jungen Bären beschützt worden war. Ein Votiv-
bild in der Kirche berichtet von diesem Ereignis, es befindet sich gleich
hinter dem Eingang rechts an der Wand.

Bohlenweg durchs Moos Vom Bahnhof Grafenaschau in Westried wenden
wir uns in westlicher Richtung der Moosrainerstr. bergab zu. Bereits an

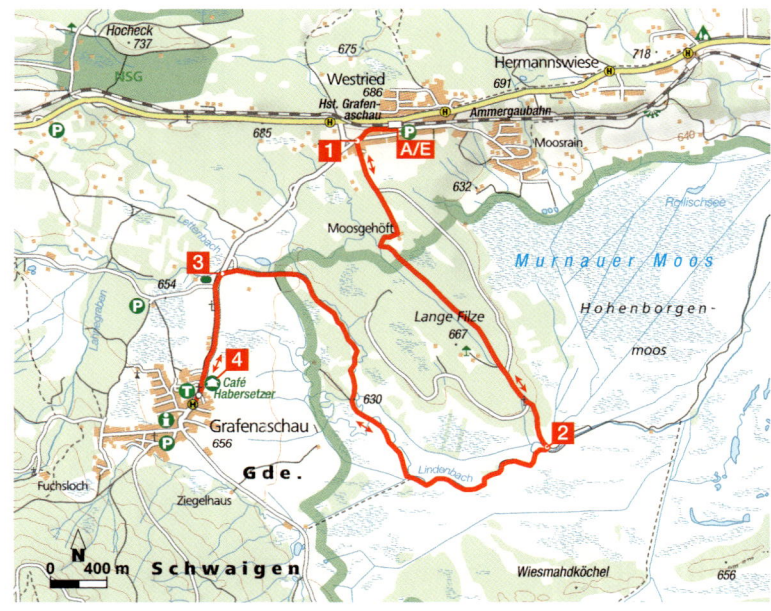

der **❶ zweiten Abzweigung** biegen wir links ab mit dem Schild »Moosrundweg 5«. Ein breiter Schotterweg führt hier in südlicher Richtung in den Wald. An der nächsten Gabelung im Wald geht es dann geradeaus mit dem Schild »Murnauer Moosrundweg 5«. Mit diesem Wegweiser gehen wir um ein Anwesen im Wald herum, dann ist auch schon der Bohlenweg erreicht, der in südlicher Richtung durch die Lange Filze führt. Am Ende des Bohlenweges folgen wir wieder den gewohnten Wegweisern, bis eine Weggabelung erreicht ist, an der wir rechts einem Radwegweiser folgen. An der nächsten Weggabelung geht es geradeaus, wieder mit dem Schild »Murnauer Moosrundweg 5«. Anschließend wandern wir über eine Hangstufe leicht bergab aus dem Wald in das offene Gelände des Murnauer Mooses. Nach Überqueren der Bachbrücke wenden wir uns nach rechts und folgen einem **❷ breiten Schotterweg** neben dem Lindenbach, in Richtung Grafenaschau. Am Ende des Weges geht es dann links auf einem **❸ Rad- und Fußweg** neben der Straße bis zum **❹ Café Habersetzer**. Der Rückweg zum Bahnhof Grafenaschau entspricht dem Hinweg, so können wir den schönsten Abschnitt des Murnauer Mooses noch einmal genießen.

Links: Der Weg ins Nirwana: der Bohlensteg durch die Lange Filze

Rechts: Traumlandschaften im Moor der Langen Filze

Allgäu

Der Grünten gilt als »Wächter des Allgäus« (o. l.); Wasser hat den Eistobel geformt (u. l.); Ständiger Begleiter im Ostallgäu: Der Säuling hinter dem Weißensee (o. r.); mystische Momente erlebt man an den zahlreichen Seen des Allgäus (u. r.)

56

Teuflisches Geschoss

Von Roßhaupten an den Forggensee

Leicht · 11 km · 170 m · 3:30 Std.

Tourencharakter
Abwechslungsreiche Voralpentour –
sowohl vom Charakter der Wege
wie von der Natur. Am Forggensee
und am Drachenweg teils schmale
Waldpfade, auf dem Römerweg
meist Asphalt

Ausgangs-/Endpunkt
Roßhaupten

Anfahrt
Bahn/Bus: Mit dem Zug nach Seeg
und per Bus nach Roßhaupten.
Auto: Auf der A 7 bis zur Ausfahrt
Nesselwang und über Seeg nach
Roßhaupten

Einkehr
Mehrere Cafés und Restaurants in
Roßhaupten

Karte
Kompass 1:50 000, Nr. 188
Ostallgäu/Kaufbeuren

Information
Tourist-Info Roßhaupten, Tel.
08367/364, www.rosshaupten.de

Rund um einen Stein, den der Leibhaftige höchstselbst in Richtung Roßhaupten geschleudert haben soll, führt diese Rundtour. Dabei bezieht sie den Drachen- und den Römerweg mit ein und bietet schmale Waldpfade direkt am Forggenseeufer.

Teufelswerk, Drachen und zur Abwechslung auch reale Geschichte bietet diese Tour rund um Roßhaupten. Dabei zeigt sie drei verschiedene Gesichter: Der Drachenweg führt viel durch Wald. Teils über breite Forstwege, teils über dünne Pfade geht es durch eine kleine Schlucht ans Was-

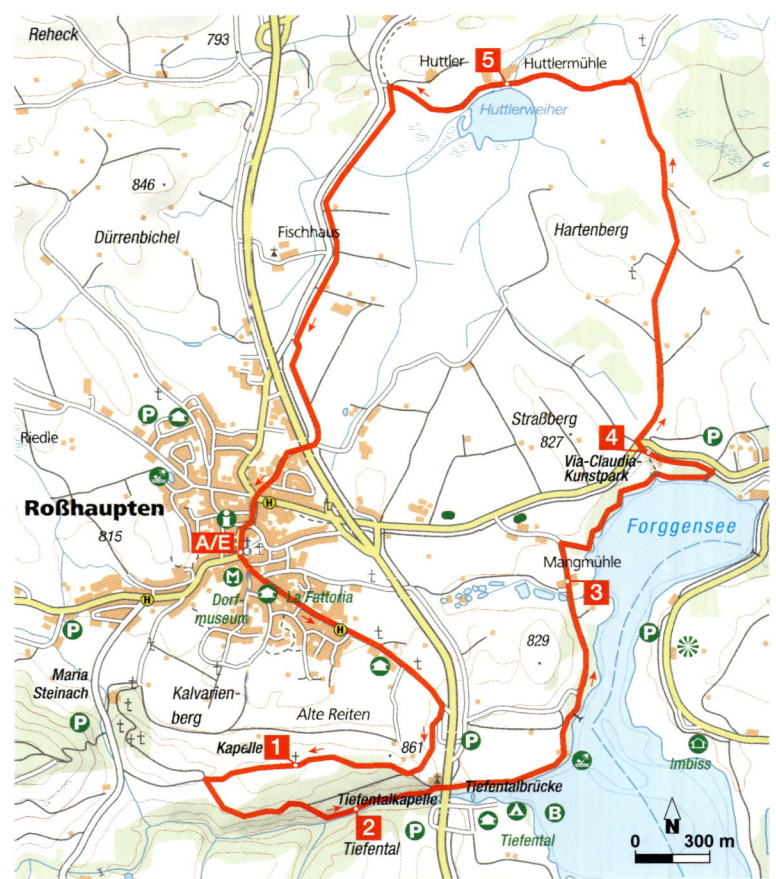

ser. Dem Nass bleibt der schmale Uferpfad am Forggensee stets recht nahe. Zum Auslaufen dient dann der Via-Claudia-Rundweg entlang der alten Römerstraße. Über den Huttlerweiher geht es zurück nach Roßhaupten.

Diese Pausenbank am Forggensee ist wohl eher etwas für trockenere Tage.

Teufelswerk Der geeignetste Startpunkt dieser Tour ist der Dorfplatz, wenig nördlich der Kirche. Dort lässt sich auch das Auto kostenlos abstellen. Direkt am Gotteshaus vorbei führt der Weg dann auch in wenigen Minuten ans Steinkreuz vor dem Ort. Ginge es nach dem Teufel, würde der tonnenschwere Steinbrocken, auf dem das Kreuz steht, auf den Trümmern der Kirche liegen. Er selbst soll ihn vom Säuling (Tour 58) abgebrochen haben, um zu verhindern, dass sie fertiggestellt wird. Doch als die Glocken läuteten, verließen ihn die Kräfte und der Brocken landete dort, wo er auch heute noch liegt. Nahe am Steinernen Kreuz macht eine Tafel auf den Drachenweg aufmerksam. Dieser lässt sich wunderbar in unsere Rundtour einbauen. Somit geht es an der B16 nicht auf schnellstem Weg zum Forggensee, sondern in den Wald und bergauf in Richtung »Alte Reiten«. Oben an der ❶ **Kapelle** über einem Skilift angekommen, bietet sich ein toller Blick auf Roßhaupten. Nach etwa 250 Metern verlässt ein schmaler Pfad auf der linken Seite den breiten Weg. Dieser Abzweig führt über Wiesen wieder zurück in den Wald und am Drachenbrünnle mit seinem angeblich heilenden Wasser entlang. Wie an mehreren Stationen des Wegs steht auch an dem Brunnen eine Tafel mit Infos und Geschichten rund um den Drachenweg. Texte und Bilder dafür haben die Grundschüler des Orts geliefert.

Drachenland Doch was hat es mit den Drachen eigentlich auf sich? Schon seit dem Frühmittelalter siedelten Alemannen im Ostallgäu. Für diese Nachfolger der Römer war das zerklüftete Land mit seinen Mooren und Wäldern Drachenland. Um die meist fiesen Ungeheuer ranken sich jede Menge Mythen. Erst der heilige Magnus soll im 8. Jahrhundert im ❷ **Tiefental** einen Drachen erlegt haben. Dieses kleine Tal ist nach dem Brunnen auch das nächste Ziel der Tour. Wieder ist es ein schmaler, aber gut ausgebauter Pfad, der in die »Drachenschlucht« hinabführt. Unten empfangen einen das dichte Grün der Moose und das plätschernde Wasser eines kleinen Bachs. Malerisch geht es an bemoosten Bäumen vorbei, während die Farbe des Wassers langsam von grün auf milchig blau wechselt. Bald geht es wieder in ein paar Serpentinen hinauf und unter der B 16 entlang zum Forggensee.

Der Drachenweg erschließt ruhige Wälder bei Roßhaupten.

Pfadfinder Langsam öffnet sich der Blick auf den See und der Pfad passiert eine schöne Badestelle. Auch wenn der Forggensee hier groß erscheint: Diese Tour streift nur einen winzigen Teil von Bayerns fünftgrößtem See. Bald taucht der Weg jedoch wieder in den Wald ein und wird wieder so schmal, dass man hintereinander gehen muss. Der fast schon verschlungene Pfad bewegt sich stets zwischen Wald und See. An einem Campingplatz für Jugendgruppen, rechts des Wegs, geht es auf eine freie Fläche hinaus und zur ❸ **Mangmühle.** Ein Wanderschild in dem eingezäunten Gelände zeigt, dass es mitten durch den Hof mit seinen vielen (eingezäunten) Haustieren hindurchgeht. Keine Sorge auf dem kurzen anschließenden Asphaltstück: An einer Linkskurve zweigt rechts wieder der Pfad ab. Immer nah am Wasser führt er mit etwas Auf und Ab an den nördlichsten Punkt des Sees. An einer Y-Gabelung ohne Schilder geht es dort links, also bergauf, zur Straße OAL1. Auf dem Geh- und Radweg Richtung Roßhaupten ist schnell der ❹ **Kunstpark Via Claudia** mit unterhaltsamen Schnitzereien erreicht. Dort beginnt der dritte Teil der Wanderung: die flache Runde entlang der Römerstraße. Seit sie damals in das nur dünn besiedelte Allgäu einmarschiert waren, legten die Römer zahlreiche Siedlungen, Wehranlagen und Wege an. Die Via Claudia Augusta war dabei eine der wichtigsten Straßen in Süddeutschland. Sie verband die Donau mit Augusta Vindelicorum (Augsburg) und Foetibus (Füssen). Meist über Asphalt, auch etwas über Kies führt sie über einen Via-Claudia-Meilenstein zum ❺ **Huttlerweiher** mit tollen Ausblicken auf die Ammergauer und Tannheimer Berge. Einer kleinen, wenig befahrenen Nebenstraße folgt die Runde nun zurück nach Roßhaupten. Unter der B 16 hindurch geht es über die Augsburger- und Hauptstraße zurück zum Dorfplatz.

Rechte Seite:
Ein verschlungener Pfad führt am Ufer des Forggensees entlang.

57

Rund ums Märchenschloss

Auf den Tegelberg und nach Neuschwanstein

Mittel 17 km 1100 m 7 Std.

Tourencharakter
Lange Runde, anfangs auf steilen
Bergpfaden, später auf breiteren
Forstwegen, auf denen es auch im-
mer wieder mal kurz bergauf geht.

Ausgangs-/Endpunkt
Talstation Tegelbergbahn,
Schwangau

Anfahrt
Bahn/Bus: Mit dem Zug nach Füssen und per Bus zur Tegelbergbahn. **Auto:** Auf der A 7 bis nach
Füssen. Immer den Schildern nach
zur Tegelbergbahn in Schwangau

Einkehr
Tegelberghaus,
Tel. 08362/8980,
www.tegelberghaus.de

Karte
Kompass 1:50 000, Nr. 4 Füssen/
Außerfern

Information
Tourist-Info Schwangau,
Tel. 08362/81980,
www.schwangau.de

Rund um eines der berühmtesten Schlösser der Welt führt
die Tegelbergrunde. Dabei zeigt sie ganz verschiedene Gesichter: Vom steilen, waldigen Aufstieg in der Nähe der
Bergbahn über Pfade und Forstwege bis hin zum Touris-
tenrummel am Schloss Neuschwanstein.

Es ist der Mythos schlechthin, der uns auf dieser Runde begleitet: Das
Leben und der bis heute rätselhafte Tod König Ludwigs II. Schloss Neuschwanstein, für das heute alle den »Kini« lieben, bildet den Mittelpunkt
unserer durchaus alpinen Runde.

Auf zum Tegelberghaus Am Fuß des Märchenschlosses startet der Aufstieg zum Tegelberg. Wer diesen gegen klingende Münze mit der Bahn
abkürzen will, kann gleich zum nächsten Absatz springen, wird aber auch
einiges verpassen. Am Parkplatz halten wir uns links der Sommerrodelbahn und folgen den stets vorhandenen Schildern auf dem sogenannten
Schutzengelweg zum Tegelberghaus. Wo im Winter Skifahrer hinabdon-

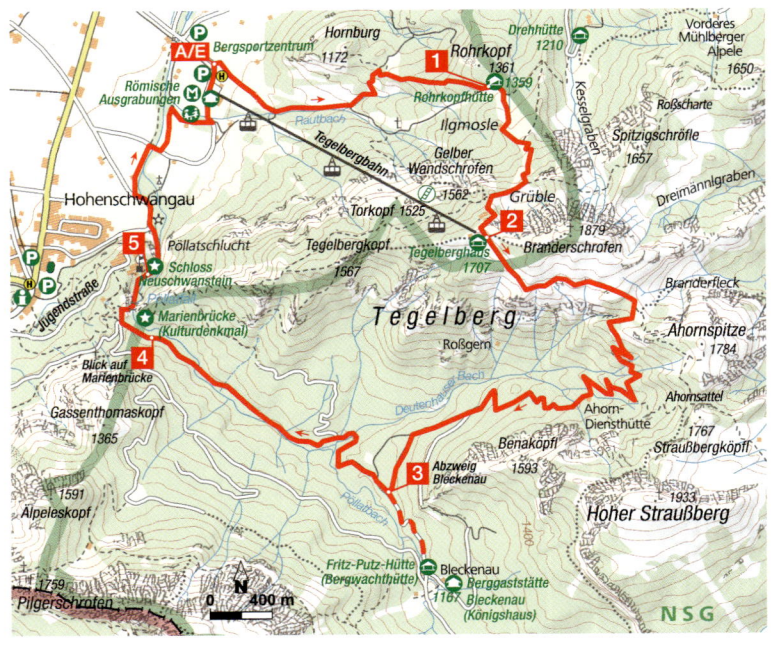

nern, blühen im Frühjahr die Wiesen. Doch bald leitet uns der Wanderweg nach links in den Wald. Nun folgt die eine oder andere Serpentine und rechts tauchen zwischen den Bäumen Ludwigs Schloss und der Alpsee auf – ein königliches Fotomotiv! Wenn wir nach eineinhalb Stunden an der ❶ **Rohrkopfhütte** ankommen, haben wir bereits über die Hälfte des Aufstiegs zum Tegelberghaus geschafft. Allerdings liegen noch ein Großteil der Rundtour und mindestens fünf reine Wanderstunden vor uns. Nach der Lichtung, auf der die Hütte liegt, tauchen wir wieder in den Wald ein, durch den wir uns bergauf arbeiten und dann nach Süden auf die Skipiste queren.

Immer wieder ergeben sich auf dieser Runde Blicke auf Schloss Neuschwanstein.

Dabei lassen die skurrilen Felstürme halb rechts vor uns Dolomitengefühle aufkommen. Doch unter uns erstreckt sich das Ostallgäu mit dem Hopfen- und Forggensee. Wir queren die grüne Piste und steigen durch einen markanten Felsdurchlass in karges Gelände. Dann geht es in einer Rechts-Links-Rechts-Kombination, zwischendurch anstrengend über steile Stufen, zum ❷ **Tegelberghaus**.

Abstieg durchs Grüne In die nächste Etappe geht die Wanderung hinter dem Haus: Jetzt geht es mitten in die Ammergauer Alpen hinein, zu denen der Tegelberg streng genommen schon zählt. Wir queren die steilen Grashänge des Branderschrofens und vorbei ist es mit der Aussicht auf das flache Seenland. Wald und dramatische Felswände, früh im Jahr von Schneefeldern durchsetzt, bestimmen nun das Bild. Noch folgen wir einem steinigen Pfad, doch weiter unten sehen wir bereits die Schotterpiste, die unterhalb von Ahornspitze und -sattel in Richtung der Berggaststätte Bleckenau führt. Mit so langsam platten Füßen und Blick auf die Uhr stellt sich am ❸ **Abzweig zur Bleckenau** die Frage, ob wir den zehnminütigen Abstecher dorthin in Kauf nehmen sollen. Wer eine Entscheidungshilfe braucht: Auch das ehemalige Jagdhaus hat royale Wurzeln. Ob mit oder ohne Einkehr – weiter geht es auf einem kleinen Asphaltsträßchen entlang der Pöllat in Richtung Neuschwanstein. Dabei bietet sich ein ❹ **spektakulärer Blick** auf das Schloss und die Marienbrücke.

Pittoresker Abschluss Spektakulär wird es auch am ❺ **Schloss** selbst, wo wir in ein Gewimmel und Gewusel von Touristen aus aller Welt eintauchen. Einen landschaftlichen Leckerbissen zum Abschluss bietet der weitere Abstieg durch die Pöllatschlucht. Dabei zeigt sich die Marienbrücke noch mal von einer fotogenen Perspektive, diesmal von unten mit pittoreskem Wasserfall. Die zuerst noch ruhige Pöllat lädt dazu ein, den malträtierten Füßen ein Bad zu gönnen. Doch bald wird die Schlucht enger und Metallgitter an einer senkrechten Felswand leiten zu ihrem Ausgang, an dem wir nach rechts abbiegen. Breite Wege führen durch Wiesen zur Talstation der Tegelbergbahn zurück.

58

Eine »verdammte« Tanzfläche

Auf dem Gipfelplateau des Säulings

Schwer   6,5 km   1150 m   5:30 Std.

Tourencharakter
Bergtour, die Schwindelfreiheit und Trittsicherheit voraussetzt. Zwar sind exponierte Kraxeleien meist mit Ketten und Drahtseilen entschärft, doch sollte niemand diese beliebte Tour unterschätzen.

Ausgangs-/Endpunkt
Pflach

Anfahrt
Bahn/Bus: Mit der Außerfernbahn nach Pflach. **Auto:** Über die A7 durch den Grenztunnel bis zur Ausfahrt Reutte-Nord. Dort bis nach Pflach fahren und direkt am Ortsausgang nach links über die Gleise zum ausgeschilderten Parkplatz Säulinghaus

Einkehr
Säulinghaus, Tel. +43/676/94 13 77 5, www.saeulinghaus.at

Karte
Kompass 1:50 000, Nr. 4 Füssen/Außerfern

Information
Tourismusverband Naturparkregion Reutte, Tel. +43/5672/623 36, www.reutte.com; Tourist-Info Schwangau, Tel. 08362/819 80, www.schwangau.de

Kein anderer Berg springt vom Ostallgäu aus so ins Auge: Majestätisch und steil erhebt sich der Säuling hinter den Seen des Füssener Lands. Auf seinem Gipfelplateau tanzen der Sage nach Hexen und bringen Unheil über die Bewohner des Tals.

Wer schon ein wenig im Ostallgäu unterwegs war, kennt ihn: den Säuling. Es ist beinahe egal, an welchem See oder Schloss man wandert, er zieht die Blicke auf sich. Schroff und felsig überragt der 2047-Meter-Riese seine Nachbarn. Bereits von der Autobahn aus ähnelt er einer mehr als einen Kilometer hohen Säule und wird so seinem Namen gerecht. Doch obwohl die Tour auf diesen Paradeberg beliebt ist, sollte keiner sie unterschätzen. Wer hinaufwill, muss auch im steilen Gelände und mit einigen Höhenmetern in den Beinen noch sicher steigen können. Bei der hier beschriebenen Tour vom österreichischen Pflach aus zeigt der Säuling zudem, dass er ein echter Verwandlungskünstler ist: Von Westen gesehen präsentiert er sich als zackige Mauer. Nebendran liegt der Pilgerschrofen

(1759 Meter), von dem aus die zwölf Apostel in Richtung Hauptgipfel ziehen – biblische Namen treffen also auf dunkle Mächte. Über die Gratköpfe führt übrigens eine heikle Kletterei für Spezialisten. Doch auch auf den Säuling gelangt keiner, ohne seine Hände zu gebrauchen.

Über dem nebelverhangenen Tal leuchtet der Säuling im Abendlicht.

Aufwärts mit Aussicht Der Parkplatz bei Pflach ermöglicht es, diesen beliebten Berg auf weiten Strecken etwas stiller zu erleben. Denn erst, wer es auf das Plateau unter dem Gipfel geschafft hat, sieht die weltberühmten Schlösser Neuschwanstein und Hohenschwangau aus der Vogelperspektive – und entgeht damit dem Touristenrummel. Zudem meidet der sparsame Wanderer mit dem Startpunkt Pflach die horrenden Parkgebühren an den Königsschlössern. Nach wenigen Minuten auf einem dünnen Sträßchen biegt bald rechts der ❶ | ❼ **ausgeschilderte Fußweg** zum Säuling ab. Er schlängelt sich durch schönen Bergwald und kreuzt die Straße nur ein paarmal. Wer am Parkplatz noch den Eindruck hatte, er müsse zuerst einmal ein gutes Stück an den Berg heranwandern, hat sich geirrt. Schon nach wenigen Minuten geht es aufwärts. Durch Lücken im Wald tun sich dabei immer bessere Ausblicke auf Reutte, das Lechtal und die östlichen Tannheimer Berge auf. Doch was die Wanderer am Säuling erwartet, ist nicht weniger spektakulär. Unaufhaltsam strebt der Weg hellen, senkrechten Kalkwänden entgegen, streift diese fast und macht dann einen

Hinter dem Gipfel mit Kreuz versteckt sich ein noch etwas höherer Aufschwung.

Bogen zum ❷ | ❻ Säulinghaus. Es liegt in den letzten Bäumen vor einem Schotter-kar, am Fuß einer steilen Bergflanke und weckt schon die Vorfreude auf eine Einkehr beim Abstieg.

Nicht ganz ohne Vom Haus aus gesehen flößt der Weg, der vor einem liegt, Respekt ein. Fast senkrecht sieht vor allem der untere, schrofige Teil des Aufschwungs aus. Wer noch einigermaßen früh dran ist, minimiert das Steinschlagrisiko durch voraus-gehende und vor allem absteigende Wanderer deutlich. Nicht ganz ohne ist der Weg nach oben: Von links nach rechts zieht ein steiler, aber gut gesicherter Steig durch die Wand, Ketten und Drahtseile entschärfen vor allem ausgesetzte Stellen. Der stellen-weise glatt polierte Fels zeugt von zahlreichen Begehungen. Bei Nässe wird der Steig also schnell ungenießbar. Ist es aber trocken, macht es richtig Spaß, an den Steighilfen nach oben zu turnen.

Auf das Hexabödle Bald legt das Gelände sich wieder etwas zurück. Ein steiniger Pfad strebt in Serpentinen dem Plateau entgegen, auf das auch der Weg mündet, der von Hohenschwangau kommt. Im Sattel angekommen, ist Durchatmen angesagt: Nach der steilen Flanke sorgt der ebene und breite Platz für Entspannung, gewährt Blicke in die Ammergauer Alpen und nun endlich auch auf die Königsschlösser. Im Norden breitet sich das Ostallgäu mit seinen Seen aus. Auch das Gipfelkreuz ist nun deutlich zu sehen. Doch trotz des hohen Wohlfühlfaktors ist dieser Ort auch als

❸ | **❺** Hexabödle bekannt. Dorthin sollen die bösen Zauberinnen unschuldige Opfer verschleppen und mit Tänzen in den Wahnsinn treiben. Ebenso soll ein unterirdischer Gang von dort aus bis zur versunkenen Stadt im Auerberg hinunterführen.

Zwei Gipfel Doch Gipfelstürmer wollen in die andere Richtung – nach oben. Über den breit ausgetretenen Weg gelangen sie in wenigen Minuten an die Gipfelfelsen. Hier kommen zwar noch einmal die Hände zum Einsatz, doch die Schwierigkeiten halten sich in Grenzen. Oben angelangt, zeigt der Berg wieder ein neues Gesicht und stellt gleich zwei **❹** Gipfel zur Auswahl: Das große Kreuz steht auf dem etwas niedrigeren, zu dem ein kurzer Grat führt. Der eigentliche höchste Punkt ist auf luftigem Pfad zu erreichen und muss sich mit einem Mini-Kreuz begnügen. Zwar war die Aussicht schon während der ganzen Tour toll, doch gesellt sich nun auch das Zugspitzmassiv dazu. Wie ein blaues Auge im dunklen Grün der bewaldeten Ammergauer Berge linst ein Eck des Plansees in direkter Sichtlinie zum höchsten Gipfel Deutschlands hervor. Wer sich sattgesehen hat, will sich vielleicht auch noch satt essen. Dazu empfiehlt sich auf jeden Fall eine ausgedehnte Pause am Säulinghaus. Denn so schön es oben auch ist, auf dem Abstieg wartet noch einmal die Schrofenflanke. Wer sich dort vorsichtig hinuntergearbeitet hat, ohne einen Stein loszutreten, hat sich eine kräftige Einkehr an der gemütlichen Hütte verdient. Denn danach wartet ein zwar ungefährlicher, aber langer Abstieg ins Tal.

Blick vom sagenhaften Hexentanzplatz auf die Ammergauer Alpen.

Romantische Burgen-runde und Rundumsicht

Zu Hohenfreyberg und Eisenberg

Mittel 15,5km 425m 4:30Std.

Tourencharakter
Lange Wanderung, meist auf wenig
befahrenen Straßen, teils auf Feldwegen. Kurze steilere Stücke auf
Wanderpfaden an den Ruinen

Ausgangs-/Endpunkt
Freibad Weißensee

Anfahrt
Auto: Auf der A 7 bis zur Ausfahrt
Füssen und über die B 310 bis
zum Freibad zwischen See und
Oberkirch

Einkehr
Schlossbergalm, Burgweg 50,
87637 Eisenberg, Tel. 08363/
17 48, www.schlossbergalm.de

Karte
Kompass 1:50 000, Nr. 4 Füssen/
Außerfern

Information
Touristikbüro Eisenberg,
Tel. 08364/12 37,
www.eisenberg-allgaeu.de

Eine lange Rundwanderung führt mit prächtigem Berg-blick durch die Ostallgäuer Voralpenlandschaft. Als Höhe-punkte der Tour protzen die Burgruinen Hohenfreyberg und Eisenberg, die direkt nebeneinander thronen.

Über Straßen durch die Weiler Wer nicht nur die Burgen sehen, sondern auch einen Tag inmitten der harmonischen Hügel des Ostallgäus verbrin-gen möchte, fährt von Norden kommend an den Ruinen vorbei, bis an den Weißensee. Gegen Gebühr lässt es sich am Freibad parken, direkt an der Straße von Füssen nach Nesselwang. Auf der anderen Straßenseite beginnt die Wanderung, die gute 15 Kilometer später und mit garantiert schwere-ren Beinen dort wieder enden wird. Wir wandern nach links und schon nach wenigen Metern recht steil bergauf durch den Weiler Hinteregg nach ❶ Wiedmar. An einem Hof unterqueren wir die Scheunenzufahrt und wandern dann flacher an Thal und Wies vorbei zum Burgstall Unter-deusch. Lange bestimmen der nahe Zirmgrat und der Falkenstein mit sei-ner berühmten Burg die Sicht. Doch nach und nach tauchen dahinter der Breitenberg, der seinen Namen völlig zu Recht trägt, und die abweisende Nordseite des Aggensteins auf. An einer Weggabelung halten wir uns nun rechts, passieren Oberdeusch und steigen ein Stück nach ❷ Holz ab. Dort wiederum folgen wir der Straße nach links, an einem Wald entlang. Kurz bevor wir Zell erreichen, fallen die Burgen das erste Mal ins Auge.

Zu den Ruinen hinauf In ❸ Zell geht es an der Pfarrkirche St. Moritz vorbei und am Ortsende beginnt der Anstieg zu den Ruinen, der von dort aus noch eine gute halbe Stunde in Anspruch nimmt. Stören kann hier der manchmal rege Autoverkehr auf dem schmalen Sträßchen zur Schloss-bergalm. Dafür präsentiert sich die Alm nach rund sieben Kilometern Marsch als willkommener Ort zur Einkehr. Von dort aus sind es nur noch wenige Minuten auf einem steilen Pfad, der zur ❹ Ruine Eisenberg auf 1055 Meter Höhe hinaufführt. Auf dem benachbarten Gipfel liegt die ❺ Burg Hohenfreyberg.

Rückweg mit Ausblick Weil wir uns für die große Runde entschieden ha-ben, steht uns ab den Burgen noch ein langer Rückweg bevor. Dieser hält landschaftlich aber locker mit dem Hinweg mit – schließlich haben wir die Berge, allen voran den Säuling, nun die ganze Zeit direkt vor der Nase.

Die Ruine von Burg Eisenberg ist noch gut erhalten.

Als Erstes geht es aber einen Waldpfad nach Eisenberg hinunter. Das nächste Ziel heißt nun Unterdolden. Es ist zwar nicht der direkteste Weg, doch ist es landschaftlich schöner, in Eisenberg zuerst ein Stück in Richtung Zell zu laufen, um nach einigen Minuten die Straße zu überqueren und einem alten gelben Schild zu folgen. Es geht an einem Bienenhaus und abermals unter einer Scheunendurchfahrt entlang, weiter nach Speiden und von dort aus in zehn Minuten über Asphalt nach Unterdolden. Nach diesem Ort wandern wir in Richtung Oberreuten. Nach einer Y- und einer T-Kreuzung zweigt links ein Feldweg ab. Wir folgen ihm immer geradeaus. Landschaftlich wieder sehr reizvoll führt er ans Südende des kleinen Orts, von dem aus es wieder über Straße bis zum Weiler ❻ **Benzen** geht. Dort biegen wir rechts ab und erreichen schließlich nach einigem Auf und Ab an Brand und Schwarzenbach sowie an Waldstücken und einem Bächlein vorbei wieder unseren Ausgangspunkt.

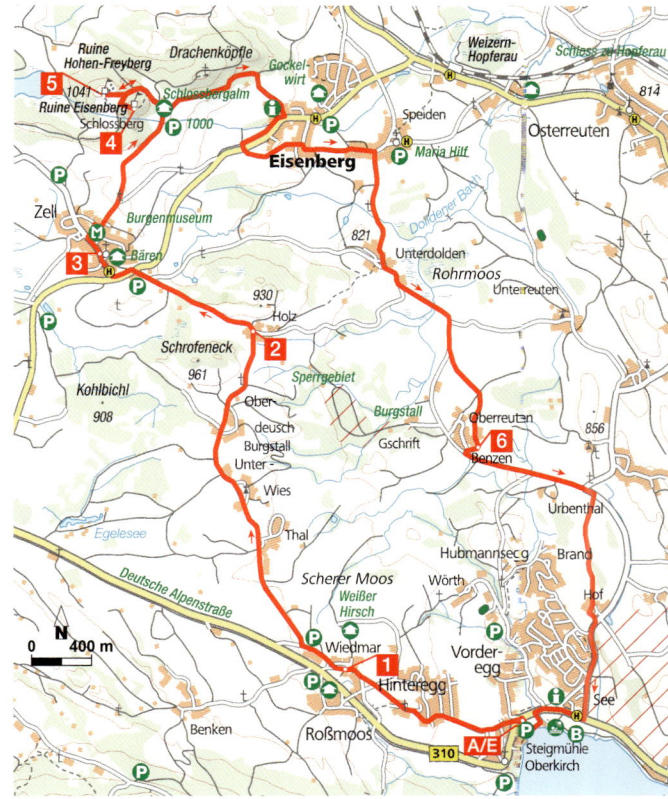

60

Wahrzeichen der Allgäuer Berge

Wanderung rund um die Höfats

Mittel · 23 km · 1050 m · 7:00 Std.

Tourencharakter
Meist breite Wege mit wechselnd starker Steigung. Pfad zum Älpele-sattel steil, auch der Abstieg zur Käseralpe verlangt etwas Tritt-sicherheit.

Ausgangs-/Endpunkt
Oberstdorf

Anfahrt
Bahn/Bus: Mit dem Zug nach Oberstdorf. **Auto:** Über die A7, A980 und B19

Einkehr
Dietersbachalpe, Käseralpe

Karte
Kompass 1:50000, Nr. 3 Allgäuer Alpen/Kleinwalsertal; Mayr 1:35000, Nr. 5 Tiroler Lechtal

Information
Tourismus Oberstdorf, Tel. 08322/7000, www.oberstdorf.de

Viel haben Liebhaber der Allgäuer Alpen bereits über die Höfats geschrieben. Sie ist der Berg schlechthin in der Region. Doch sie zu besteigen ist gefährlich und liegt nicht jedem – daher stellen wir hier eine Runde um den Berg vor.

Start mit respektvollem Abstand Da fast alle Oberstdorfer Seitentäler für den öffentlichen Autoverkehr gesperrt sind, beginnt unsere Wanderung mit respektvollem Abstand zum Berg. Vom Parkplatz Renksteg, südlich von Oberstdorf, folgen wir der asphaltierten Straße zum Golfplatz. An der Wegkreuzung dort geht es nach links, immer in Richtung Dietersbachtal. Das Gleiche gilt für die nächste Gabelung, an der sich starke Blicke auf das Horn der Trettachspitze und die Felsruine des Kratzers bieten. Nun steigt das Sträßchen für eine Weile stark an, bevor es nach einigen Windungen ❶ **Gerstruben** erreicht. Allein diese unter Denkmalschutz stehende Berg-siedlung ist einen Besuch wert: Hinter den mehr als 400 Jahre alten Holz-häusern ragt die Höfats in den Himmel – noch ist nur eine Spitze zu sehen. Hinter Gerstruben ist dann Schluss mit Asphalt, doch der Weg bleibt breit

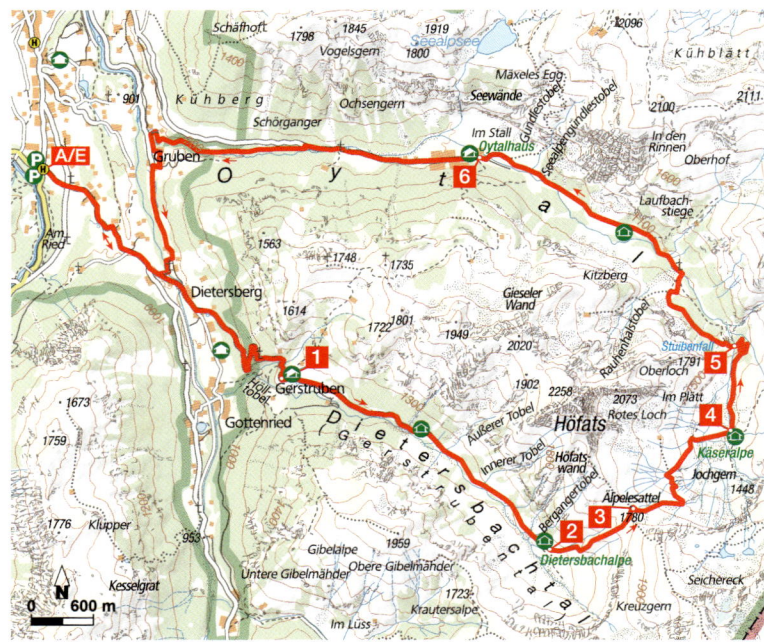

und steigt bis zur ❷ Dietersbachalpe nicht mehr stark an. Rechts und links zeigt sich die Landschaft immer wilder: Grasige, teils noch baumbestandene Rippen ziehen hinauf. Zwischen ihnen klaffen unwirtliche Tobel und über ihnen türmen sich bizarre Felsformationen auf.

Kuchen im Talschluss Die Alpe liegt fast im Talschluss und bietet Gelegenheit, sich vor dem anstrengendsten Teil der Tour noch mal mit einem Kuchen von Wirtin Vefi Bickel zu stärken. In der Richtung, in

Hinter der historischen Siedlung Gerstruben ragt die Höfats in den Himmel.

die wir bisher gelaufen sind, riegelt das 2384 Meter hohe Raueck das Tal ab. Die Höfats liegt praktisch direkt über der Dietersbachalpe. Die einzige Schwachstelle im Gelände bietet der ❸ Älpelesattel – unser nächstes Ziel. Statt auf breiten Wegen steigen wir nun über einen schmalen Pfad steil bergauf, teils über hohe Stufen. Doch es lohnt sich. Die ganze Umgebung imponiert mit ihrer schroffen Wildheit, und so drängt sich auf dem Sattel eine Pause geradezu auf.

Am Riesenwasserfall vorbei Wir machen uns auf den Weg zur ❹ Käseralpe. Etwas weniger steil als auf der anderen Seite schlängelt sich der Pfad zu den grünen Böden inmitten der schroffen Berge An der urigen Hütte im innersten Oytal bietet sich wieder eine Einkehr an – jedoch mit Blick auf die Uhr, denn es liegen noch rund drei Stunden Marsch vor uns. Dieser erfolgt nun wieder auf breitem Weg und bald wechselt der Untergrund zu Asphalt. Es geht nun steiler bergab und nach drei Serpentinen stellt sich an einer Brücke ganz automatisch wieder Staunen ein: Mit Wucht donnert der ❺ Stuibenfall in die Tiefe. Über ihm ragt der Seilhenker steil und düster auf. Auf der anderen Seite haben wir beste Sicht auf den Rädlergrat, der scharf zum Himmelhorn hinaufzieht. Bald führt der Weg wieder steil bergab, bis wir schließlich den

Auf dem Weg zum Älpelesattel formen grasige Rippen ein landschaftliches Kunstwerk.

Stuibenbach überqueren. Der weitere Weg durch das Oytal zieht sich flacher hin. Spätestens am ❻ Oytalhaus lohnt sich noch mal der Blick zurück: Im Hintergrund präsentiert der Schneck, ein weiterer prominenter Allgäuer Grasberg, seine geriffelte Flanke. Noch einmal besonders reizvoll zeigt sich der Dr.-Hohenadl-Weg, der gut eineinhalb Kilometer hinter dem Haus links abzweigt. Auf Tuchfühlung zum Oybach führt er nach Gruben, von wo aus ein Weg entlang der Trettach wieder zum Golfplatz leitet. Von dort aus erreichen wir auf bekanntem Weg den Parkplatz Renksteg

61

Durch den Allgäuer Canyon

Von der Breitachklamm ins Kleinwalsertal

Mittel | 13km | 300m | 4:00Std.

Tourencharakter
Eigentlich leichte Tour auf gut ausgebauten Wegen. Doch mit Nässe
oder Schnee steigen die Schwierigkeiten, vor allem in der schattigen
Klamm, rasch an.

Ausgangs-/Endpunkt
Tiefenbach

Anfahrt
Bahn/Bus: Mit dem Zug nach
Oberstdorf und per Bus nach
Tiefenbach. **Auto:** Über die A 7,
A 980 und B 19 Richtung Oberst-
dorf, vor dem Kreisverkehr am
Ortsbeginn nach Tiefenbach abbie-
gen und der Beschilderung zur
Breitachklamm folgen

Einkehr
Waldhaus, Tel. +43/5517/68 23,
www.waldhaus-riezlern.at

Karte
Kompass 1:50 000, Nr. 3 Allgäuer
Alpen/Kleinwalsertal; Mayr
1:35 000, Nr. 5 Tiroler Lechtal

Information
Tourismus Oberstdorf,
Tel. 08322/70 00,
www.oberstdorf.de

Immer am Wasser entlang leitet die Wanderung durch die spektakuläre Breitachklamm bis ins österreichische Klein-walsertal und wieder zurück. Die Klamm ist dabei so schön, dass es kein Makel ist, sie auch auf dem Rückweg wieder zu durchschreiten.

Eingang in die Schlucht Eins sei gleich vorweg gesagt: Einsam wird es in der Klamm nicht. Sie ist eine der Touristenattraktionen schlechthin und entsprechend gut besucht. Wer sie gesehen hat, weiß warum. Wer sein Wegegeld entrichtet hat, läuft mit wenigen Schritten an die Breitach, die sich wirklich nur ganz kurz noch einigermaßen zahm zeigt. Nachdem es unter einem Felsübergang ums Eck geht, gewährt ein kleiner Tunnel wei-teren Zugang in die Klamm. Bereits mit Wucht strömt das Wasser unter dem Weg in Richtung Iller. Ab und zu verirrt sich sogar noch ein Sonnen-strahl in die Schlucht. Es ist breit genug, dass noch Bäume und Sträucher wachsen. Doch das ändert sich bald.

Wo der Zwinggeist spukt Ein großer Gumpen markiert, dass es nun in den ❶|❾ **Zwing** geht, den zentralen Teil der Klamm. Zwischen fast 90 Meter hohen Felswänden donnert das Wasser hindurch. Es lohnt sich

Ein schöner Pausenplatz ist das
Waldhaus hinter der Klamm.

also auch mal, nach oben zu blicken, um die Dimensionen der Schlucht besser zu begreifen. Wenig verwunderlich ist es, dass es ausgerechnet an dieser Stelle spuken soll. Ein reicher Walser ist seit seinem Tod dazu verdammt, in der Schlucht sein Unwesen zu treiben. Er hatte schon immer als Geizkragen gegolten, hatte sich aber während einer Hungersnot der Unmenschlichkeit schuldig gemacht: Er ließ seine Vorräte lieber vom Zwingsteg – der aufmerksame Nach-Oben-Seher wird ihn entdecken – in die Schlucht werfen, als sie mit den Armen zu teilen. Bald nach dem Steg endet die offizielle, also eintrittspflichtige Klamm. 1995 hat die Natur hier mit einem Felssturz einen massiven Riegel gesetzt. Die Schlucht und auch unsere Wanderung sind jedoch noch längst nicht vorbei. Eine Treppe führt zur ❷ | ❽ Bergkasse auf der Ostseite hinauf.

Über die Grenze Wir gehen nach rechts, weiter durch die Schlucht, die jetzt wieder breiter wird. Doch noch immer windet sich der Weg abenteuerlich an Felswänden entlang. Erst an der nächsten Weggabelung, wo der Weg auch wieder auf die Westseite wechselt, öffnet sich das Gelände deutlich. Oberhalb, an der Straße, liegt die Walserschanz. Sie markiert die Grenze nach Österreich. Doch der Wanderweg entlang der Breitach bleibt noch länger in Deutschland. Erst etwa eine halbe Stunde nach dem Klammausgang überschreitet auch er die ❸ | ❼ **Grenze**. Die nächste Station heißt ❹ | ❻ **Waldhaus** – mit seinen Holzschnitzereien ein schöner Ort zur Einkehr, jetzt oder besser auf dem Rückweg. Denn wer noch mehr sehen will, folgt der Breitach noch eine halbe Stunde. Bald lockt ein besonderer Pausenplatz: Inmitten üppigen Grüns laden zwei geschwungene Holzliegen zur Brotzeitpause im römischen Stil ein.

Eine neue Schlucht Besonders schön wird das Tal der Breitach noch mal unter der unübersehbaren Straßenbrücke, die nach Schwende führt: Es verengt sich zur grünen Schlucht, in der Holzstege an Felsen vorbeiführen. Unten fließt der Fluss, rechts sprenkelt und träufelt meist Wasser über die Felsen, was für pittoreske Details sorgt. Bald trifft der Weg nach einer kurzen Rechtskurve auf ein Asphaltsträßchen. Weil der Weg nach einer Brücke die Breitach verlassen würde, ist dies auch ein geeigneter ❺ **Umkehrpunkt**, um die Breitachklamm noch einmal von der anderen Seite zu erleben – dabei fallen garantiert wieder neue Details ins Auge. Und schließlich wartet ja auch noch das gemütliche Waldhaus.

62

Abstieg in die Unterwelt

Über den Sagenweg in die Sturmannshöhle

Leicht   **2 km**   **200 m**   **2 Std.**

Tourencharakter
Leichte, kurze Tour auf breiten Wegen durch Wald. Aufstieg zur Höhle über Asphalt. Für die Höhle sind feste Schuhe empfehlenswert.

Ausgangs-/Endpunkt
Obermaiselstein

Anfahrt
Auto: Über die B 19 nach Fischen, dort rechts nach Obermaiselstein und zur ausgeschilderten Höhle abbiegen. Start des Sagenwegs ist an der Engstelle der Straße nach Tiefenbach.

Einkehr
Kassenkiosk am Fuß des Höhleneingangs

Karte
Kompass 1:50 000, Nr. 3 Allgäuer Alpen/Kleinwalsertal

Information
Gästeinfo Obermaiselstein,
Tel. 08326/277,
www.obermaiselstein.de

Wilde Fräulein, ein Schatz und ein Drache – den Sagen sind fast keine Grenzen gesetzt, wenn sich im Berg ein mehr als 70 Meter tiefer Felsspalt auftut. Der Sagenweg zur Sturmannshöhle geht ihnen auf den Grund.

Im Allgäu gibt es nur eine einzige Schaugrotte: die Sturmannshöhle im Bauch des Schwarzenbergs, die zwischen den Orten Obermaiselstein und Tiefenbach liegt und gut erreichbar ist. Kein Wunder also, dass sich um diesen über 70 Meter tiefen Spalt, den das Wasser in den Fels gefressen hat, zahlreiche Sagen gesponnen haben. Ob nun die gutmütigen Wilden Fräulein oder ein gefährlicher Drache dort hausen, bleibt der Fantasie überlassen. Viele Fakten darüber, wie die Höhle entstand und wie die Einheimischen sie erschlossen, gibt es dagegen bei den geführten Touren. Sie stellen die einzige Möglichkeit dar, in die Grotte vorzudringen.

Start durch den Hirschsprung Die Wanderung über den Sagenweg beginnt gleich mit einem landschaftlichen Leckerbissen. An der Straße zwi-

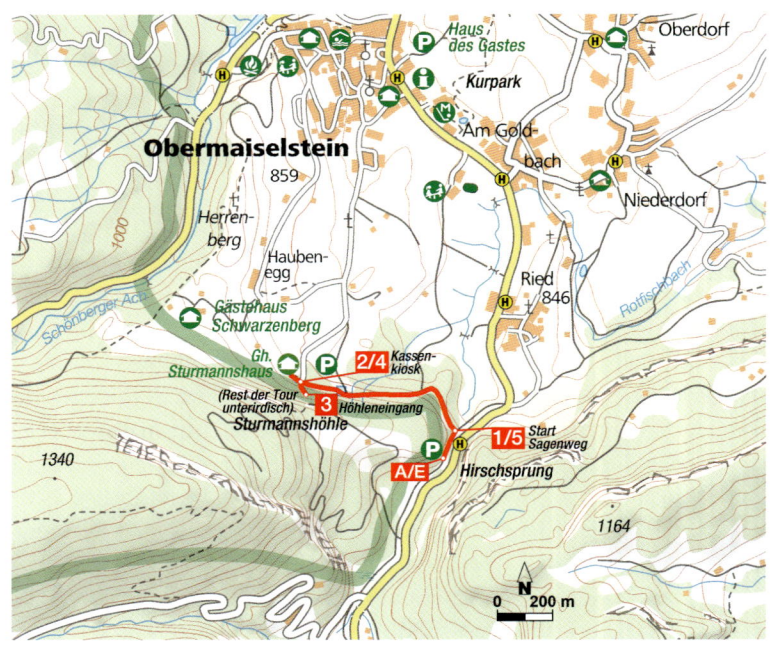

Vom Höh eneingang aus bietet sich ein Bilderbuch-blick auf den Grünten.

schen Obermaiselstein und Tiefenbach liegt von Norden kommend rechts der Park-platz, der als Ausgangspunkt dient. Kurz vor dessen Einfahrt führt die Straße durch den schluchtartigen Hirschsprung. Benannt ist dieser felsige Einschnitt nach einem Hirsch, der auf der Flucht vor einem Luchs darüber gesprungen sein soll. Das Tier ziert noch heute das Wappen Obermaiselsteins. So richtig bewundern lässt sich der Durchlass natürlich erst, wenn es zu Fuß wieder hindurchgeht. Denn 200 Meter nördlich des Parkplatzes, direkt hinter dem Hirschsprung, taucht zum ersten Mal ein Wegweiser mit einem Drachen darauf auf. Nun geht es auf dem ❶|❺ **Sagen-weg** nach links in einen Wald hinein, in dem es vor Moosen und Flechten nur so wimmelt.

Das Venedigermännle in der Felswand Schnell ist auch die erste Infotafel erreicht, die vom Venedigermännle handelt. Als ein Obermaiselsteiner an dieser Stelle einen son-derbaren Spiegel fand, sah er es in der Felswand herumkraxeln, vor der heute die Tafel steht. Im Spiegel sah er nämlich nicht sein Abbild, sondern den Wicht, wie er ganz in der Nähe wertvolle goldene und silberne Zapfen vom Abbruch sammelte. Doch wenn jemand in den Spiegel sieht, ist das Männlein in Lebensgefahr. Also flehte es den Mann von der Wand aus an, den Spiegel fallenzulassen. Vor lauter Mitleid tat er das sogar – einer der Zapfen, der sich danach plötzlich in seiner Tasche fand,

Am Höhlenbach ist Schluss – tiefer hinab in die Sturmannshöhle geht es nicht.

diente ihm als einziger Beweis, dass er sich die merkwürdige Begebenheit nicht eingebildet hatte.

Der Fantasie sind keine Grenzen gesetzt Dieser Tafel folgen noch einige mehr, sodass sich der eigentlich kurze Sagenweg beliebig ausdehnen lässt. Vor allem für Familien mit Kindern, die eine gute Geschichte zu schätzen wissen. Denn es tauchen noch fahrendes Feuervolk und ein wilder Drache auf, der bei genauem Hinsehen sogar im Wald zu erkennen ist – zumindest in Form einer Metallnachbildung. Von Fantasien einsamer Männer in den Bergen zeugen an einer Brücke über den Fallenbach stählerne Scherenschnitte der Wilden Fräulein, die später auf einer Infotafel noch mal als im Comic-Stil gezeichnete Schönheiten auftauchen. Diese hilfsbereiten Frauen sind nicht nur bei der Sturmannshöhle, sondern auch über Hinterstein zu finden. Auf den letzten Metern zum ❷ | ❹ **Kassenkiosk** (auch dort gibt es einen Parkplatz) schließt sich auch noch ein Baumlehrpfad an, der Lärche und Co. erklärt. Mit den Tickets für die Höhle in der Tasche folgt nun der schweißtreibende Aufstieg zum ❸ **Grotteneingang** – er dauert etwa eine Viertelstunde, die vor der Führung noch einkalkuliert werden sollte. Wer zu früh dran ist, findet auch dort noch mal Tafeln, die sich sowohl mit den Sagen als auch mit der Höhle und ihrer Erschließungsgeschichte auseinandersetzen.

Hinab in die Tiefe Stündlich (im Sommer von 9:30 bis 16:30 Uhr, im Winter von 11 bis 16 Uhr) geleiten Höhlenführer Wolfgang Kasirow oder ein Kollege die Besucher in die stets rund vier Grad kühle Unterwelt. Dort gelangen Wanderer schnell in Schieflage, denn das Wasser hat den Spalt ziemlich schräg ausgewaschen. Bald ist das Drachentor erreicht. Die frühen Entdecker wollen dort im Fels die Form eines Drachens ausgemacht haben – passend zu dem schrecklichen Untier, das den Schatz im Sturmannsloch bewacht, zumindest einem Teil der Überlieferungen nach. Andere Sagen sprechen von einem schwarzen Mann, der darauf sitzt und wieder andere von einem Felsblock, der Plünderer erschlägt. Faszinierend auf dem Weg zum Drachentor sind Moose und Farne, die überall dort wachsen, wo Scheinwerfer und Glühbirnen ein wenig Licht ins Dunkel bringen. Nach dem Tor ändert sich die Marschrichtung bald von horizontal zu vertikal: 180 Stufen winden sich nun zum Höhenbach hinunter. Laut ist dieser immer, doch ob er gurgelt oder tost, hängt von der Jahreszeit ab. Bei Schneeschmelze kann er leicht die halbe Grotte überfluten, wie Tafeln mit den Daten der höchsten Wasserstände bezeugen. Am Wasser kehren die geführten Gruppen dann um. Zum Ende des Sagenwegs mit Höhlenerkundung wartet dank der 180 Stufen, die wieder erklommen werden wollen, schließlich noch ein sagenhaftes Fitnessprogramm auf die Besucher. Dafür gestaltet sich der Rückweg zum Kassenkiosk und weiter zum Hirschsprung wesentlich entspannter.

Schon das karge Licht der Glühbirnen reicht den Farnen, um in der Höhle zu wachsen.

Auf den Wächter des Allgäus

Das goldene Herz im Grünten

Mittel	8,5 km	800 m	3:30 Std.	

Tourencharakter
Tour auf den markanten nördlichsten Allgäuer Berg. Die zuerst breiten Wege weichen oben gut ausgetretenen Pfaden.

Ausgangs-/Endpunkt
Kammeregg

Anfahrt
Bahn/Bus: Mit dem Zug nach Immenstadt und weiter mit dem Linienbus nach Kranzegg.
Auto: Über die B 19 Richtung Sonthofen und durch Rettenberg nach Kranzegg. Vor dem Ort rechts in Richtung Kammereggalpe abbiegen. Oder über die A 7 nach Sulzberg und über die OA 6 nach Kranzegg

Einkehr
Grüntenhütte, Tel. 08327/74 74

Karte
Kompass 1:50 000, Nr. 3 Allgäuer Alpen/Kleinwalsertal; Wanderkarte Alpenwelt Verlag 1:35 000, Tannheimer Tal

Information
Tourist-Info Rettenberg, Tel. 08327/92 040, www.rettenberg.de

Der Sage nach soll der Grünten einen eisernen Hut und ein goldenes Herz haben. Doch auch wer nicht auf der Suche nach Gold ist, wird bei einer Bergtour auf den Wächter des Allgäus sein Glück finden.

Zum Gipfelhang Wege auf den Wächter des Allgäus gibt es viele. Eine schöne Tour führt dabei über die Nordseite zum Gipfelhang. Startpunkt dafür ist der Parkplatz am stillgelegten Kammeregglift 1. Ohne Stress und in sanfter Steigung geht es von dort aus über ein asphaltiertes Sträßchen zur ❶ Kammereggalpe auf 1130 Meter Höhe. Der schönere Weg nach oben führt von dort aus hinter der Hütte nach rechts. Dieser Pfad ist nicht nur direkter, sondern meidet auch den Asphalt, der sich bis zur Grüntenhütte hinaufzieht. Zuerst geht es also hinter der Alpe über freie Flächen. Bald jedoch führt die deutlich sichtbare Trittspur am Waldrand entlang. Beim Blick zurück ergeben sich immer weitere Aussichten auf das Flach-

Von der Kammereggalpe sieht es noch weit aus bis zum Gipfel.

land im Norden. Natürlich wird der Weg mit zunehmender Höhe steiler, sodass die meisten Wanderer ziemlich ins Schwitzen geraten dürften. Doch bald ist ein ❷ **Sattel** unterhalb des Gipfelhang-Schlepplifts erreicht. Dort ändert die Tour ihre Richtung nach rechts, entlang des breit ausgetretenen und steinigen Wegs. Nach einigen etwas flacheren Metern steigt der Weg zur Liftstation an. Der Steinbau bie-

Auf den letzten Schritten zum Gipfel wird es luftig.

tet bei einer Pause Schutz vor Wind und Wetter. Dahinter folgt das steile Finale der Bergwanderung. Der Weg windet sich in Serpentinen den Gipfelhang hinauf und erreicht oben einen Wegweiser, der vor den ersten Felsen steht. Links unter diesen Felsen geht es auf der unübersehbaren Spur weiter – entlang eines steilen Abhangs. Nur einige Bäume stehen dort zwischen Wanderern und schaurigen Tiefblicken. Dort, wo der Pfad sich auf den Felskamm hinaufschwingt, sorgt eine Metalltreppe dafür, dass die Tour auch für weniger erfahrene Bergsteiger machbar bleibt.

Felsig zum höchsten Punkt Leichtfertig sollte sich dort oben aber trotzdem niemand bewegen. Zwar ist der Weg bestens ausgebaut, doch schlängelt er sich nun durch ausgesetztes Gelände, sodass mal wieder der berühmte »schwindelfreie und trittsichere Wanderer« gefordert ist. Vorsichtig geht es also um ein paar Felsen herum dem höchsten Punkt entgegen. Auf dem ❸ **Gipfel** erinnert das große Jägerdenkmal an die

getöteten Gebirgsjäger der beiden Weltkriege. Wer dort oben steht, blickt von seiner vorgelagerten Perspektive auf die Allgäuer Berge und sogar bis zur Zugspitze. Die Sendeantenne des Bayerischen Rundfunks liegt einem zu Füßen. Auf dem kurzen Weg vom Gipfel zur Sendeanlage stellen sich keine weiteren Hindernisse mehr in den Weg.

Welche Einkehr soll es sein? Da die hier vorgestellte Tour nur einen Weg von vielen auf den Grünten beschreibt, lässt sich auf dem Abstieg natürlich Abwechslung einbauen. Um zum Ausgangspunkt am alten Kammeregglift zurückzugelangen, ist der beschriebene Aufstiegsweg allerdings der schönste. Wer mit einer Einkehr aber nicht warten will, kann zurück am Schlepplift dem Gipfelrücken bis zur Grüntenhütte folgen und dort eine Pause mit Aussicht einlegen. Der Abstieg zur Kammeregalpe erfolgt dann allerdings über Asphaltwege.

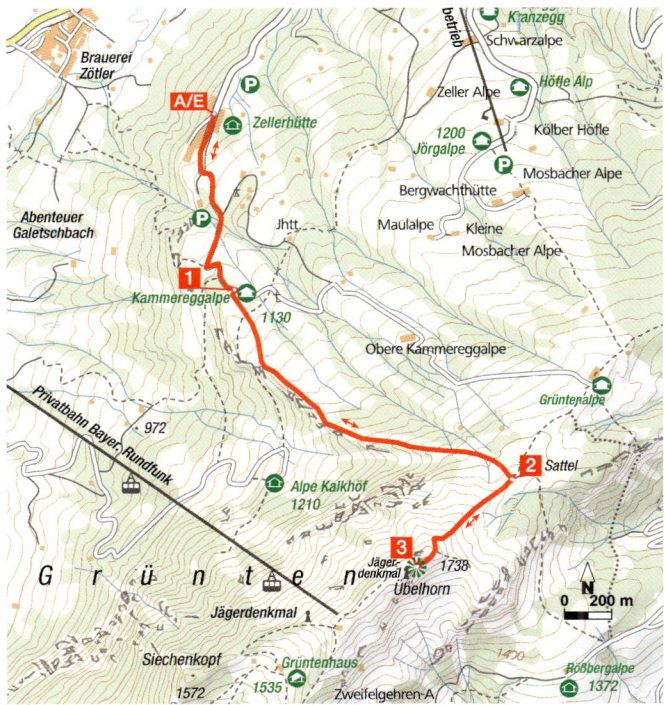

64

Das nasse Grab schwedischer Truppen

Rund um den Großen Alpsee

Leicht | 11 km | 140 m | 3:00 Std.

Tourencharakter
Längere Wanderung ohne große
Höhenunterschiede auf gut ausgebauten Wegen oder an Straßen
entlang.

Ausgangs-/Endpunkt
Wanderparkplatz in Bühl

Anfahrt
Bahn/Bus: Mit dem Zug direkt
nach Immenstadt und mit dem
Bus zur Haltestelle Bühl (See).
Auto: Über die A 7 und B 19 nach
Immenstadt, die Alpsee-Bergwelt
ist schon auf der Bundesstraße
ausgeschildert. Zum Parkplatz in
Bühl am Ortsanfang rechts von der
B 308 abbiegen

Einkehr
Strandcafé in Bühl, Tel. 08323/
96 91 19; Gasthof Jägerhaus,
Tel 08325/225

Karte
Kompass 1:50 000, Nr. 3 Allgäuer
Alpen/Kleinwalsertal

Information
Tourist-Info Immenstadt,
Tel 08323/99 88 77,
www.immenstadt.de

Ein abwechslungsreicher Weg umrundet den größten Natursee des Allgäus, der sich zwischen steilen Berghängen und sanften Alpwiesen ausbreitet. Während des Dreißigjährigen Kriegs sollen die eingefallenen Schweden in dem See ertrunken sein.

Den schwedischen Truppen wurden ihre Leichtgläubigkeit und das Vertrauen in den Allgäuer Winter zum Verderben. Als sie den zugefrorenen See überqueren wollten, zeigte ihnen ein Einheimischer einen Weg nahe dem Immenstädter Ortsteil Bühl, an dem das Eis stets dünn ist. Die Schweden marschierten in ihr nasses Grab. Soweit zumindest die Sage.

Großer See, große Runde Gleich zu Beginn der Wanderung, noch in Bühl, wartet ein erster Aufstieg. Eine Unterführung in Richtung ❶ **Rieder** erleichtert es, die viel befahrene B 308 vorerst hinter sich zu lassen. Die Ortsdurchfahrt flacht bald ab und ein Schilderbaum auf der linken Straßenseite kündigt einen Höhepunkt der Tour an: den in nur fünf Minuten

erreichten Wasserfall. In zwei Stufen stürzt er sich durch den steilen Wald. Wo an heißen Sommertagen kühlende Wassersprenkler fliegen, schmücken im Winter pittoreske Eiszapfen und eine Glasur, unter der noch Wasser fließt, die Felswände. Weiter nach ❷ **Gschwend** geht es jedoch wieder oben auf der Straße, die direkt an den kleineren Gschwender Wasserfällen vorbeiführt. An der Holzkapelle des Orts bietet sich eine erste Rast mit bester Aussicht auf den See an.

Durch den nassen Wald Noch ein Stück geht es weiter über die Teerstraße, bevor ein kleiner Weg über Wiesen in den Wald leitet, durch den es wieder hinab zum See geht. Viele Bäche laufen dort die Berghänge hinunter, doch sie lassen sich auf Holzstegen trockenen Fußes überqueren. Die hohe Feuchtigkeit sorgt in dem Waldstück für viel Moos und gibt ihm so sein eigenes Flair. Über Hintersee geht der

Oben liegt noch Schnee, am Großen Alpsee herrscht schon Frühling.

Weg allerdings wieder auf Tuchfühlung zur lauten Bundesstraße. Doch es ist nicht mehr weit bis zum großen Parkplatz am Fuß der ❸ **Alpsee-Bergwelt**. Am Gasthof Jägerhaus kreuzt der Rundwanderweg das einzige Mal die Straße und lässt sie dann endgültig hinter sich.

Immer am Wasser entlang Durch die nun folgende weitläufige Moorlandschaft westlich des Sees schlängelt sich ein Weg, der auf einem Holzsteg die Konstanzer Ach überquert. Wer dem Mythos um den Schwedenbrunnen auf der Spur ist und im Winter durch die verschneite Landschaft stapft, wird auf dem kleinen Sträßchen bleiben müssen, das zum Glück aber wenig befahren ist. An der ❹ **Nordseite** des Sees ist bald die Bahnlinie erreicht. Zwischen ihr und dem Ufer führt der gut ausgebaute Wanderweg immer nah am Wasser entlang bis zum Parkplatz. Genussvoll läuft es sich mal direkt über dem See, mal mit etwas Abstand zum kühlen Nass. Immer wieder bieten sich jetzt Bänke als Rastplatz an oder kleine Pfade führen an ruhigere Stellen des Sees. Womit man im tiefsten Allgäu vielleicht nicht rechnet: Auch ein kleiner FKK-Badeplatz versteckt sich auf dieser Sonnenseite. Umso weiter man den See umrundet, desto mehr öffnet sich auch der Blick auf das Hochgebirge. Nach dem letzten von drei kleinen Landvorsprüngen, die sich in den See schieben, geht es im weiten Bogen Bühl entgegen. Dabei passiert der Wanderweg das bestens gelegene Seebad, wo auch wieder eine Einkehrmöglichkeit wartet. Bald darauf ist die Seebühne erreicht und der Parkplatz oder weitere Restaurants und Cafés sind nicht mehr weit.

65

Im Sog des Wassers

Durch den grünen Eistobel

Leicht · 6 km · 270 m · 2:30 Std.

Tourencharakter
Wanderung auf gut ausgebauten
Wegen, die bei Nässe jedoch
rutschig sein können. Dann ist
vor allem an den teils steilen
Steigungen Vorsicht angesagt.

Ausgangs-/Endpunkt
Infopavillon an der Argentobelbrücke

Anfahrt
Bahn/Bus: Auf der Buslinie Isny–
Röthenbach bis zur Haltestelle an
der Brücke. **Auto:** Auf der A 96
nach Isny und weiter nach Maierhöfen. Dann Richtung Grünenbach
bis zur Argentobelbrücke

Einkehr
Am Eistobel gibt es Kleinigkeiten
am Kassenkiosk; mehrere Einkehrmöglichkeiten in Maierhöfen.

Karte
Kompass 1:50 000, Nr. 187
Oberschwaben

Information
Gästeamt Maierhöfen,
Tel. 08383/980 40,
www.eistobel.de

Kein Wunder, dass sich um diese Schlucht Mythen ranken.
Mal wuchert dichter Wald am Flussufer der Oberen Argen,
mal ragen die begrenzenden Felswände bis zu 130 Meter
in die Höhe. Immer dazwischen: das grüne Wasser, das
viele Stufen hinabrauscht.

Zu Beginn fließt die Obere Argen noch recht behäbig vor sich hin. Doch
umso weiter Besucher in den Eistobel vorstoßen, desto wilder wird es.
Das Wasser strömt schäumend über Kaskaden, stets von dichtem Grün
eingerahmt. Trolle und Feen würden sich dort gut machen. Doch be-

Stets nah am Wasser bewegt sich der Weg durch den Eistobel.

wachte der Sage nach ein Drache auf der Burg Hohenegg einen Schatz und verwandelte den Tobel für lange Zeit in einen Ort des Todes. Wer heute nach Spuren dieses Mythos sucht, lässt sich schnell von der Natur verzaubern. Erst spät stößt man auf die spärlichen Überreste der Burg hoch über dem Tobel. Bis dahin bringen einen Wasserfälle, dichter naturbelassener Wald und Strudeltöpfe zum Staunen. Doch bergen diese Becken ganz reelle Gefahren: Unterströmungen und Strudel können auch gute Schwimmer in die Tiefe ziehen. Die hier vorgestellte Runde führt durch den ganzen Tobel, schnuppert in den angrenzenden Schüttentobel und hält natürlich auch einen Abstecher zur sagenumwobenen Burg bereit, bevor es durch typische Allgäuer Voralpenlandschaft zum Startpunkt zurückgeht.

Dreieinhalb Kilometer Naturschutzgebiet Als eine von wenigen Wanderungen in diesem Buch beginnt der Weg durch den Eistobel an einem Kassenhäuschen. Doch die 2,50 Euro Eintritt für Erwachsene sind gut investiert, auch wenn der Eistobel kein Geheimtipp mehr ist. Der Besucherstrom entzerrt sich im weitläufigen Tobel recht schnell. Gut und dennoch maßvoll ausgebaute Wege winden sich durch die Schlucht. Ein dreieinhalb Kilometer langes Naturschutzgebiet sorgt dafür, dass sie noch einen Hauch von Wildnis versprüht.

Immer am Wasser entlang Vom Eingang geht es im schattigen Wald zuerst abwärts: unter der hohen Argentobelbrücke, teils steil ans Wasser. Ein breiter Weg führt stromaufwärts, zuerst noch unspektakulär. Ein erster Rastplatz auf der rechten Seite des Wegs duckt sich unter einen überhängenden Konglomeratfelsen, einer allgäutypischen Sehenswürdigkeit. Der Weg führt nun etwas schmaler durch dichtes Grün, immer auf Tuchfühlung zum Wasser. An heißen Sommertagen laden Kiesbänke zu einem ersten Fußbad ein, Familien werden die ersten Spielstopps einlegen müssen.

Dabei stürzt das Wasser wenige Gehminuten später über die ersten Kaskaden – wegen solcher Anblicke besuchen über 70 000 Menschen im Jahr den Eistobel. Direkt hinter diesem Schauspiel setzt die Natur mit dem ❶ **Großen Wasserfall** noch eins drauf. Er donnert eine 18 Meter tiefe Stufe hinab. Unten hat er eine tiefe Gumpe ausgespült. Wer den Wasserfall vom nun ansteigenden Weg aus bewundert, fühlt sich mitten im Allgäu auf einmal in einen Regenwald versetzt: Moose und Flechten haben dank des vielen Wassers leichtes Spiel. Sie überziehen Bäume und Äste mit dichtem Grün.

Riesige Felswände Durch abenteuerliche Landschaft führt der Weg schnell zum Zwinger, der seinem Namen gerecht wird. Denn an dieser Stelle zwängt sich das Wasser durch mächtige Felsblöcke. Der Fluss hat dort zahlreiche Baumstämme abgelagert. Bald folgen die nächsten Kaskaden am Fuß einer riesigen Felswand. Schilder warnen dort vor den besonders gefährlichen Strudellöchern. Wenn der Weg das nächste Mal zu einem Wasserfall hinaufführt, stehen Wanderer erstmals auf der Tour vor der Entscheidung, wo es nun langgehen soll. Vor und nach einem ❷ **Steg**, der auf die Ostseite der Argen führt, bieten sich mehrere Wegvarianten an. Um nichts zu verpassen, sollte man zunächst dem Fluss folgen. Ein wurzeliger Pfad führt steil bergauf. Der Tobel präsentiert sich nun von einer anderen Seite: Das Wasser ist zu einem kleinen See aufgestaut, über dem eine 50 Meter hohe senkrechte Felswand aufragt. Es geht noch ein paar Minuten weiter durch dichten Wald, bevor direkt nach einer Stahlbrücke an einem ❸ **Drehkreuz** Umkehren angesagt ist. An dieser Stelle bezahlen Besucher, die von Süden kommen, den Eintritt für den Eistobel.

Suizid und Drachen Zurück an der letzten Wegkreuzung biegt der Mythensucher also nach rechts ab und folgt für ein paar Minuten dem breiten, aber schweißtreibend steilen Weg zur ❹ **Burg Hohenegg**. Oder besser gesagt: zu ihren spärlichen Überresten. Hinter einer kleinen Kapelle steht nicht viel mehr als eine Mauer. Doch ist das die Stelle, an der sich drei Schwestern unabhängig voneinander in den Tod gestürzt haben sollen. Sie alle waren der Sage nach in den gleichen Ritter verliebt, der einen Drachen von der Gegend fernhielt. Um einander Kummer zu ersparen, kamen sie zum zweifelhaften Schluss, Suizid sei die Lösung. Das war zu viel für den Ritter, sodass er ihnen in den Tod folgte, was wiederum den Weg für den Drachen frei machte. Er riss sich das Schloss samt eingelagertem Schatz unter die Krallen und verteidigte es hitzig und blutig gegen jeden Angreifer.

Rückweg durch Wald und Felder Von diesem Ort der Tragödie sind es nur wenige Minuten zurück zur ersten Brücke mit ihren beiden Wegkreuzungen. Wieder am Westufer folgt der Rundweg nun der ausgeschilderten Tour 17, in einer Stunde zur Argentobelbrücke und damit zum Parkplatz. Die gröbsten Steigungen kommen gleich nach dem Abzweig und liegen noch angenehm schattig im Wald. Auch weiter oben folgt der schmale Pfad noch ein wenig den Bäumen, bevor er breiter durch Wiesen und bald darauf sogar kurz asphaltiert im großen Bogen an zwei Häusern vorbeiführt. Eine letzte Steigung verlangen die Hänge des Staufenbergs den Wanderern ab. Es geht jedoch nicht ganz hinauf. Der breite Weg traversiert den Hügel, taucht bald wieder in den Wald ein und verengt sich zum Ausgang hin erneut.

Rund um den Weg wuchert es im Sommer wie im Dschungel.

Moor mit vielen Geschichten

Rundtour im Wurzacher Ried

| Leicht | 11 km | 30 m | 3:00 Std. |

Tourencharakter
Längere Wanderung im flachen Gelände über Pfade und Planken-wege. Der Untergrund ist oft schlammig und rutschig.

Ausgangs-/Endpunkt
Kurpark Bad Wurzach

Anfahrt
Bahn/Bus: Mit dem Zug nach Leut-kirch und mit der Buslinie 7556 oder 7550 nach Bad Wurzach.
Auto: Auf der A7 bis zum Mem-minger Kreuz, dort auf die A96 und die Ausfahrt Bad Wurzach/ Leutkirch-West nehmen und über die B465 nach Bad Wurzach. Parkplatz in der Kirchbühlstraße

Einkehr
Kurhaus am Kurpark

Karte
Kompass 1:50000, Nr. 187 Ober-schwaben

Information
Bad Wurzach Info,
Tel. 07564/302150,
www.bad-wurzach.de

Bei der Größe und Ursprünglichkeit des Wurzacher Rieds verwundert es nicht, dass sich dort viel Ungewöhnliches und Tragisches zugetragen hat. Die meisten Ereignisse dort sind aber belegt – eine lange Runde durch das schau-derhaft-schöne Moor erkundet sie.

Eine landschaftlich lohnende Elf-Kilometer-Tour führt stets eben durch das Wurzacher Ried. Doch trotz aller Schönheit haben Moorlandschaf-ten auch immer etwas Morbides. Im württembergischen Bad Wurzach sind dazu aber noch nicht einmal ersponnene Geschichten nötig, die von Generation zu Generation weitergetragen werden – ein Blick in

Bei Windstille spiegeln sich die Bäume perfekt im Riedsee.

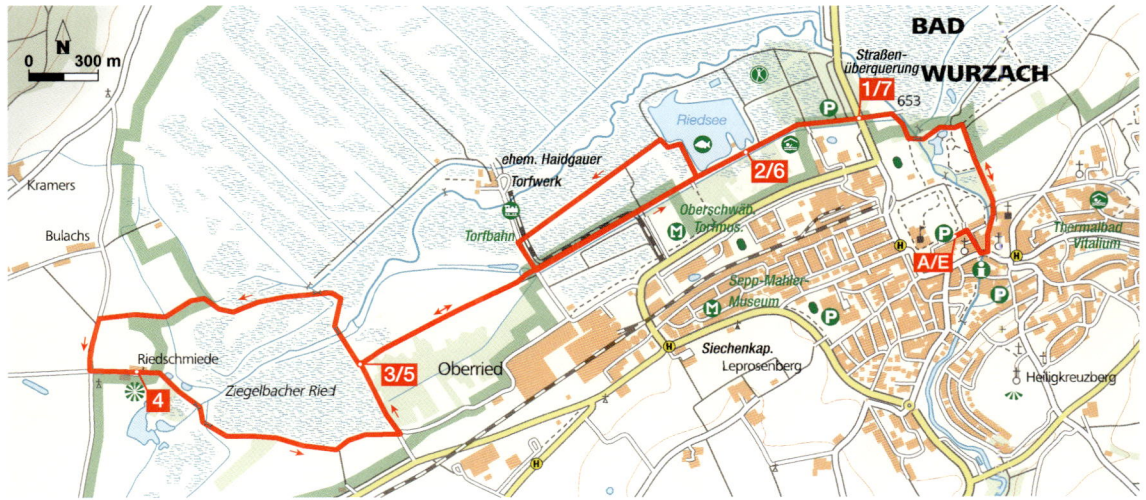

die Zeitungsartikel der vergangenen 120 Jahre genügt: Von Vermissten und Leichen, von Schlangen und Kanonen sowie von rätselhaften Knochenfunden ist dort die Rede.

Auf sicheren Wegen Heutzutage führen glücklicherweise sichere Wege durch das weite Wurzacher Ried. Auf einen grausigen Fund kann man bei einer sonnigen Wanderung durch das Ried sicherlich verzichten. Doch bleiben die Episoden im Hinterkopf, wenn wir durch den Kurpark und den Schlossgarten an der Wurzacher Ach entlang in den Park laufen. Als Startpunkt dient uns der große Parkplatz in der Kirchbühlstraße. Obwohl links noch ein Sportplatz und das Freizeitbad durch das Geäst hindurchschimmern und wir einmal die ❶ | ❼ **Bundesstraße** überqueren, verbreiten bemooste Bäume, hohes Gras und der träge vor sich hin fließende Bach schon ihre eigene Stimmung. Bald ist der große ❷ | ❻ **Riedsee** erreicht. An windstillen Tagen spiegelt er die Birken und Schilfgräser, die ihn umsäumen, makellos wider. Am

Ufer entlang und darüber hinaus führt der Weg stets nach Südwesten. Die drei Kilometer lange Gerade für einen kleinen Umweg zu verlassen, lohnt sich aber: Rechts biegt ein Plankenweg ab, dem wir noch eine Weile am See entlang folgen. Dort laden Bänke zu einer Pause mit Ausblick auf das Wasser ein.

In die Tiefen des Moors Wir folgen dem Weg und verlassen den See bald. Über eine sonnige Lichtung dringen wir nun in die Tiefen des Moors ein. Wo wir hier auf Wasser treffen, steht es nahezu still zwischen den Bäumen und Gräser machen sich darauf breit. An einem Weg wie hier stocherte ein Mann im Jahr 2002 mit seinem Sohn im Wassergraben herum. Er traute seinen Augen kaum, als er dabei auf eine Panzerfaust stieß. Doch nicht nur Altlasten des Zweiten Weltkriegs förderte das Moor zutage: Am 8. März 1898 berichtete der »Anzeiger von Wurzach«, dass bei Bodenarbeiten eine sieben Pfund schwere eiserne Kugel auftauchte. Vermutlich hatten die Schweden sie im Dreißigjährigen Krieg abgefeuert.

Um das Ziegelbacher Ried Der Pfad inmitten des Moors biegt nach einiger Zeit wieder ab und mündet auf den Hauptweg, dem wir nach rechts folgen. Immer geradeaus wandern wir jetzt durch etwas trockeneren Wald, bis sich der Weg teilt. Nun schließt sich die Runde um das zum Wurzacher Ried gehörende ❸ | ❺ **Ziegelbacher Ried** an. Wir biegen nach rechts ab, wo wir bald wieder auf Planken steigen, die über Wasser und durch mannshohes, dichtes Schilf führen. Wir befinden uns wieder mitten im Moor. Doch bald öffnet sich der enge Gang aus Schilf wieder und über Wiesen geht es zu einer kleinen Landstraße. Dabei rücken auch Gehöfte ins Blickfeld, deren Einwohner einst – einer Sage zufolge – das Muetesheer fürchteten. Unheimlich lärmend sei die dämonische Armee auf die Häuser zugebraust, habe eine Schneise der Verwüstung hinterlassen und sogar die Knechte samt ihren Betten aus den Häusern gerissen. Diesen Mythos hat mittlerweile die Narrenzunft Bad Wurzach aufgegriffen und ihre Masken um diese wilden Gestalten erweitert. Da wir aber bei Tag unterwegs sind, fürchten wir dieses Heer nicht und laufen ein kurzes Stück über die Straße, um dann zur ❹ **Riedschmiede** abzubiegen und am Südrand des Moors nach zwei Kilometern zur nächsten Weggabelung zu gelangen. Dort geht es nach links, sodass wir nach wenigen Minuten wieder an der Stelle stehen, an der die Runde um das Ziegelbacher Ried begann.

Schlangen am Schloss Nun stehen uns noch gut drei Kilometer Rückweg zum Kurpark bevor. Wer auf dieser Strecke noch etwas Neues sehen möchte, geht einfach immer geradeaus. Wir verzichten also auf den Abstecher, den wir auf dem Hinweg am Riedsee gemacht haben, und kommen auf dem waldigen Hauptweg zügig voran. Doch auch auf diesem Stück lässt sich noch einige Zeit verbringen, denn Infotafeln klären beispielsweise über die Torfstecherei in Bad Wurzach auf. Stets an einem Wassergraben entlang nähern wir uns der kleinen Stadt mit ihrem Schloss. Diesen Weg müssen im Sommer 1897 übrigens auch einige Kreuzottern genommen haben. Denn die Giftschlangen tauchten laut einem Zeitungsbericht damals sogar im Schlossgarten auf. Das Repertoire an Geschichten um das Ried ließe sich nahezu unendlich erweitern …

Rechte Seite: Im großen Wurzacher Ried haben sich viele schaurige Geschichten ereignet.

Schwarzwald

Das Herzogenhorn bietet traumhafte Aussichten über den Hochschwarzwald (o. l.); Märzenbecherblüte in den Wutachflühen (u. l.); Wasserfall beim Edelfrauengrab (o. r.); die Kletterpartie am Karlsruher Grat verlangt vollen Einsatz (u. r.)

67 Wutachflühen

Märzenbecherblüte im Tal der Wutach

Schwer   7,8 km   180 m   2:30–3 Std.

Tourencharakter
Der Weg durch die Wutachflühen ist technisch einfach, aber nicht ungefährlich. Durch den Hangdruck ist der Pfad an einigen Stellen abschüssig. Bei nassem Laub kann dies schnell zu einem Sturz mit unsanfter Landung führen.

Ausgangs-/Endpunkt
Wutachflühen-Parkplatz

Anfahrt
Bahn/Bus: Die Anfahrt mit öffentlichen Verkehrsmitteln ist nicht möglich. **Auto:** Über die B 314 Lauchringen–Hilzingen bei Fützen abfahren, weiter über die Singener Straße und Flühenstraße Richtung Achdorf bis zum Parkplatz auf der linken Seite

Einkehr
Auf der Strecke keine Möglichkeit, Rastplatz beim Ausgangspunkt

Karte
Karte des Schwarzwaldvereins 1:35 000, Wutachschlucht oder Klettgau Wutachtal

Information
Rathaus Blumberg, Tel. 07702/51200, www.stadt-blumberg.de

Die schönste Zeit für diese Tour ist der Übergang vom Winter zum Frühling. Sobald die ersten warmen Sonnenstrahlen auf den Waldboden fallen, bilden Märzenbecher prachtvolle Blütenteppiche an den Hängen östlich der Wutach.

Auftakt mit Tiefblick Vom hinteren Bereich des Wutachflühen-Parkplatzes leitet uns ein schmaler Pfad mit dem Schluchtensteig-Symbol an den oberen Rand der Wutachflühen. Für den Blick hinab in das tief eingeschnit-

Nichts für schwache Nerven:
der Tiefblick vom oberen Rand der
Wutachflühen auf die Wutach

tene Tal der Wutach sollte man schwindelfrei sein oder sich am Geländer festhalten. Vom ersten Aussichtspunkt führt der Weg am Rand entlang erst zu einer zweiten Aussichtsstelle, dann über Stufen den Hang bergab. Sobald rechts ein zweiter Pfad mündet, verlassen wir den Schluchtensteig. Das nächste Stück wandern wir entgegen unserer bisherigen Laufrichtung – allerdings ein Stück tiefer als zuvor. Auf dem wenig begangenen Pfad lohnt es sich, die Augen offen zu halten. Denn nur zu schnell hat man die Zeugenfelsen im Bereich nach dem ❶ **Sackpfeifendobel** übersehen. Es sind Felsnadeln, die der Erosion besser trotzen konnten als das sie umgebende Gestein und jetzt isoliert vor dem Felshang stehen. Zwei besonders markante Zeugenfelsen werden entsprechend ihrer unterschiedlichen Größe ❷ **Kleiner Finger** und **Daumen** genannt.

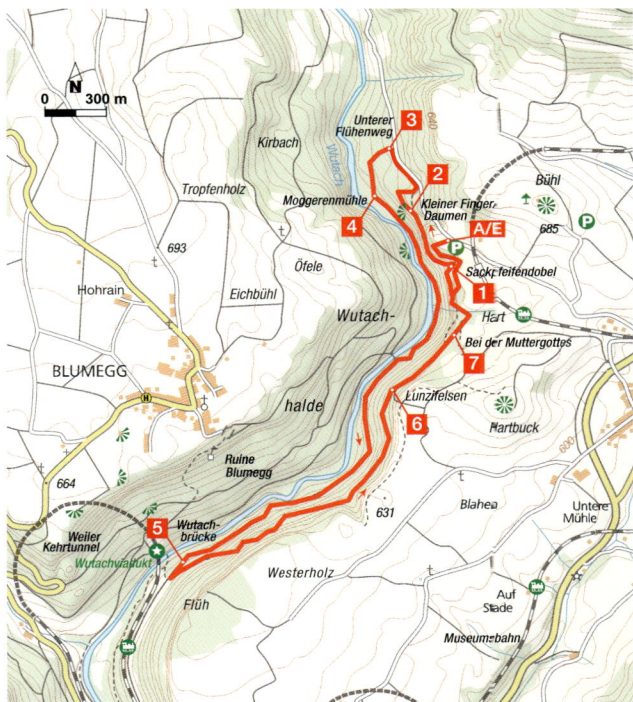

Unterer Wutachflühenweg Nach 850 Metern mündet der Pfad in die Kreisstraße. Hier biegen wir links ab. Nach ein paar wenigen Schritten auf der wenig befahrenen Straße wechseln wir links auf den ❸ **Unteren Flühenweg**. Auf dem nächsten Stück bis zur Eisenbahnbrücke gleicht diese Tour eher einem gemütlichen Spaziergang als einer Wanderung. Nach der Blüte der Märzenbecher erfreuen hier Veilchen, das Wiesenschaumkraut, Frühlingsplatterbsen und selbst Knabenkräuter das Auge. Bevor wir Zugang an den Fluss haben, passieren wir zwei Mühlsteine. Sie sind Überbleibsel der erstmals 1415 erwähnten ❹ **Moggerenmühle**. Weiter geht es bis zur ❺ **Wutachbrücke**. Das 107,5 Meter lange und 28 Meter hohe Viadukt ist Teil der 1890 fertiggestellten Wutachtalbahn. Heute verkehrt hier die Sauschwänzlebahn als Museumsbahn. Nahe den Infotafeln treffen wir wieder auf den Schluchtensteig. Die Wanderung ändert erneut ihren Charakter und führt über einen Waldpfad bergan in den steil abfallenden Rand der Wutachflühen. Als weitere geologische Besonderheiten passieren wir den ❻ **Lunzifelsen** – einen anderen Zeugenfelsen – und die Muttergottes, eine tiefe Ausbuchtung in der Felswand. Beim Wegweiser ❼ **Bei der Muttergottes** ist der Parkplatz Wutachflühen wieder angeschrieben.

Im März und April läuten die Leberblümchen den Frühling im Wutachtal ein.

68

Felsenweg Höchenschwand

Über den Eselfuß zum Wasserfelsen

Mittel | 9,3 km | 270 m | 2:30–3 Std.

Tourencharakter
Ruhige Tour über Pfade und Waldwege. Der Felsenweg ist mit Drahtseilen gesichert, im Bereich vom
Wasserfelsen ist Trittsicherheit
dennoch von Vorteil.

Ausgangs-/Endpunkt
Wanderparkplatz Kreuzstein

Anfahrt
Bahn/Bus: Es bestehen Bus-
verbindungen ab St. Blasien
und Waldshut zur Haltestelle
Höchenschwand/Kreuzstein.
Auto: Von der B 500 Titisee-
Neustadt–Waldshut-Tiengen bei
Höchenschwand auf die K 6555
Richtung Strittberg abbiegen,
weiter über die Kreisstraße bis zum
Wanderparkplatz auf der linken
Seite

Einkehr
Auf der Strecke keine Möglichkeit,
Gasthäuser in Höchenschwand

Karte
Karte des Schwarzwaldvereins
1:35 000, Hotzenwald

Information
Tourist-Info Kurverwaltung Höchenschwand, Tel. 07672/48180,
www.ferien-suedschwarzwald.de

Während das Hochrheintal im Herbst oft unter einer zä-
hen Nebeldecke verborgen bleibt, reicht die Sicht vom
Südrand des Schwarzwalds oft bis zu den Alpen. Schon
deshalb lohnt sich der Ausflug.

Die Heilige Familie auf Reisen Bis zum ersten Ziel dieser Tour ist es nicht
weit: Vom Wanderparkplatz Kreuzstein folgt man der gelben Raute Richtung Lerchenberghütte über den schnurgeraden Forstweg und legt beim
Wegweiser »Moosweg« eine Vollbremsung ein. Der ❶ Eselfuß befindet
sich zwischen den beiden sich auf der Lichtung verzweigenden Wanderwegen. Rein optisch mag sich der ein oder andere wundern, dass eine so
unscheinbare Kerbe überhaupt Beachtung fand. Bevor es weitergeht,
sollte man dennoch unbedingt die Entstehungsgeschichte der hufförmi-
gen Aussparung im Stein lesen.

Auf dem Felsenweg Rechts vom Eselstein folgen wir der gelben Raute über
die Lerchenberghütte zum ❷ Herrgottsholzweg. Dort wechseln wir auf
den Felsenweg (auch Mittelweg) und folgen der Beschilderung durch den

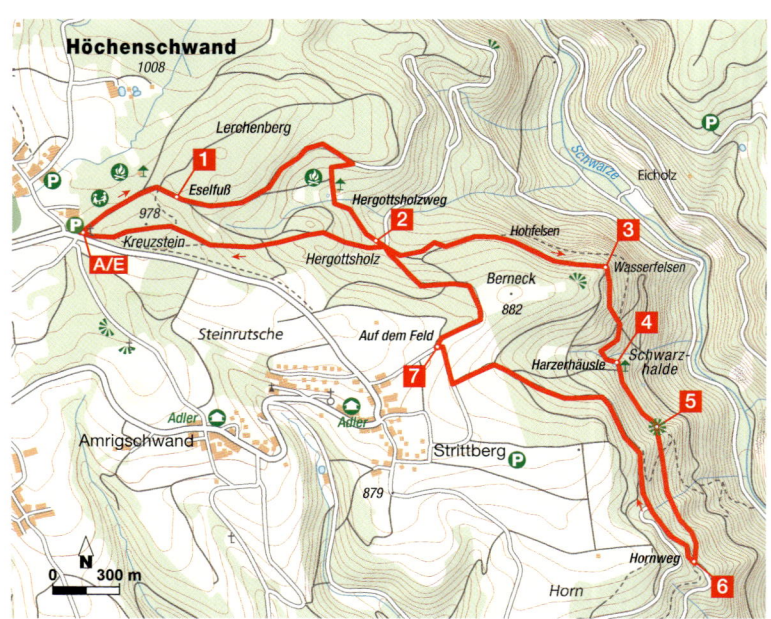

Bannwald an den Rand des Schwarzatals. Nachdem wir die ersten Felsen passiert haben, öffnet sich die Sicht über das tiefe Tal zum gegenüberliegenden Hang. Auf den nächsten Metern macht der Felsenweg seinem Namen alle Ehre. Mit Stahlseilen und einer Brücke gut gesichert, verläuft der schmale Pfad zwischen den Felsen zur Rechten und dem Abgrund zur Linken. Besonders schön ist der Abschnitt beim ❸ **Wasserfelsen**. Bei längeren Frostperioden ist der Felsen mit mächtigen Eiszapfen bedeckt. Weiter geht es auf dem Felsenweg vorbei am ❹ **Harzerhäusle** und über den Aussichtspunkt am ❺ **Glockenblumenweg** zum Wegweiser ❻ **Hornweg**. Dort verlassen wir den Mittelweg und biegen scharf rechts Richtung Strittberg ab (gelbe Raute). Nachdem wir einen weiteren Aussichtspunkt über das Schwarzatal nach Brenden passiert haben, gabelt sich der Weg. Wir bleiben der gelben Raute treu, halten uns damit links und verlassen auf der leicht ansteigenden Horizontalstraße den Wald.

Im Winter bilden sich dicke Eiszapfen am Wasserfelsen.

Finale mit Alpensicht Bald sind die Felder und Wiesen rund um Strittberg erreicht. Wenn das Wetter mitspielt, zeichnet sich in der Ferne die Alpenkette deutlich ab. Nachdem der Wanderweg rechts abbiegt, kommen wir zum Wegweiser ❼ **Auf dem Feld**. Um zum Ausgangspunkt zurückzukehren, biegen wir rechts Richtung »Kreuzstein« ab. Nach 900 Metern treffen wir ein zweites Mal beim ❷ **Herrgottsholzweg** auf den Mittelweg, der uns diesmal links durch den Wald zum Wanderparkplatz Kreuzstein führt.

Auf dem schmalen Felsenweg geht es an den oberen Rand des Schwarzatals.

69 Ruine Wieladingen

Idyllische Wasserfälle, altes Mauerwerk

Mittel · 8 km · 250 m · 2:30 Std.

Tourencharakter
Bis auf den Aufstieg zur Burg Wieladingen leichte Wanderung auf Forstwegen und Forststraßen

Ausgangs-/Endpunkt
Wickartsmühle

Anfahrt
Bahn/Bus: Es bestehen Busverbindungen zur Haltestelle Abzweigung Wickartsmühle, Rickenbach. Von der Haltestelle sind es ca. 500 m zum Ausgangspunkt. **Auto:** Von der B 518 in Wehr nach Rickenbach auf die L 155 abfahren; bei der Einmündung in die L 152 rechts ab und den Schildern zur Wickartsmühle folgen. Von Süden von der B 34 Bad Säckingen–Waldshut-Tiengen in Murg nach Rickenbach abzweigen, zwischen Schweikhof und Willaringen rechts ab zur Wickartsmühle

Einkehr
Auf der Strecke keine; schöne Rastmöglichkeit auf der Burg

Karte
Karte des Schwarzwaldvereins 1:35 000, Hotzenwald

Information
Hotzenwald Tourismus GmbH,
Tel. 07764/92 00 40,
www.hotzenwald-schwarzwald.de

Lange Zeit flößte der Hotzenwald den Menschen Furcht und Schrecken ein. Nicht ganz unschuldig daran war der Steinklopfer Eckart von Hänne, der wie ein Waldgeist im Murgtal hauste. Heute noch ist er als »Moosteufel« bekannt.

Zwölf Meter stürzt das Wasser über den Strahlbruschwasserfall hinab zur Murg.

Feuchtfröhlicher Auftakt Das erste Ziel dieser Runde, der Strahlbrusch, ist bereits am Ausgangspunkt bei der Wickartsmühle angeschrieben. Der Weg führt an einem Steinbruch vorbei. Hobbygeologen werden ihre Freude an der Abbaustelle haben. Mehr als 60 verschiedene Mineralien sind im Steinbruch Wickartsmühle zu finden. Ein paar ausgewählte, wie der bekannte Albtalgranit oder Lamporphyr, sind am Weg ausgestellt. Nach dem Studium der Infotafeln führt der Wanderweg in den Wald und entlang des Seelbachs ins Tal der Hauensteiner Murg.

Murgtalpfad zwischen dem Strahlbrusch und der Burgruine Wieladingen

Wo der Weg nach links und somit vom Seelbach wegschwenkt, bietet der Felsen rechts des Wegs freie Sicht auf den ❶ **Strahlbruschwasserfall**. Kurz vor seiner Mündung stürzt der Seelbach hier über eine zwölf Meter hohe Stufe aus Cordierit hinunter zur Murg. Die nächste Besonderheit der Wanderung folgt gleich nebenan: Harnische. An ihnen lassen sich Bewegungen innerhalb einer Gesteinsschicht erkennen. Bei dem mechanischen Abrieb entstehen an den Trennflächen der Verwerfung feinste Gesteinspartikel, die sich unter Hitzeeinwirkung zu einer schwarzen Masse verfestigen können. Wenige Schritte weiter ist die Murg erreicht.

Auf dem Murgtalpfad Jenseits der Murg biegen wir rechts ab. Weiter geht es auf dem Murgtalpfad bis zur ❹ **Murgtalbrücke** und zur Ruine. Auf dem Weg dorthin passieren wir beim ❷ **Alten Stausee** das 2011 abgerissene Stauwehr des ebenfalls nicht mehr vorhandenen Kraftwerks Berberich. Über die Bedeutung des Kraftwerks, die Gewässerökologie und die Renaturierung der Murg informieren mehrere große Tafeln. Nachdem wir einen Tunnel durchquert und einen kleineren ❸ **Wasserfall** passiert haben, wechseln wir bei der Murgtalbrücke ein zweites Mal die Seite der Murg. Mit dem Aufstieg zur ❺ **Ruine Wieladingen** folgt der anstrengendste Teil dieser Wanderung. Die Mühe aber lohnt sich. So führt der Pfad an mehreren kleinen Wasserfällen vorbei zu den gut erhaltenen Mauern der Burg Wieladingen. Die Anlage wurde ab 1200 in mehreren Abschnitten als Sitz der Herren von Wieladingen und der Ministeriale des Klosters Säckingen errichtet. Heute sind die beiden Burghöfe der ideale Platz, um eine Rast einzulegen. Anschließend geht es vom oberen Ausgang der Burg über ❻ **Lehnhof** und Wieladingen zurück zum Ausgangspunkt bei der Wickartsmühle.

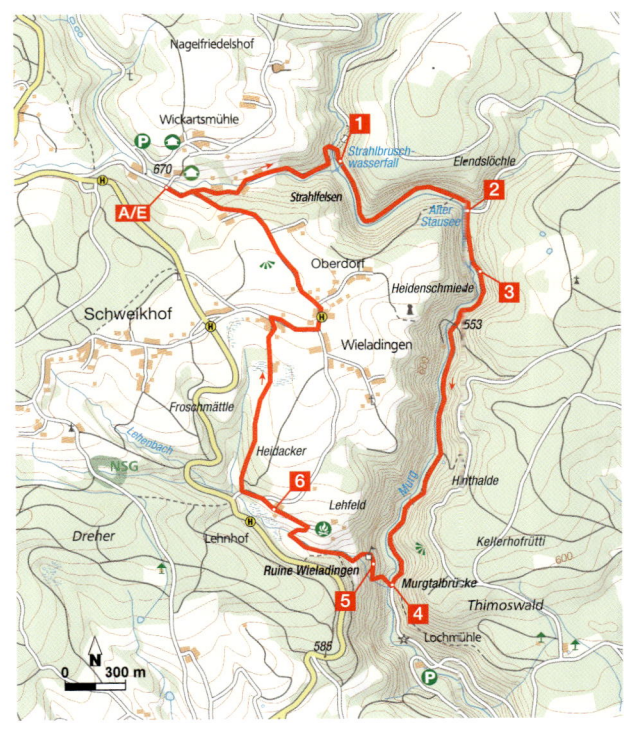

70

Silberberg

Schatzkammer beim Herzogenhorn

Mittel | 14 km | 550 m | 4–4:30 Std.

Tourencharakter
Mittelschwere Wanderung über meist breite Wege, aber auch schmale Pfade, die im Bereich vom Silberberg auch über Felsen führen.

Ausgangs-/Endpunkt
Hebelhof/Parkplatz Grafenmatt

Anfahrt
Bahn/Bus: Es bestehen Busverbindungen ab Titisee und Todtnau zur Haltestelle Feldberg/Hebelhof direkt auf der Passhöhe.
Auto: Über die B 31 Freiburg–Donaueschingen bei Titisee auf die B 317 Richtung Lörrach fahren. Der Parkplatz befindet sich auf der Feldberg-Passhöhe.

Einkehr
Restaurant Herzogenhorn, täglich geöffnet, www.herzogenhorn.info; Gastronomie auf der Feldberg-Passhöhe

Karte
Karte des Schwarzwaldvereins 1:35 000, Hochschwarzwald

Information
Hochschwarzwald Tourismus GmbH, Tel. 07652/12 06 83 20, www.hochschwarzwald.de

Der Silberberg ist der markanteste Gipfel zwischen Todtnau und dem Herzogenhorn. Er ist von mehreren, bis zu 1,20 Meter mächtigen Mineralgängen durchzogen, in denen Bleiglanz, Kupferkies und Silbererz enthalten sind.

Von der Wiese zum Silberberg Wir starten diese Tour beim Hebelhof nahe der Passhöhe des Feldbergs. Nach wenigen Schritten entlang der B 317 zweigen wir links auf den Feldbergpfad ab und erreichen sogleich die ❶ Quelle der Wiese. Beim Abzweig Hebelweg halten wir uns links, folgen der blauen Raute und kommen nach fünf Minuten an einem kleinen Wasserfall vorbei. Rund 150 Meter weiter wandern wir mit der blauen Raute scharf links hoch ins Quellgebiet des Bachs und rechts durch den Wald bzw. über mehrere Skipisten zur Schläglebach-Hütte. Wer den Abzweig verpasst, kann auch auf dem breiten Weg weiterlaufen und später links auf einen Pfad hoch zur Hütte abzweigen. Beide Varianten bieten eine schöne Aussicht über das Wiesental zur Südseite des Feldbergs. Über den Baumwipfeln ist der Feldbergturm gut zu erkennen. Nach der Schläglebach-Hütte wechseln wir links vom Forstweg auf einen ansteigenden Pfad. Dieser führt uns erst auf die Westseite des Schläglebachkopfs zum

Beim Wolfsgrüble ist Trittsicherheit von Vorteil.

② **Ausblick Belchen**, dann bergan um den Schläglebachkopf zum Wolfsgrüble. Der Charakter der Tour ändert sich hier. Waren wir bisher auf aussichtsreichen und gut zu begehenden Wegen und Pfaden unterwegs, erfordert die Passage über das Wolfsgrüble ein gesundes Maß an Trittsicherheit. Sobald der Wald wieder die Sicht zum Feldberg freigibt, haben wir aber das Gröbste geschafft.

Herzogenhorn Weiter geht es über die Westflanke auf die Südseite des **③** **Silberbergs** und, nach der nächsten Rechtskurve, zu einem breiteren Forstweg. Dort biegen wir links ab und folgen der blauen Raute über den Bernauer Kreuzweg zum **④** **Bernauer Kreuz**. Bei der Schutzhütte wechseln wir auf den Nebenwanderweg (gelbe Raute) und wandern durch das idyllische Prägbachtal zur **⑤** **Glockenführe**. Rechts ab nehmen wir zunächst den Westweg zur **⑥** **Schwedenschanze** und

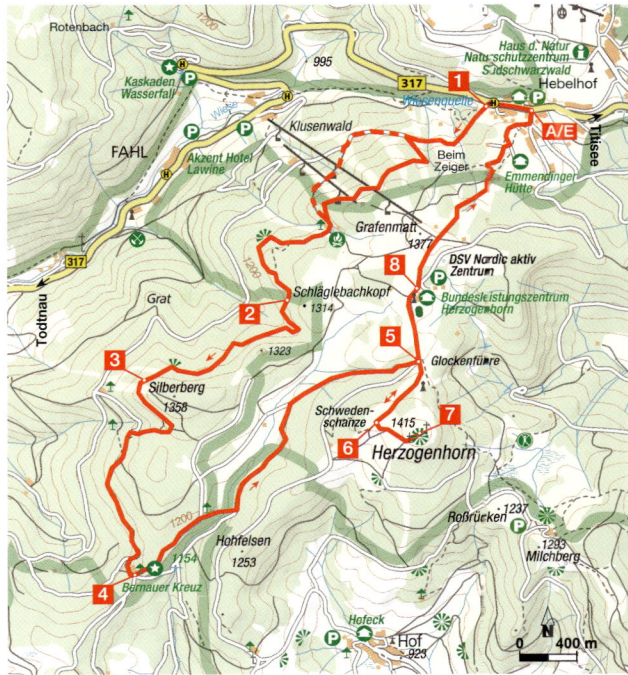

gönnen uns den Abstecher zum **⑦** **Herzogenhorn**. Die letzten 400 Meter bis zum Gipfel gehen in die Beine. Dann aber erreichen wir das große Gipfelkreuz und können das herrliche Panorama genießen: die benachbarten Berge des Schwarzwalds, im Süden die Alpen und im Westen die Vogesen. Anschließend kehren wir zur **⑤** **Glockenführe** zurück, passieren ein Stück weiter das **⑧** **Bundesleistungszentrum Herzogenhorn** und folgen dem Westweg zum Ausgangspunkt auf der Passhöhe.

Aussicht vom Silberberg über Todtnau zum Belchen

71

Balzer Herrgott

Über die mystische Buche zum Mörderloch

● 🚶 🏔 🕐 🚌
Mittel   13,5 km   620 m   4:30–5 Std.

Tourencharakter
Die Wanderung beginnt und endet mit deutlichen Anstiegen zum Wanderparkplatz Balzer Herrgott bzw. durch die Teichschlucht. Der Abstieg vom Balzer Herrgott zur Hexenlochmühle verläuft über einen leicht abschüssigen Pfad.

Ausgangs-/Endpunkt
Gütenbach/Felsenkeller

Anfahrt
Bahn/Bus: Es bestehen Busverbindungen ab Waldkirch und Furtwangen zur Haltestelle Gütenbach/Maierhof.
Auto: Von der B 500 Hinterzarten–Triberg südlich von Furtwangen oder von der B 294 Freiburg–Haslach bei Gutach im Breisgau auf die L 173 abfahren, weiter auf der Landstraße bis Gütenbach. Der kleine Wanderparkplatz befindet sich direkt an der Landstraße.

Einkehr
Hexenlochmühle, ab 9:30 Uhr, www.hexenlochmuehle.de

Karte
Karte des Schwarzwaldvereins 1:35 000, ZweiTälerLand

Information
Ferienland im Schwarzwald GmbH, Tel. 07722/86 08 31, www.dasferienland.de

Es gibt wohl kaum einen Platz im Schwarzwald, der den Begriff »mystisch« besser verkörpert als die Lichtung beim Balzer Herrgott. Selbst diejenigen, die mit Religion wenig am Hut haben, umfängt der Ort mit seiner besonderen Stimmung.

Der Balzer Herrgott Vom Felsenkeller geht es zunächst entlang der Durchgangsstraße bzw. auf dem Querweg Schwarzwald–Kaiserstuhl–Rhein zum Breiteckweg. Auf dem kurzen Stück passieren wir das Gasthaus Maierhof und gehen dort rechts über die schwach befahrene Stichstraße hoch zum Wegweiser »Fallengrund«. Auf der Anhöhe angelangt, biegen wir rechts ab und wandern oberhalb der Fallengrund-Wiesen und des Quellgebiets des Fahlbachs zum ❶ **Wanderparkplatz Balzer Herrgott**. Wer in Gütenbach keinen Parkplatz gefunden hat, hat hier weitere Parkmöglichkeiten, muss dann aber einen doppelt so langen Anstieg zum Ende der Tour in Kauf nehmen. Für die nächsten paar Meter haben wir die Wahl: Entweder bleiben wir auf der asphaltierten Straße und biegen dann links zum Balzer Herrgott ab, oder wir wählen den mit Wurzeln

Blick über das tief eingeschnittene Wildgutachtal

überwucherten Pfad direkt am Waldrand. In beiden Fällen geht es nach 140 Metern links ab zum **❷ Balzer Herrgott**. Nach einer Viertelstunde haben wir den von einer Rotbuche umklammerten Bildstock erreicht. Nachdem der Torso der Christusfigur freigeschnitten wurde, hat sich die Lichtung vor dem mächtigen Laubbaum zu einem Ort der Ruhe und Besinnung gewandelt.

Hexenloch oder Mörderloch? Vor dem Abstieg haben wir wieder die Wahl. Wer nur eine kurze Runde wandern möchte, kann vom Balzer Herrgott bzw. dem Ende der Lichtung direkt zum **❺ Mörderloch** hinuntersteigen. Wer aber die Wanderung mit einer Einkehr kombinieren möchte, wählt den weniger auffallenden Pfad gegenüber der Rotbuche. Doch aufgepasst: Nach ca. 270 Metern zweigt der Wanderweg rechts ab. Es gibt zwar eine Wegmarkierung (gelbe Raute), diese ist aber so angebracht, dass man sie leicht übersieht. Wer geradeaus weiterläuft, erreicht bald eine Bergwiese, sieht vor sich einen alten Hof und weiß spätestens dann, dass er umkehren muss. Über teils abschüssige Serpentinen geht es dann hinab bis zu einem breiten Forstwirtschaftsweg. Dort biegen wir links ab und erreichen nach 2,2 Kilometern (ab Balzer Herrgott) den Wegweiser **❸ In der Guten**. Rechts ab sind es bis zum beliebten Ausflugslokal der **❹ Hexenlochmühle** noch 800 Meter. Gut gestärkt geht es anschließend auf demselben Weg zurück. Wo der Pfad hoch zum Balzer Herrgott abzweigt, bleiben wir allerdings die nächsten 700 Meter auf dem Forstweg. Nachdem dieser in einer Rechtskurve eine offene Felspartie passiert, zweigen wir bei der nächsten Weggabelung links ab und befinden uns damit auf dem Weg, der offiziell vom Balzer Herrgott hinunter zum **❺ Mörderloch** führt. Wo sich 150 Meter weiter die Sicht über das Tal der Wilden Gutach öffnet, ist dieses dann auch schon zu sehen.

Finale in der Teichschlucht Vom Wegweiser folgen wir der gelben Raute nach Wildgutach, passieren damit den Hof auf der Talseite und wandern durch den Heiligenwald hinunter ins Tal. An der Wilden Gutach angekommen, führt uns der Wanderweg rechts über die enge und deshalb kaum befahrene Kreisstraße nach Wildgutach. Weiter geht es über die **❻ Säge Wildgutach** zur **❼ Pfaffmühle**. Hier treffen wir wieder auf den Querweg Schwarzwald – Kaiserstuhl – Rhein und außerdem auf den Zweitälersteig. Auf diesen biegen wir scharf rechts ab und laufen um die historische Mühle herum in die **❽ Teichschlucht**. Beim Aufstieg durch die Schlucht lohnt es sich, ab und zu stehen zu bleiben und den Blick über das Wasser schweifen zu lassen – ein schöner Abschluss, bevor man 270 Meter höher wieder am Ausgangspunkt in Gütenbach angelangt ist.

St. Roman

Wallfahrtskirche schlägt Teufelstein

Mittel   14,5 km   500 m   4:30–5 Std.

. . . .

Tourencharakter
Ruhige, waldreiche Wanderung über Wege und schmale Pfade. Letztere können auch mal halb zugewachsen sein, die Abgeschiedenheit aber lohnt sich.

Ausgangs-/Endpunkt
Landgasthof Adler in St. Roman

Anfahrt
Bahn/Bus: Nach St. Roman verkehren keine öffentlichen Verkehrsmittel. **Auto:** Über die B 462 Rottweil–Schenkenzell bis Schiltach, weiter auf der B 294 Richtung Wolfach. Nach Vorderlehengericht geht es rechts nach St. Roman. Wer von Freiburg oder Lahr kommt, fährt über die B 294 bzw. B 33 bis Haslach und weiter über Hausach bis zum Abzweig nach St. Roman.

Einkehr
Vesperstube Auerhahn, vom 1. Mai bis Ende Oktober, an Wochenenden und Feiertagen ab 12 Uhr geöffnet, www.der-auerhahn.de

Karte
Karte des Schwarzwaldvereins 1:35 000, Oberes Murgtal

Information
Tourist-Info Wolfach, Tel. 07834/83 53 53, www.wolfach.info

Als die ersten Pilger nach St. Roman kamen, zogen sie durch grüne Wiesen und tiefe Wälder. Das war vor über 600 Jahren. Natürlich ist die Zeit auch hier nicht stehen geblieben. Ihren besonderen Charme hat sich die Gegend aber bewahrt.

Wallfahrtskirche St. Roman Beim Ausgangspunkt am Naturparkhotel Adler ist das erste Ziel dieser Tour schon zu sehen: Auf einer Anhöhe über den wenigen Häusern von St. Roman thront die ➊ **Wallfahrtskirche**. Erstmals erwähnt wurde sie zwischen 1360 und 1370. Seit dem 14. Jahrhundert wird auch von der Wallfahrt des heiligen Romanus – am 9. August – berichtet. Der Heilige soll jüngeren und älteren Frauen bei der Suche des Mannes geholfen haben. Dazu heißt es: »Suchst du einen Mann, wallfahr' zu St. Roman.« Einer der bekanntesten Besucher des Wallfahrtsorts ist Heinrich Hansjakob. Der Volksschriftsteller hat die Bergpredigt auf dem Hauptfest des Heiligen beschrieben und zwei Strophen des Sankt Romaner Wallfahrtsliedes literarisch festgehalten.

Oben waren diese zwei Helden ganz flink, runter ging es dann auch irgendwie.

Teufelstein bei St. Roman Ab dem Hotel folgen wir der »Hut«-Beschilderung des Kleinen Hansjakobwegs bergauf Richtung Teufelstein. Oberhalb der Wallfahrtskirche führt der Jakobsweg in den Wald. Bei der nächsten Verzweigung halten wir uns links

und erreichen nach rund einem Kilometer den ❷ **Teufelstein**. Der Sage nach ist die Geschichte des Steins eng mit der Wallfahrtskirche verbunden. Demnach hatte der Teufel die Bauern tatkräftig bei den Arbeiten auf der Anhöhe zwischen Heubach und Langenbach unterstützt. Allerdings dachte er, dass dort ein Wirtshaus entstehe, in dem dann ordentlich gezecht und gesündigt werde. Als er seinen Irrtum bemerkte, brach er vor Wut einen mächtigen Felsblock aus dem Gipfel eines Bergs, um ihn auf die Kirche mitsamt den frommen Arbeitern zu werfen. Auf dem Weg zu seinem Verbrechen fragte ihn ein Wanderer, was er vorhabe, und riet ihm, sich zu schonen. Gut ausgeruht werde der Wurf besser gelingen. Tatsächlich legte der Teufel den Stein ab und hielt ein Nickerchen. Doch danach war es ihm nicht mehr möglich, den zuvor für ihn leichten Stein anzuheben, sodass er ihn in seiner Wut schließlich zerkratzte. Seine Fingerabdrücke sind in dem Buntsandstein

Die Variante über den Abrahamsbühl führt an dieser mächtigen Linde vorbei.

deutlich zu sehen. Der Zauber wirkt übrigens bis heute. So haben auch wir es nicht geschafft, den als Naturdenkmal geschützten Klotz von Hand zu bewegen.

Spazieren oder Wandern? Direkt beim Teufelstein wechseln wir auf den Kinzigtäler Jakobusweg und biegen scharf links nach Vorderhals ab. Damit halten wir uns bei der nächsten Weggabelung rechts und passieren den St. Romaner auf seiner West- seite. Nach 1,2 Kilometern (ab Teufelstein) kommen wir zum Wegweiser ❸ Vorder- hals. Die Spaziergänger unter uns können hier links abbiegen. Für sie ist die Tour dann nach insgesamt knapp fünf Kilometern beendet. Als Wanderer biegen wir also rechts ab und folgen dem Jakobusweg über »Hinterhals« zur ❹ Hohen Tanne. Der als Naturdenkmal geschützte und 45 Meter hohe Nadelbaum stand schon im 18. Jahrhundert auf der Passhöhe zwischen dem Heubach- und dem Tiefenbachtal. Wei- ter geht es über einen Pfad (blaue Raute) durch den Wald. Wo er in einen Forstweg mündet, folgen wir diesem ein paar Schritte, wechseln bei der nächsten Gelegenheit aber links auf den nächsten Pfad, überqueren den Sättelekopf und biegen am unteren Ende des Steigs rechts zur ❺ Salzlecke ab. Direkt vor der auf der Lichtung errichte- ten Holzhütte wechseln wir vom Jakobusweg auf den Mittelweg und folgen der ro- ten Raute mit weißem Strich Richtung Teisenkopf.

Auf dem Mittelweg zum Teisenkopf Die nächsten 4,5 Kilometer sind etwas für Genie- ßer: Der Mittelweg verläuft zwischen der Salzlecke und dem Teisenkopf ohne große Anstiege über den sonnigen Bergkamm. Immer wieder ergeben sich schöne Aussich-

210

ten nach Westen über das Heubachtal zum benachbarten Höhenzug mit den bereits hinter uns liegenden Gipfeln von St. Romaner, Stirnle und der Allmendhöhe. Doch auch der lückige Mischwald entlang des Mittelwegs hat seinen Reiz. Beim Wegweiser »Teisenkopf« angekommen, sind der Teufelstein und St. Roman schon wieder angeschrieben. Bevor wir dem Nebenwanderweg rechts ab folgen, machen wir einen Abstecher zum nahen ❻ **Teisenkopfturm**. Der Schutz- und Aussichtsturm bietet uns einen weitreichenden Blick über die stark bewaldeten Hügel rund um das Kinzigtal. Direkt vor dem Turm bietet der großzügig angelegte Rastplatz eine sehr schöne Möglichkeit für eine längere Pause. Zurück beim Wegweiser geht es anschließend mit der gelben Raute über schmale Pfade bergab zur ❼ **Vesperstube Auerhahn** – die nächste schöne Gelegenheit, Hunger und Durst zu stillen.

Wanderer am Scheideweg Am Wegweiser »Heubach, Auerhahn« treffen wir erneut auf den Hansjakobweg. Auf diesem geht es über den Trillengrundweg durch das Trillenbächletal zum ❽ **Trillengrund**. Dort angekommen, haben wir zwei Möglichkeiten für den letzten Abschnitt dieser Wanderung: Entweder biegen wir scharf rechts ab und folgen dem Hansjakobweg über den ❿ **Abrahamsbühl** zum ❷ **Teufelstein** und steigen über den bereits bekannten Weg nach St. Roman ab. Oder wir laufen weiter dem Trillenbächle entgegen und mit der gelben Raute über das ❾ **Heidenäckerle** zurück zum Ausgangspunkt am Naturparkhotel Adler.

Den Teufelstein anzuheben ist auch für Menschen unmöglich, darauf zu sitzen hingegen ein Kinderspiel.

Glaswaldsee

Eine Runde wie aus einem Märchen

Tourencharakter
Der Abstieg zum Glaswaldsee und entlang der Teufelskanzel erfordert Trittsicherheit; ansonsten bequeme Wanderung über Waldweg und Pfade. Bei Nässe Gefahr durch Glätte.

Ausgangs-/Endpunkt
Mülbensattel

Anfahrt
Bahn/Bus: Der Mülbensattel ist mit öffentlichen Verkehrsmitteln nicht zu erreichen. **Auto:** Von der B 428 Freudenstadt–Kehl bei Bad Peterstal auf die L 93 Richtung Schapbach abbiegen, nach 2 km bzw. oberhalb von Freiersbach links abbiegen und den Schildern zum Mülbensattel in den Wald folgen

Einkehr
Keine Möglichkeit, dafür sehr schön gelegene Rastplätze oberhalb und am Glaswaldsee

Karte
Karte des Schwarzwaldvereins 1:35000, Renchtal Ortenau

Information
Kur und Tourismus GmbH Bad Peterstal-Griesbach,
Tel. 07806/91 00 15,
www.bad-peterstal-griesbach.de

Westweg und Renchtalsteig steuern beide die Lettstädter Höhe an. Die Anhöhe besticht mit einer traumhaften Sicht auf das dunkle Auge des Glaswaldsees. Dort, wo heute der Seegrund ist, soll einst ein Schloss gestanden haben.

Irgendwo im Nirgendwo Schon die Anfahrt auf den Mülbensattel gleicht einem Abenteuer. Auf den letzten zweieinhalb Kilometern zwischen der L 93 und dem Wanderparkplatz hatten wir nach jeder zweiten Kurve eine Schranke erwartet. Angekommen sind wir dennoch. Direkt auf dem Mülbensattel kreuzen sich zwei Wanderwege. Wir wählen den mit der blauen

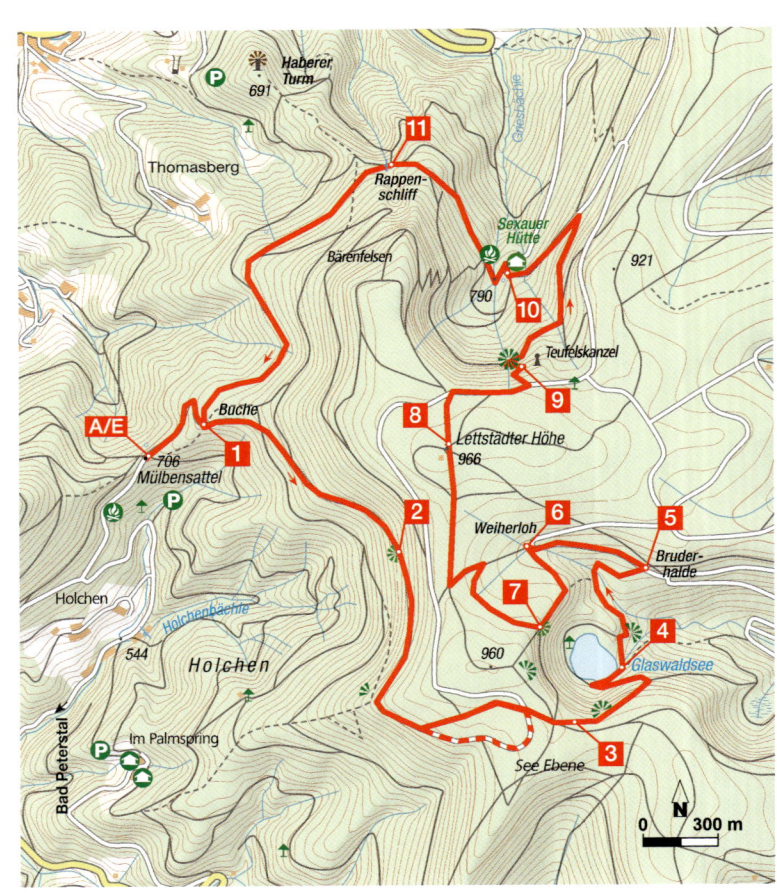

Raute und steigen rechts vom Miliz-Brunnen hinauf zum Wegweiser ❶ Buche. Nach links zweigt ein Nebenwanderweg zur Sexauer Hütte ab (gelbe Raute). Da dies der Rückweg dieser Tour ist, bleiben wir auf dem breiten Forstweg und folgen der blauen Raute über den »Bierlessteinweg« zum Lengenberger Ries. Auf halbem Weg dorthin gibt der Wald die ❷ Sicht nach Westen zum nahen Überskopf und dem Höhenzug jenseits der Rench frei.

Renchtalsteig trifft Westweg Direkt beim Lengenberger Ries gesellt sich der Renchtalsteig zu unserem Wanderweg.

Der Milizbrunnen auf dem Mülbensattel

Auf diesem wechseln wir rund 150 Meter weiter links vom Forstweg auf einen Pfad. Wer die Runde bei Schnee läuft, kann alternativ noch auf dem Forstweg bleiben und sich erst bei der nächsten Verzweigung links halten. Beide Varianten treffen beim Wegweiser »See-Ebene, Straße« wieder zusammen. Bis zur ❸ See-Ebene sind es noch rund 100 Meter. Auf der See-Ebene treffen Renchtalsteig und Westweg wie auch der Europäische Fernwanderweg E1 zusammen. Alle drei führen links direkt zum ❼ Seeblick. Das ist sicherlich schön. Spannender ist es jedoch, erst zum See abzusteigen, um später mit stolz geschwellter Brust auf die eigene Leistung zu blicken. Also verlassen wir die berühmten Wanderwege und folgen der blauen Raute über den steinigen Pfad hinunter an den ❹ Glaswaldsee.

Über den Seeblick zur Teufelskanzel Der anschließende Aufstieg erfolgt nördlich der Staumauer bzw. entlang der Zuleitung vom Oberen Seebach über ❺ Bruderhalde und, links ab (gelbe Raute), ❻ Weiherloch. Von dort sind es, links um die Kurve, noch 600 Meter bis zum ❼ Seeblick. Um freie Sicht auf den Glaswaldsee zu bekommen, laufen wir noch ein paar Schritte vom Wegweiser Richtung See-Ebene. Die aufgestellten Bänke und der Tisch kommen wie gerufen, um auf die bisherige Leistung anzustoßen. Danach kehren wir zurück zum Wegweiser »Seeblick«, folgen dem Renchtalsteig bis zur ❽ Lettstädter Höhe und biegen dann rechts zur ❾ Teufelskanzel ab. Beim gleichnamigen Wegweiser zweigt links ein wenig auffallender Pfad ab. Hier beginnt der Abstieg entlang der Teufelskanzel. Wo der Fels zu steil abfällt, geht es über schmale und bei Nässe (und Schnee!) glatte Treppen. Dass das zur Sicherung angebrachte Holzgeländer mit Moos bewachsen ist, macht es nicht besser. Die spektakulären Aus- und Tiefblicke entlang der markanten Felsformation aber sind den Spaß wert. Am unteren Ende der Teufelskanzel biegen wir rechts ab. Beim Wegweiser »Teufelskanzelweg« haben wir das meiste geschafft. Um zum Mülbensattel zurückzufinden, biegen wir links ab und folgen dem Renchtalsteig über die ❿ Sexauer Hütte und »Wasserfall« bis zum Wegweiser ⓫ Rappenschliff. Von dort sind es dann noch rund 1,4 Kilometer über ⓬ Buche zum Mülbensattel, wo wir uns sicher einig sind: Hätten wir auf diese Wanderung verzichtet, hätten wir etwas verpasst.

74

Großvatertanne

Sehenswertes am laufenden Band

| Leicht | 7 km | 130 m | 2–2:30 Std. |

Tourencharakter
Sehr leichte und abwechslungs-
reiche Runde auf meist bequemen
Wegen mit vielen Eindrücken
und Besonderheiten entlang der
Strecke

Ausgangs-/Endpunkt
Bässler Brücke

Anfahrt
Bahn/Bus: Direkt beim Startpunkt
befindet sich die Bushaltestelle
Freudenstadt/Straßburger Straße.
Alternativ kann man auch direkt
beim Stadtbahnhof Freudenstadt
starten. Der Zugang erfolgt dann
ab dem Marktplatz über den Mittelweg. **Auto:** Der Parkplatz an der
Bässler Brücke befindet sich direkt
an der B 28 von Freudenstadt
Richtung Kniebis bzw. am Abzweig
auf die L 405 nach Schömberg.

Einkehr
Waldcafé Teuchelwald, täglich
von 11 bis 19 Uhr, Mo Ruhetag,
www.waldcafe-teuchelwald.de;
Hotel Teuchelwald,
www.hotel-teuchelwald.de

Karte
Karte des Schwarzwaldvereins
1:35000, Oberes Murgtal

Information
Tourist-Info Freudenstadt,
Tel. 07441/86 47 30,
www.ferien-in-freudenstadt.de

Wem es nur darum geht, die größte Tanne im Schwarzwald zu sehen, der wird überrascht sein, wie viel es in den Wäldern zwischen Freudenstadt und dem Masselkopf sonst noch zu entdecken gibt.

Auf der Teuchel-Trasse Das erste Stück dieser Runde führt von der Bässler Brücke zur ❺ **Agnesruhe**. Damit befinden wir uns auf einem Teilstück des Mittelwegs. Dass der Weg sehr gleichmäßig und sanft ansteigt, hat historische Gründe. Denn in früheren Jahrhunderten verlief hier ein Teuchel. Das ist eine hölzerne Wasserleitung, die aus ausgehöhlten Baumstämmen besteht. Wie die von den Langwaldquellen bis zum Marktplatz in Freudenstadt unterirdisch verlegten Teuchel ausgesehen haben, zeigt ein erhaltenes Leitungsstück am Wegrand. Einen Steinwurf weiter passieren wir zunächst einen Brunnen, dann die ❶ **Tannenhütte**. Der Name ist Programm: Auf dem Dach wachsen neben Moos und Gräsern auch einige junge Nadelbäume. Wiederum nur wenige Schritte weiter erreichen wir den Wegweiser ❷ **Kohlwald**. Hier zweigt ein regionaler Wanderweg (blaue Raute) nach Kniebis und zur Alexanderschanze ab, zwei weitere lohnenswerte Ziele für eine Wanderung. Wir aber bleiben noch auf dem Mittelweg und kommen 150 Meter weiter zum ❸ **Waldcafé Teuchelwald**.

Rechts: Auf der Tannenhütte
wachsen neben Zwergsträuchern
mehrere Nadelbäume.

Rechte Seite: Kaum zu fassen:
Die Großvatertanne ist der mächtigste Baum im Schwarzwald.

Das idyllisch im Wald gelegene Café geht auf einen 1892 gebauten Pavillon zurück. Im Lauf der Jahrzehnte hat die Gaststätte mehrfach den Besitzer gewechselt, wurde umgebaut und vergrößert. Eines ist aber gleich geblieben: Das Waldcafé ist eine beliebte und wunderbare Erholungsstätte mit erschwinglichen Preisen.

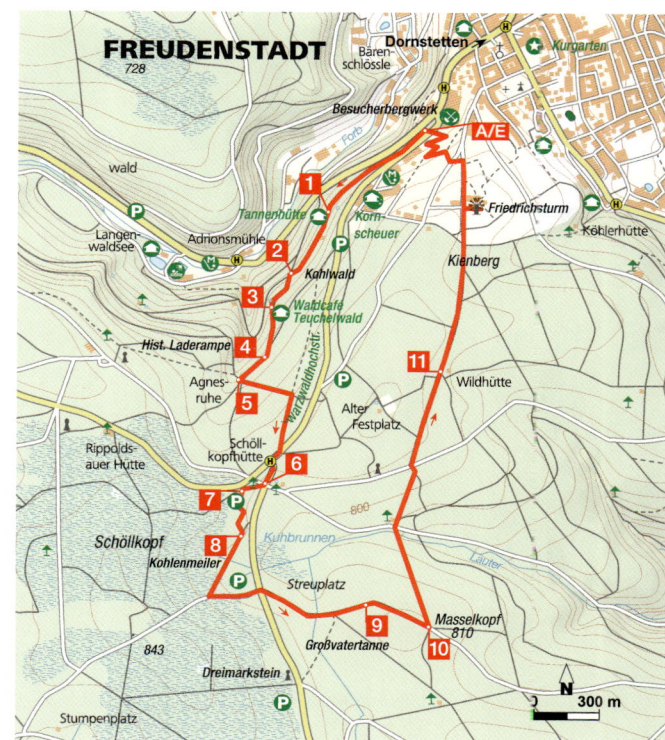

Auf den Spuren alter Gewerbe Weiter geht es auf dem Kohlweg zur Agnesruhe. Der Weg führt an einer heute wenig spektakulär wirkenden Geländestufe vorbei. Es ist der Rest einer ❹ **historischen Laderampe**. Als das Holz noch mithilfe von Ochsen und Pferden aus dem Wald an die Forstwege gerückt wurde, konnte es von der Rampe mit geringem Kraftaufwand auf die Holzfuhrwerke gerollt werden. Die Steinmauer, welche die Rampe zum Weg hin sicherte, wurde bei der Einrichtung einer Langlaufloipe entfernt. Gut 100 Meter weiter befindet sich die ❺ **Agnesruhe**. 1899 ließ an dieser Stelle der Privatier H. Feder aus New York zu Ehren seiner Frau eine Schutzhütte bauen. Hier verlassen wir den Mittelweg und folgen der gelben Raute über den Agnesruheweg zum ❻ **Parkplatz Lauferbrunnen**. Die Wegführung ist im Bereich der Landstraßen 404 und 405 nicht ganz einfach, der Wanderparkplatz mit dem 1912 installierten Fritz-Laufer-Brunnen aber gut zu finden.

Auf zur Großvatertanne Vom Parkplatz geht es über den Hardtweg zum ❼ **Schöllkopf**. Dort links auf den Waldpfad ab und weiter mit der gelben Raute Richtung Großvatertanne. Auf den nächsten Metern lohnt es sich, die Augen offen zu halten. So führt der Pfad zuerst an einem ❽ **Kohlenmeiler** vorbei und dann zu einem Nadelbaum, dessen Rinde auffallend eingeritzt ist. An dem Baum wird das Handwerk der Harzer dargestellt. Auf diese Weise wurden früher

Mit den Teucheln wurden einst Wasserleitungen im Schwarzwald verlegt.

vor allem Fichten und Kiefern eingeritzt, um das aus der Wunde austretende Harz zu gewinnen. Dieses war im Mittelalter ein wichtiger Rohstoff für die Herstellung von Farben, Stiefel- und Wagenschmiere, Arznei und Pech. Die Schäden, die den Bäumen durch die Harzerei zugefügt wurden, führten 1920 zur Einstellung dieses alten Waldgewerbes. Nachdem wir ein weiteres Mal die Landstraße überquert haben, kommen wir auf einem breiten Forstweg zur etwas abseits vom Weg stehenden ❾ **Großvatertanne**. Ein Grund, warum die 46 Meter hohe Tanne die umgebenden Bäume überragt, ist die frühere Nutzung dieses Gebiets. So erklärt ein Schild vor Ort: »Als Weidtanne wuchs die Großvatertanne lange Zeit frei stehend auf einer Viehweide des Schöllkopfhofes heran.« Heute gilt die 250 bis 300 Jahre alte Tanne mit ihren 36 Kubikmetern Stammvolumen als mächtigste Tanne im Schwarzwald.

Auf dem Ostweg Zurück auf dem Wanderweg sind es noch wenige Schritte bis zum 810 Meter hohen ❿ **Masselkopf**. Hier treffen wir auf den Ostweg (schwarz-rote Raute). Über nahezu geradlinige Forststraßen geht es auf dem dritten der traditionellen Fernwanderwege des Schwarzwalds über Lauterhütte, Äußere Riviera und ⓫ **Wildhütte** auf die Friedrichshöhe. Das auffallendste Bauwerk auf der Anhöhe oberhalb von Freudenstadt ist der Herzog-Friedrich-Turm. Dieser Aussichtsturm wurde zu Ehren des Stadtgründers Herzog Friedrich I. durch den Schwarzwaldverein geplant und 1899 zur 300-Jahr-Feier der Stadt Freudenstadt eingeweiht. Nach dem Abstecher auf den Turm passieren wir die Ausflugsgaststätte am Friedrichsturm. Gleich danach haben wir beim Wegweiser »Gartengolf« die Wahl: Wer auf kurzem Weg zurück zum Ausgangspunkt an der Bässler Brücke will, biegt links ab und folgt der gelben Raute durch den Park. Wer beim Bahnhof gestartet ist oder sich das Zentrum von Freudenstadt anschauen möchte, bleibt auf dem Ostweg, bis dieser auf dem größten Marktplatz Deutschlands mit dem Mittelweg zusammentrifft.

Der Friedrichsturm ober-halb von Freudenstadt

75

Karlsruher Grat

Edelfrauengrab und Kletterpartie

Schwer   10,5km   550m   4–4:30Std.

Tourencharakter
Technisch anspruchsvolle Tour mit kurzer Kletterpartie über den Karlsruher Grat; Schwindelfreiheit erforderlich. Auf dem Grat sind Stöcke hinderlich, ansonsten aber von Vorteil.

Ausgangs-/Endpunkt
Bahnhof Ottenhöfen

Anfahrt
Bahn/Bus: Von Offenburg führt die Achertalbahn bis zur Endstation in Ottenhöfen. **Auto:** Von der A5 Freiburg–Karlsruhe bei Ausfahrt 53 nach Achern abfahren, weiter auf der L87 bis Ottenhöfen. Parkmöglichkeiten bestehen am Bahnhof und bei der Volksbank.

Einkehr
Gasthaus Bosenstein, Do bis Di ab 10:30 Uhr, Mi Ruhetag

Karte
Karte des Schwarzwaldvereins 1:35000, Oberes Murgtal

Information
Tourist-Info Ottenhöfen, Tel. 07842/804 44, www.ottenhoefen-tourismus.de

Diese Wanderung führt durch die mystische Wasserfallschlucht des Gottschlägbachs. Der Aufstieg zum Bosensteiner Eck erfolgt über den bekanntesten Grat im Nordschwarzwald – gute Nerven und ein sicherer Halt sind auf den schroffen Felsen wichtig.

Zwei Varianten Für den Einstieg gibt es zwei Möglichkeiten: entweder direkt bei der Endstation der Achertalbahn oder beim schattigen Parkplatz am Ende der Edelfrauengrabstraße. Bei der ersten Variante laufen wir vom Bahnhof über den Forstweg und die Allerheiligenstraße zur katholischen Kirche. Dort geht es erst links in die Albert-Köhler-Straße, dann rechts ab über den Schlosshof zum Gottschlägbach. Der Weg führt an der ❶ **Ruine Bosenstein** vorbei. Vom Schlossberg ist es noch ein Kilometer bis zum kleinen ❷ **Wanderparkplatz**. Für das Studium der Infotafeln können wir uns Zeit lassen, bis zum ersten Ziel der Wanderung ist es nicht weit: dem Gottschlägbach entgegen, vorbei am alten Gasthaus und hinein in die Schlucht. Mit Moos und Farnen überwucherte Felsen zeigen, dass es hier selbst an sonnigen Tagen kühl bleibt. Wenige Schritte weiter erreichen wir dann auch schon die Wasserfälle und das ❸ **Edelfrauengrab**.

Romantisches Brückle und Brunnenkiosk Unterhalb und oberhalb des Edelfrauengrabs wechselt der Wanderweg mehrmals die Seite des Bachs und passiert bergan weitere, kleinere Kaskaden. Wo das Gelände flacher wird, führt ein Pfad zum ❹ **Romantischen Brückle**. Hier halten wir uns erst links (die Brücke nicht überqueren!), dann gleich wieder rechts und laufen den oberen Wasserfällen entgegen. Kurz nach dem Deglerbad mündet der Pfad in einen breiteren Weg. Hier folgen wir rechts der gelben Raute Richtung Karlsruher Grat. Beim Wegweiser »Gottschlägtal« hält ein mit Bergwasser gekühlter ❺ **Brunnenkiosk** Getränke zur Erfrischung bereit.

Berühmt-berüchtigter Grat Hier verlassen wir das Gottschlägtal und wechseln auf den etwas steileren Pfad. Nachdem wir den aussichtsreichen ❻ **Herrenschrofen** passiert haben und zwei Schilder nach Ottenhöfen und Bosenstein sehen, biegen wir rechts ab zum ❼ **Karlsruher Grat**. Noch bevor es über den Grat geht, lädt der erste Felsen zu einer Verschnaufpause ein. Auf dem nächsten Stück sind Wanderstöcke eher hinderlich, also weg damit. So haben wir die Hände zum Klettern frei und können

die Aussicht vom Grat über das Tal genießen – und natürlich auch beobachten, wo Wanderer vor uns ihre Schwierigkeiten auf dem Kamm haben und wie sie diese meistern. Nach einer zweiten Pause am anderen Ende des Grats (hier geht es deutlich lebhafter zu, und man kommt leicht mit Gleichgesinnten ins Gespräch) folgen wir der blauen Raute nach Bosenstein. Wer sich die Kletterpartie nicht zutraut, kann den Eichhaldenfirst auf seiner Nordseite umgehen. In dem Fall biegt man erst beim Wegweiser ❽ **Dreierschrofen** rechts ab. Beide Varianten treffen am Ostende des Grats wieder zusammen. Nach einem kurzen Stück auf der Kreisstraße bietet dann das ❾ **Rasthaus Bosenstein** die beste Gelegenheit auf der Strecke für die wohlverdiente Einkehr. Anschließend folgen wir der gelben Raute über Am Grenzweg und Kleineck mit der ❿ **Aussicht nach Seebach** sowie Hagenbruck zurück nach Ottenhöfen. Wer beim Wanderparkplatz Edelfrauengrab gestartet ist, bleibt zunächst auf der Straße Bosenstein und folgt ab den ersten Häusern der lokalen Beschilderung.

Die schroffen Felsen auf dem Eichhaldenfirst sind einst so manch einem Karlsruher zum Verhängnis geworden

76

Wildsee

Tückisches Gewässer beim Ruhestein

Mittel | 8,5 km | 270 m | 3:30 Std.

Tourencharakter
Beim Abstieg zum Wildsee ist Trittsicherheit erforderlich, ansonsten
leichte Bergwanderung über gut
begehbare Wege und Pfade

Ausgangs-/Endpunkt
Naturschutzzentrum Ruhestein

Anfahrt
Bahn/Bus: Es bestehen Busverbin-
dungen ab Baiersbronn, Achern
und Baden-Baden zur Haltestelle
Ruhestein.
Auto: Zufahrten zum Ruhestein
bestehen über die B 500 Baden-
Baden–Freudenstadt (B 28), von
Baiersbronn über die L 401 und
von Achern über die L 87.

Einkehr
Darmstädter Hütte, ab 10 Uhr,
www.darmstaedter-huette.de

Karte
Karte des Schwarzwaldvereins
1 : 35 000, Oberes Murgtal

Information
Baiersbronn Touristik, Tel. 07442/
841 40, www.baiersbronn.de;
Tourist-Info Seebach, Tel. 07842/
94 83 20, www.seebach-tourismus.de

Diese kurzweilige Runde vom Ruhestein über den Seekopf
hinab zum Wildsee zählt zu jenen Wanderungen im Schwarzwald, die einen immer wieder von Neuem begeistern.

Starthilfe am Ruhestein? Wenige Meter vom Ausgangspunkt am ❶ Naturschutzzentrum entfernt befindet sich die Talstation des Ruhestein-
Sessellifts. Mit ihm ist es ein Leichtes, den Ruhesteinberg zu erreichen.
Schöner jedoch ist es, die Anhöhe auf dem Westweg aus eigener Kraft zu
erklimmen und die Serpentinen zwischen Tal- und Bergstation zu nutzen,
um erste Eindrücke von der herrlichen Landschaft rund um den Ruhestein
zu sammeln. Bis zum oberen Ende des Lifts benötigt man etwa 25 Minuten.
Oberhalb des im Winter als Skipiste genutzten Hangs führt der Westweg
an ausgedehnten Grinden – mit Latschen und einzelnen Birken bewachsene Feuchtheiden – vorbei. Zäune zwischen dem bequem zu laufenden
Weg und den Grinden schützen die empfindliche Vegetation vor Trittschä-
den und sollten deshalb nicht überwunden werden.

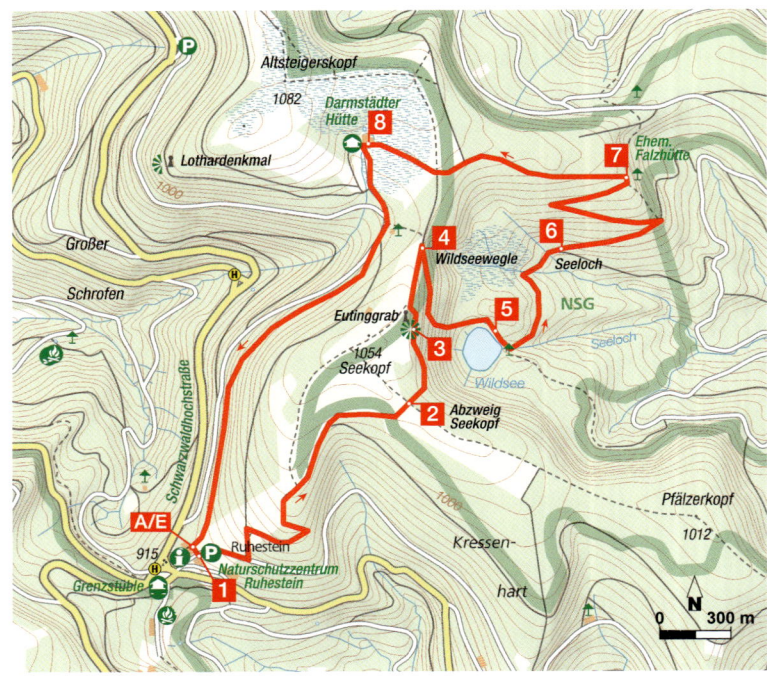

Stelldichein beim Ruhesteinvater Bald sind der Wegweiser beim ❷ Abzweig zum Seekopf und, 300 Meter weiter, das ❸ Eutinggrab erreicht. Ganz in der Nähe des Urnengrabs gibt der Bannwald erstmals den Blick auf den Wildsee frei. Zum Einstiegspunkt zu gelangen, ist allerdings nicht immer so einfach. Im Zweifelsfall folgt man der Umleitung bis zum nächsten Abzweig und biegt dann scharf rechts zum Wildseewegle ab.

Achtung beim Abstieg Am Wegweiser ❹ Wildseewegle warnt ein Schild vor dem Pfad hinunter an den Karsee: »Betreten auf eigene Gefahr. Nur für geübte Wanderer. Kein befestigter Weg. Rutsch- und Sturzgefahr. Pfad mit festem Schuhwerk zu begehen.« Wem dies nicht reicht, kann auf einem zweiten, kleineren Schild lesen, dass der schwierige Abgang zum Wildsee nur etwas für Trittsichere ist. Ursache für die Warnungen sind neben einigen unbequemen Sandsteinblöcken einige im Bannwald umgestürzte Bäume, die quer auf dem abschüssigen Pfad liegen und irgendwie überwunden werden müssen. Die Mühe lohnt sich aber. So ermöglicht das Wildseewegle Einblicke in eine Natur, die sich seit mehr als 100 Jahren ohne jede menschliche Nutzung frei entwickeln kann.

Zur Darmstädter Hütte Nach einer halben bis Dreiviertelstunde ist der Abstieg zum ❺ Wildsee geschafft. Eine zauberhafte Stimmung herrscht über dem dunklen Wasser. Sei es an einem kühlen Herbstmorgen, wenn Nebelschleier über den Karsee schweben, oder an einem sonnigen Nachmittag, wenn sich die umliegenden Wälder im Wasser spiegeln. Romantiker werden begeistert sein. So trifft es sich, dass die Wanderung bald über Wege verläuft, die hinauf zur Darmstädter Hütte ein trautes Nebeneinander ermöglichen. Der Weg dorthin ist einfach zu finden: Vor dem Ausfluss des Wildsees – dem Seeloch – verlassen wir den Karsee und folgen der gelben Raute erst hinab zum Wegweiser ❻ Seeloch, dann in mehreren Kehren hinauf zur ❼ ehemaligen Falzhütte und weiter über »Bannwald« bis zur ❽ Darmstädter Hütte. Auf ihrer hübsch gelegenen Terrasse lässt es sich gut aushalten. Anschließend geht es erst mit der roten, ab »Skilift Darmstädter Hütte« mit der gelben Raute zurück zum Ruhestein, wo diese idyllische Runde endet.

Der Wildsee ist sagenumwoben – und zu jeder Jahreszeit schön.

Priorstein

Verfluchter Stein, sagenhafter Ausblick

Mittel   18,5 km   600 m   5:30 Std.

Tourencharakter
Zu Beginn und gegen Ende der Wanderung treiben mehrere Anstiege den Schweiß auf die Stirn, sonst bequeme Höhenwanderung auf Wegen und Waldpfaden.

Ausgangs-/Endpunkt
Parkplatz beim Haus des Gastes in Tonbach

Anfahrt
Bahn/Bus: Es bestehen gute Busverbindungen vom Bahnhof in Baiersbronn zur Haltestelle Waldlust in Tonbach. **Auto:** Von der B 462 Freudenstadt–Rastatt bei Baiersbronn auf die Tonbachstraße abbiegen, in Tonbach »Am Schulhaus« abzweigen, weiter bis zum Parkplatz unterhalb der Kirche.

Einkehr
Auf der Strecke keine Möglichkeiten, dafür schöne Rastplätze beim Priorstein, Oberen Zinken und Huzenbacher Seeblick

Karte
Karte des Schwarzwaldvereins 1:35 000, Oberes Murgtal

Information
Baiersbronn Touristik, Tel. 07442/ 841 40, www.baiersbronn.de

Die Gemeinde Baiersbronn ist für ihre Himmelswege bekannt. Allen gemein ist, dass sie aktive Naturliebhaber ansprechen, die es lieben, durch weite, ruhige Wälder zu wandern. Eine der schönsten dieser Strecken ist die Holzmachertour.

Grenzerfahrungen im Dammerswald Die Orientierung fällt auf dieser Runde leicht: ab dem Ausgangspunkt oberhalb des Hauses des Gastes immer dem »Kieferzapfen« nach. Vom Wanderparkplatz geht es links an der Johanneskirche vorbei und am Siedlungsrand von Tonbach bis zum Wegweiser ❶ Sonnenhalde. Hier kehren wir dem Ort den Rücken zu und steigen über einen steilen Holzmacherpfad zum Weißen Stein. Den Stich kann man ruhig langsam angehen. Denn auf nur 400 Metern Strecke gewinnt man 70 Meter in der Höhe. Dafür ist der steilste Abschnitt der Wanderung schon kurz nach dem Start geschafft. Beim nächsten Wegweiser zweigt die Holzmachertour nach links auf den Wiedenberg, die Anhöhe zwischen Tonbachtal und Murgtal, ab. Noch bevor der Priorstein erreicht ist, passieren wir einen ❷ alten Grenzstein. Aber was heißt hier einen Grenzstein? Es ist eine kleine Gruppe von Steinen, die über einen Trampelpfad mit dem nun bequem zu laufenden Wanderweg verbunden sind. Die grob behauenen und mit Wappen und Schriften versehenen Steine markieren die einst heftig umstrittene Grenze zwischen Baden und Württemberg.

Rechts: Blick auf den Huzenbacher See

Rechte Seite: Herbstidylle oberhalb des Tonbachtals

Fluch des Priorsteins Einen Steinwurf von den Grenzsteinen entfernt befindet sich der ❸ Priorstein. Auch er diente dazu, die Grenze zwischen den badischen und den württembergischen Interessen zu beschreiben. Bekannt wurde der durch Wasser und Wind rund geschliffene Buntsandbrocken jedoch durch einen Fluch. Als der in früheren Jahrhunderten waldfreie Weideberg zum Kloster Reichenbach zählte, soll der Legende nach der vom Kloster beauftragte Waldhüter, das Petermännle, beim strengen Prior Johann Hügelin in Ungnade gefallen sein. Nach seiner Entlassung soll das Petermännle verbittert auf einer ähnlichen Felsengruppe am Gegenhang Platz genommen haben. Von dort schleuderte er Flüche und Verwünschungen in Richtung Priorstein, da er dort seinen Feind, den Prior, zu erkennen glaubte. 1595 gingen seine Verwünschungen in Erfüllung, das Kloster wurde gestürmt und der Prior musste nach Horb an der Neckar fliehen. Heute lädt ein aussichtsreicher Rastplatz beim Priorstein zu einer ersten Pause ein.

Brandgefährliches Handwerk Vom Priorstein geht es über die ❹ Feuerlehne zu einem historischen Salbeofen. Das doppelwandige Bauwerk diente der Trockendestillation von harzigem Kiefernholz. Beim Salbe- oder Schmierbrennen wurde der Innenraum des Ofens mit kurzen Holzstücken, den Kienkippen, gefüllt und geschlossen. Anschließend entfachten die Arbeiter zwischen der Innen- und Außenwand ein Feuer. Die Hitze trennte das Holz in seine Grundsubstanzen. Nacheinander flossen Teerwasser, Kienöl und brauner Teer ab. Nach dem Erkalten des Ofens konnte die dabei entstandene Holzkohle entnommen werden. Fünf Personen waren bei dem sieben Tage andauernden Prozess beschäftigt. Sie führten bis zu 36 Destillationen im Jahr durch, wurden jedoch auf einen Schlag alle arbeitslos: Als im Jahr 1800 eine große Fläche Wald abbrannte, wurde das Salbebrennen verboten.

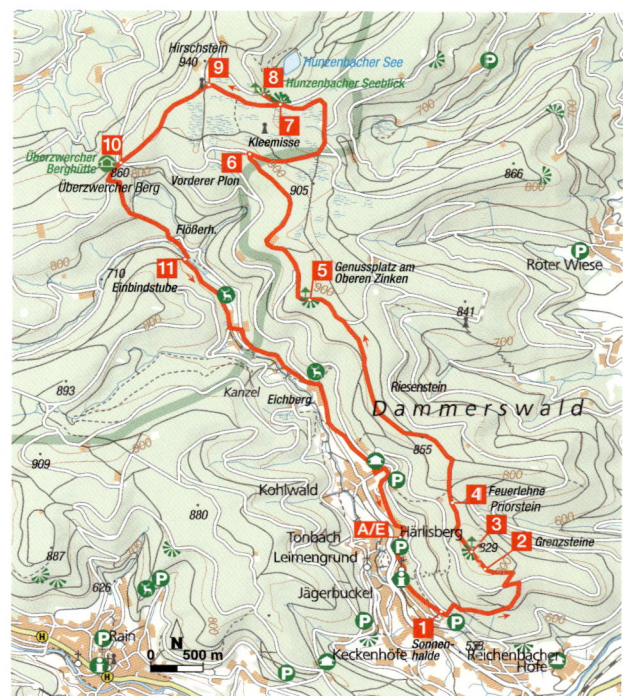

Sagenumwobener See Vom Salbeofen führt der Weg über den bewaldeten Höllkopf nach Waldstieg und weiter über den Oberen Eichberg, den ❺ Genussplatz am Oberen Zinken, nach ❻ Vorderer Plon. Auf diesem rund 4,5 Kilometer langen Stück wird der Wald von mehreren offenen Flächen durchbrochen. Damit öffnet sich die Sicht nach Westen über das Tonbachtal zum Gegenhang und nach Süden zu den Höhenlagen zwischen Baiersbronn und Freudenstadt. Beim Vorderen Plon geht es rechts ab zum Kleemisswegle, dann zweimal links zum Wegweiser ❼ Kleemisse. Dort treffen wir auf die Murgleiter, der wir die 200 Meter bis zum ❽ Huzenbacher Seeblick folgen. Um den Karsee ranken sich gleich einige Sagen. So soll sich in der Mitte des Sees ein stiller Wirbel befinden, welcher alle Fahrzeuge in die Tiefe zieht. Eine andere Legende berichtet von einem Seemännlein und einem Seeweiblein, an die sich die Bürger von Huzenbach gewöhnt hatten. Als ihre zwei Töchter jedoch bei einer Hochzeitsfeier im Ort zu Gast waren, nahm das Unglück seinen Lauf: Zwei Burschen verliebten sich in die beiden und hielten sie bis nach Mitternacht auf. Als sie die Schwestern endlich zum See begleiteten, hörte die ältere, wie die Eltern stritten. Die Burschen konnten dies nicht hören und verabschiedeten die Mädchen mit dem Wunsch, sie bald wiederzusehen. Diese baten die Burschen jedoch, am Ufer zu warten und das Wasser zu beobachten: »Bleibt es ruhig, ist alles gut, und wir kommen wieder. Doch wenn es sich mit Blut färbt, ist es uns schlimm ergangen.« Einer der Burschen blieb und sah mit Schrecken, wie der See nach einiger Zeit unruhig

In der Gemeinde Baiersbronn bieten mehrere Veranstalter Kutschfahrten durch die herrliche Landschaft an.

wurde und sich das Wasser rot färbte. Eine dritte Sage erzählt von einem Kloster, das im Huzenbacher See untergegangen sein soll. Die Glocken und selbst Gesang sollen dann und wann immer noch zu hören sein. So wundert es nicht, dass der Huzenbacher See auch als Nonnensee bekannt ist. Doch wer will das nachprüfen? Sicherer ist es da, sich den See von der Anhöhe aus anzuschauen. Und dafür kann man ruhig ein bisschen mehr Zeit einplanen. Wie beim Priorstein und Genussplatz wurde auch beim Seeblick ein schöner Rastplatz eingerichtet.

Abstieg nach Tonbach Nach dem Abstecher kehren wir auf demselben Weg zur **❼ Kleemisse** zurück. Ab dort führen sowohl die Holzmachertour als auch die Murgleiter durch ein Hochmoor unterhalb vom **❾ Hirschstein** zum Hinteren Plon. Der Pfad durch das Moor ist oft matschig. Ein umgestürzter Baum reicht aus, um eine Mulde zu schaffen, in der sich Wasser sammelt und bald neues Leben entwickelt. Beim Abstieg ins Tonbachtal passieren wir die **❿ Überzwercher Berghütte**, dann die Stirnleshütte und einen weiteren Salbeofen. Unterhalb der Flößerhütte verläuft der Wanderweg an einer Einbindstube und überquert mehrmals den Tonbach. Wo sich bei »An der Furt« die Murgleiter und die Holzmachertour trennen, ist das Haus des Gastes wieder angeschrieben. Hier können wir einfach der gelben Raute über Forsthaus Tonbach, Herrenwegle (links hoch zum Eichbergwegle) und Plauderstüble zurück zum Ausgangspunkt folgen.

Salbeofen oberhalb des Tonbachtals

Rhein

Die Burg Frankenstein liegt wenige Kilometer südlich von Darmstadt mit Blick auf die Rheinebene (o. l.); Gesamtpanorama Ahrtal (u. l.); die Burg Rheinfels in St. Goar ist die größte und eine der großartigsten Burgruinen am Rhein (o. r.); Hangelnd durch die Klamm (u. r.)

Auf dem Heiligenberg

Eine mystische Stätte

Mittel	13,2 km	520 m	4–4:30 Std.	

Tourencharakter
Eine mittelschwere Wanderung mit interessanten kulturellen Höhepunkten

Ausgangs-/Endpunkt
Bismarckplatz in Heidelberg

Anfahrt
Bahn/Bus: Mit den Straßenbahnen 5, 21, 22, 23, 26 bis Haltestelle Bismarckplatz. **Auto:** Über A 5 und B 3 bis Heidelberg

Einkehr/Übernachtung
Hotel & Restaurant Grenzhof GmbH, Grenzhof 9, 69123 Heidelberg, Tel. 06202/943-0, www.grenzhof.de

Karte
Freizeitkarte 513, 1:50000, Mannheim, Heidelberg: Naturpark Neckartal-Odenwald (Westblatt), Landesvermessungsamt Baden-Württemberg

Eine merkwürdige Atmosphäre erwartet den Wanderer am ehemaligen Kloster auf dem Heiligenberg. Hier, wo in längst vergangenen Jahren Mönchsgesänge erklangen, können nur noch Reste in Augenschein genommen werden. Trotzdem hat der Ort an Kraft nicht verloren.

Keltisches Erbe Der ❶ Bismarckplatz ist ein beliebter Treffpunkt der Heidelberger und gleichzeitig der Startpunkt für die Wanderung auf den Heiligenberg, der 439,9 Meter hoch ist. Noch heute können dort Reste einer doppelten keltischen Ringwallanlage bewundert werden. Über die Theodor-Heuss-Brücke, Brückenkopfstraße und die Bergstraße führt die Tour weiter über den am Anfang steilen Philosophenweg. Etwa zwei Kilometer lang schlängelt sich der Weg vom Stadtteil Neuenheim am Physikalischen Institut und Philosophengärtchen vorbei. Kurz danach ist die Hölderlinanlage mit ihren wunderbar anzusehenden Rhododendronbüschen und dem Hölderlinstein erreicht. Anschließend führt der Philosophenweg als Waldweg weiter, um das Hirschgassental herum und am Südhang des Heidenknörzels entlang.

Idyllischer Waldweg Nach dem Erreichen der Odenwälder Hütte führt die Wanderung Richtung Mausbach weiter. An der nächsten Wegkreuzung ist dem linken Waldweg zu folgen. ❷ **Webersbrunnen und Moltkehütte** sind die nächsten Stationen. Anschließend geht es weiter Richtung Mausbach/Weißer Stein. Nach der Mausbachwiese und dem Mausbachbrunnen ist die Mausbachquelle bald erreicht. Die nächste Abbiegung führt in den oberen Mausbachweg. Nun heißt es, der nächsten rechten Abbiegung zu folgen und an der Wegspinne am Stickelsplatz der linken Wegführung in Richtung »Zollstock/Heiligenberg« nachzugehen.

Geheimnisvoller Ort Bald liegt die Ruine der im Jahr 1023 errichteten Basilika und des Klosters St. Michael auf dem ❸ **Heiligenberg** in greifbarer Nähe. Am Kloster vorbei ist das nächste Ziel die Thingstätte. Die ❹ **Thingstätte** ist eine Freilichtbühne, die 1935 nach einem Entwurf von Hermann Alker erbaut wurde.

Aussichtsturm Heiligenberg

Hexentanz Zur Walpurgisnacht kommen Tausende von Besuchern auf den Heiligenberg und feiern diese besondere Nacht. Hierbei gibt es weder kommerzielle Verkaufsstände noch elektrisches Licht. Dieses Event ist die größte inoffizielle Feier Heidelbergs – das Fest ist offiziell verboten, wird jedoch geduldet. Für eine kleine Pause ist der Besuch des ❺ **Gasthofs Waldschenke** empfehlenswert. In direkter Nähe kann die ❻ **Ruine des Stephansklosters** besichtigt werden.

Schöne Aussicht Weiterhin kann in direkter Nähe der ❼ **Heiligenbergturm** bestiegen werden, der im 19. Jahrhundert aus den Steinen des Stephansklosters erbaut wurde. Vom Heiligenbergturm bietet sich dem Betrachter ein wunderbarer Ausblick auf die Stadt. Die Wanderung wird nun bis zur linken Abzweigung fortgesetzt.

Der denkmalgeschützte Hundertjährige Der Forstweg führt direkt zur ❽ **Bismarcksäule**. Diese Säule wurde 1903 eingeweiht und ist ca. 15 Meter hoch. Im Inneren kann der 100-jährige Turm über eine Treppe bestiegen werden. Eine schöne Rundumsicht auf die Stadt ist dann garantiert. Nach dem Abstieg geht es nun weiter rechts und wieder links, bis der schmale Pfad an der Eichendorffanlage mündet. Nun gehen wir über den Philosophenweg zum Bismarckplatz zurück.

Die Burg Frankenstein

Kreuze und Magnetsteine

Schwer — **19,4 km** — **490 m** — **5 Std.**

Tourencharakter
Anspruchsvolle Wanderung mit kulturellen und geologischen Höhepunkten

Ausgangs-/Endpunkt
Haltestelle Ludwigstraße in Seeheim-Jugenheim

Anfahrt
Bahn/Bus: Mit der Bahn bis Darmstadt-Alsbach und weiter mit Straßenbahn Nummer 8 (täglich).
Auto: Über die A5, B3 und L31063 nach Jugenheim

Einkehr/Übernachtung
Hotel & Restaurant Brandhof GmbH, Im Stettbacher Tal 61, 64342 Seeheim-Jugenheim, Tel. 06257/50500, www.hotel-brandhof.de

Karte
Topografische Freizeitkarte Hessen 1:20000, Nördlicher Vorderer Odenwald, mit Wander- und Radwegen, Landesvermessungsamt Hessen

Mehrere geheimnisvolle Orte werden bei dieser Wanderung aufgesucht – sei es das Mausoleum der Battenbergs, die berüchtigten Magnetsteine oder die Burg Frankenstein. Die Gerüchte über den dort einst lebenden Alchemisten Johann Konrad Dippel dauern bis heute fort.

Zum Goldenen Kreuz Der Startpunkt dieser Wanderung ist an der Haltestelle Ludwigstraße in Seeheim-Jugenheim. Von hier aus beginnt die etwa 19 Kilometer lange anspruchsvolle Wanderung. Der Markierung »SJ2« folgend wird die Hauptstraße, die ❶ Ludwigstraße, erreicht. Nun geht

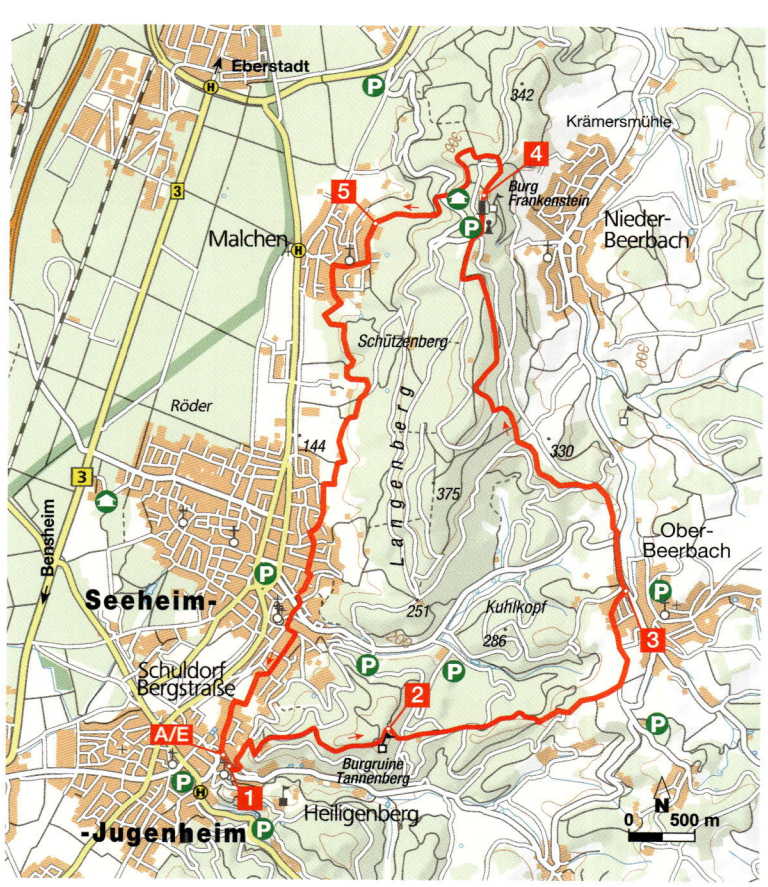

Rechte Seite: Die Burg Frankenstein

Der Wehrturm der Burg

die Route in einen Waldweg über. Nach der Kreuzung gilt es, sich links in Richtung Goldenes Kreuz, einem Wahrzeichen von Jugenheim, zu halten. Dieses wurde zum Andenken an die Großherzogin Wilhelmine (1788–1836) von ihren Kindern am 28. Mai 1866 eingeweiht. Das Kreuz ist vergoldet und befindet sich auf einem Sockel aus schwarzem Syenit. Nächster Haltepunkt ist danach das Mausoleum des Prinzen Alexander von Hessen und seiner Gemahlin Julie, Prinzessin von Battenberg, von 1894.

Alte Gemäuer Nach einer Weile auf dem Waldweg geht es nun zur Klosterruine auf dem Heiligenberg. Anscheinend stifteten Konrad II. von Bickenbach und seine Frau Ruda von Falkenstein 1263 das Nonnenkloster auf dem Heiligenberg, das höchstwahrscheinlich noch ein Jahrhundert lang benutzt wurde, bis es zusehends verfiel. Im Jahr 1830 veranlasste Großherzogin Wilhelmine schließlich die Restauration der Ruine.

Schloss Heiligenberg Das Sommerpalais des Hauses Battenberg-Mountbatten, welches in den Jahren 1862 und 1867 von einem Landgut in ein Schloss umgebaut wurde, ist das nächste Ziel. Später lebte Alexander (1823–1888), der dritte Sohn des Großherzogs Ludwig II. von Hessen-Darmstadt, in Darmstadt oder auf dem Schloss Heiligenberg. Er heiratete die Gräfin Julia Hauke, welche eine Hofdame seiner Schwester, der Zarin Maria Alexandrowna war. Als Begründer des Geschlechts der Battenberg (Mountbatten auf Englisch) und der damit zusammenhängenden dynastischen Verbindungen kam es im Schloss bis 1914 zu regelmäßigen Besuchen des russischen Zarenpaares und von anderen Königen, Fürsten und Diplomaten.

Ruine einer Höhenburg Noch ein Stück der bekannten Markierung folgend, gilt es nun, rechts in den Alemannenweg mit dem Symbol des roten »A« zu folgen. Über die Bergkirche, den Theobaldsweg und an der Schutzhütte vorbei geht es nun bergauf bis zur ❷ **Burgruine Tannenberg** von vor 1230. Etwa eine Stunde wird bis dorthin benötigt. Ursprünglich begann wohl der Vater von Ulrich I. von Münzenberg bereits um 1210 mit dem Bau der Burg. Eine andere Quelle behauptet, dass die Burg

Anfang des 12. Jahrhundert auf den Mauern einer noch älteren Befestigung errichtet wurde. Tatsache ist, dass die Burg als Burg Seeheim im Jahr 1239 das erste Mal urkundlich erwähnt wurde. Die Burg Tannenberg war eine kleine Gipfelburg mit Zwinger, Bergfried, Zugbrücke und zwei Toranlagen. In der Anlage wurden eine interne Zisterne, eine Quelle, Keramikkochtöpfe wie auch schöne Pferdezaumzeuge entdeckt. Einige Funde können im Bergsträßer Museum Seeheim-Jugenheim bewundert werden. Nach deren Besichtigung geht es zum Wegweiser und den Markierungen mit dem gelben Kreuz zurück. Nach der Sofienhütte folgt bald die Wegkreuzung, wo man den Markierungen des roten Balkens in Richtung Frankenstein folgt.

Mystische Magnetsteine Auf dem Albert-Einstein-Ring in ❸ **Ober-Beerbach** geht es nach dem Erreichen der Eberstädter Straße nach Seeheim-Jugenheim und weiter in Richtung »Magnetsteine/Burg Frankenstein« (rote Markierung). Bald steht man vor den Magnetsteinen, die anscheinend aus Blitzeinschlägen entstanden sind. Weiter dem bekannten Symbol folgend ist das nächste Ziel die berüchtigte ❹ **Burg Frankenstein**. Nach dem Kräutergarten geht es nun an der nächsten Gabelung links in den Weg mit der Markierung der zwei weißen Balken weiter. ❺ **Malchen** ist die nächste Zwischenstation.

Entspannter Rückweg Nach der Frankensteiner Straße biegt man in die Straße Im Weingarten ein. Auf der Route mit der Markierung »gelbes B« geht es weiter bis Seeheim. Über die Lohndorf-, Burg-, Schloss- und Bergstraße kommt man über die Albert-Schweitzer-Straße nach Jugenheim. Ab der Hauptstraße ist wieder »SJ2« unsere richtige Markierung, die uns nach etwa 4,5 bis 5 Stunden wieder zum Ziel zurückführt.

Das Schloss Heiligenberg liegt hoch über Seeheim-Jugenheim.

80

Von Mainz zur Kapelle der heiligen Anna

Auf den Spuren von Bonifatius

Mittel   20 km   320 m   4:30 Std.

Tourencharakter
Meist ebene Wanderung hauptsächlich über Feld- und Waldwege

Ausgangspunkt
Mainzer Dom

Endpunkt
Zentrum von Weilbach

Anfahrt
Bahn/Bus: Mit den Straßenbahnen zum Schillerplatz und mit Bus zur Haltestelle Höfchen. **Auto:** Über die B 40 nach Mainz und weiter bis zur Rheinstraße

Einkehr/Übernachtung
Gasthof & Landhotel Ohrnbachtal, Ornbach 5, 63937 Weilbach, Tel. 09373/14 13, www.gasthof-ohrnbachtal.de

Karte
Topografische Karte 1:50 000, Mainz und Rheinhessen, mit Wander- und Radwanderwegen, Landesvermessungsamt Rheinland-Pfalz

Die abwechslungsreiche Tour auf einem Streckenabschnitt der Bonifatius-Route schließt geschichtliche und kulturelle Höhepunkte ein. Die St.-Anna-Kapelle wie auch eine der schwefelreichsten Quellen mit heilenden Kräften in Deutschland haben dabei besonderen Stellenwert.

Beginn des Pilgerweges Im Zentrum von Mainz startet die Bonifatius-Route direkt am ❶ **Hohen Dom**. In der Bischofskirche der römisch-katholischen Diözese Mainz fanden mehrere Königskrönungen statt. Hinter dem Dom geht es nun weiter Richtung Staatstheater und durch die Quintinstraße und den Eisenturm, den Stadtturm aus den Anfängen des 13. Jahrhunderts, zum ❷ **Rhein**. Auf der Theodor-Heuss-Brücke wird er überschritten. Hier lohnt sich ein Abstecher zum Reduit. Diese einstige Kaserne beherbergt heute das Heimatmu-

Idyllische Weinberge

seum Museum Castellum. Im Sommer wird der schöne Innenhof öfter für Open-Air-Kinos und Konzerte genutzt.

Am schönen Rhein entlang Weiter auf der Bonifatius-Route rheinaufwärts ist nun die Bastion Schönborn bald erreicht. Das restaurierte Blockhaus dient heute als Restaurant, im Sommer hat zudem der zugehörige Kasteler Strand geöffnet. Die Gäste lassen sich hier mit Blick auf den Rhein, Getränken und kleinen Gerichten verwöhnen. Das Flößerzimmer der Bastion beherbergt außerdem ein Flößermuseum mit vielen interessanten Ausstellungsstücken. Nach einer kurzen Pause geht es auf dem bequemen Weg weiter bis zur Maaraue und zum ❸ **Mainhafen** in Mainz-Kostheim. Für einen schönen Rundumblick ist der Aufstieg auf den 20 Meter hohen Aussichtsturm am Mainhafen lohnenswert. Bei schöner Sicht können Mainz, Wiesbaden und der Taunus ausgemacht werden. Über die Mainwiesen ist bald ❹ **Hochheim** erreicht.

Kapelle der heiligen Anna Nun führt die Bonifatius-Route in die Weinberge Hochheims. Die ❺ **St.-Anna-Kapelle** von 1715 befindet sich oberhalb der Wiesenmühle und ist häufig das Ziel für Pilger. Nun geht es zum Flörsheimer Eisenbaum. Nach dem Aufstieg und einem wunderbaren Rundumblick ist die Flörsheimer Warte die nächste Station. Nach der Rundumschau führt die Wanderung nach Wicker zur katholischen Pfarrkirche St. Katharina.

Heilendes Wasser Wenn man Wicker hinter sich gelassen hat, lädt ❻ **Faulborn** mit seiner sehr schwefelreichen Mineralquelle zu einer Pause ein. Im Jahr 1783 befahl der Landesherr, der Kurfürst von Mainz Friedrich Karl Joseph von Erthal, die Suche nach Bodenschätzen. Bei Bohrungen wurde die Weilbacher Schwefelquelle, der Faulborn, wiederentdeckt. Hauptsächlich soll das Wasser bei Erkrankungen der Haut und der Atmungsorgane durch seine heilende Kraft helfen. Um die Quelle herum wurde schon bald der große ❼ **Kurpark** in Bad Weilbach errichtet, durch den man nach Weilbach gelangt.

81

Zur Abtei St. Hildegard

Ein langes Stück Geschichte

Mittel   11,8 km   230 m   3 Std.

Tourencharakter
Geschichtlich interessante Rundtour

Ausgangs-/Endpunkt
Im Flecken in Geisenheim-Johannisberg

Anfahrt
Bahn/Bus: Mit der Bahn von Bingen oder Mainz nach Geisenheim und mit Bus 183 nach Johannisburg. **Auto:** Auf B 42 bis Geisenheim, weiter über die L 3272 nach Johannisburg

Einkehr/Übernachtung
Hotel Haus Neugebauer GmbH, Haus Neugebauer 1, 65366 Geisenheim, Tel. 06722/96050, www.hotel-neugebauer.de

Karte
Topografische Sonderkarte Hessen 1:25000, Blatt 1 Rheingau, mit Wanderwegen und Weinbergslagen, Landesvermessungsamt Hessen

Die unterhaltsame Rundwanderung schließt den Besuch der Wallfahrtskirche Marienthal und des Klosters Nothgottes ein. Die Abtei St. Hildegard mit dem Klosterweingut ist Teil des UNESCO-Welterbes Oberes Mittelrheintal.

Zur Wallfahrtskirche Vom ❶ **alten Rathaus** führt unser Weg über die Niclas-Vogt-Straße links zu den Weinbergen. Leicht abwärts zur Rheingauer-Riesling-Route ist ein ca. 1,5 Kilometer langer Fußmarsch an der Straße entlang zur ❷ **Wallfahrtskirche Marienthal** notwendig. Es wird erzählt, dass im Jahr 1309 der erste Wallfahrer nach Marienthal kam. Er kniete sich vor dem Marienbilde nieder und bat die Mutter des Herrn um Hilfe, da er das Augenlicht verloren hatte und niemand ihm helfen konnte. Als er aber dann vor dem Bild niederkniete, wurde er erhört und konnte plötzlich wieder sehen. Der Junker Hans Schaffrait hörte von der Heilung und ließ im Jahr 1313 eine Kapelle errichten, in die das Marienbild gebracht wurde. Anschließend kamen immer wieder Menschen, die dort um Hilfe baten und Heilung von ihren Leiden erfuhren. Daraufhin wurde die Ka-

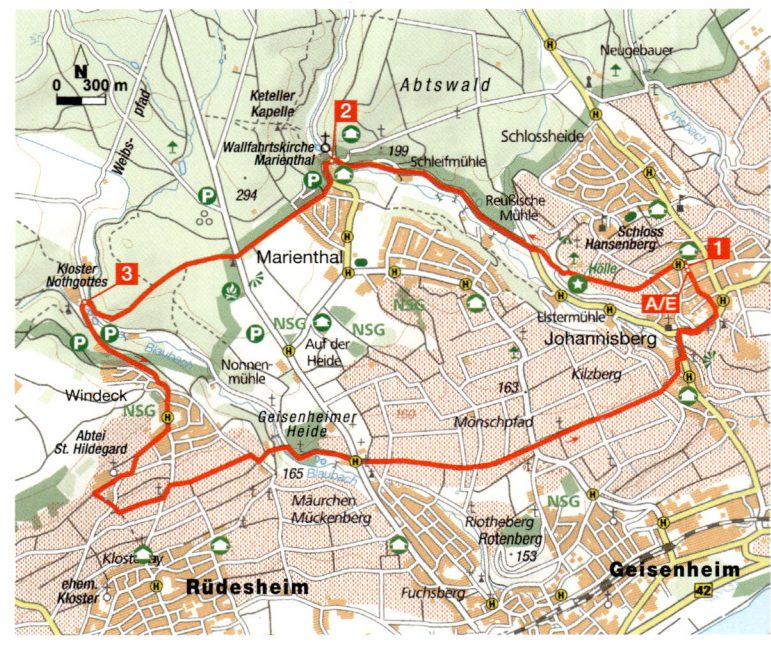

pelle im Jahr 1326 zur Kirche erweitert.
Sehr beeindruckend ist ihr Hauptportal
mit der Kreuzblume und dem Tympanon
aus dem frühen 14. Jahrhundert. Nach
diesem Besuch eines der ältesten Wall-
fahrtsorte in Deutschland führt die rechte
Straßenabbiegung zu einem Pfad bis Marienthal.

Kloster Nothgottes Nach der Durchque-
rung des Marienthals geht es weiter abwärts zum ❸ Kloster Nothgottes. Das
Zisterzienserkloster im Rheingau wurde
zwischen 1620 und 1622 erbaut. Seitdem
hat sich die Stätte zu einem beliebten Wallfahrtsort entwickelt. Von dem Kloster geht
es weiter zu dem Ort Windeck.

Zur Abtei Nach dem Verlassen der Ortschaft führt die Route über einen gemütlichen Feldweg zur Abtei St. Hildegard in
Eibingen. Sie wurde 1900 bis 1904 in einem
neoromanischen Stil erbaut. Die Klosterkirche der Benediktinerinnenabtei St. Hildegard ist frei zugänglich und zeichnet
sich durch eine wunderschöne Innenaus-
malung aus. An der Wand hat der Künstler
Paulus Krebs Szenen aus dem Leben von
Hildegard von Bingen verewigt. Neben
der Kirche lädt ein blühender Garten mit
Sitzgelegenheiten zum Entspannen ein.
Von hier aus hat man einen fantastischen
Blick auf die Weinberge und die Ortschaft.

Eine prachtvolle
Klosterkirche

Idyllischer Ausklang Nach dem Besuch der Abtei führt die Wanderung nach Selen
und über Weinberge nach Johannisberg. Hier lohnt es sich, einen Blick auf das Neue
Kloster Johannisberg zu werfen. Über die Kanzler-Metternich-Straße und die Straße
Im Flecken ist das Ziel nah. Einen Abstecher in den Ortskern des historischen
Weindorfes Johannisberg sollte man sich aber nicht entgehen lassen. Sehr schön wirkt
hierbei die Kulisse des Schlosses Johannisberg hoch über dem Ort. Das Schloss
wurde um 1100 gegründet und ist heute ein traditionsreiches Weingut. Dass der Wein
eine nicht unwesentliche Rolle spielt, ist allseits zu spüren. Zahlreiche hübsch anzu-
sehende Restaurants, Weinstuben und Straußwirtschaften bereiten regionale Speisen
und Gerichte nach überlieferten Rezepten zu, wozu gern ein oder zwei Gläschen mit
edlem Rieslingwein kredenzt werden.

82

Römischer Grabtumulus

Reise in die Vergangenheit

Mittel   31 km   760 m   7 Std.

Tourencharakter
Idyllische Wanderung mit geologischen und historischen Höhepunkten

Ausgangs-/Endpunkt
Heilig-Kreuz-Kapelle in Lorch

Anfahrt
Bahn/Bus: Mit dem Zug bis Lorch (Rhein). **Auto:** Über die B 42 nach Lorch, dann in die L 3033

Einkehr/Übernachtung
Hotel im Schulhaus, Schwalbacher Straße 41, 65391 Lorch im Rheingau, Tel. 06726/807 16-0, www.hotel-im-schulhaus.de

Karte
Topografische Sonderkarte Hessen 1:25000, Blatt 1 Rheingau, mit Wanderwegen und Weinbergslagen, Landesvermessungsamt Hessen

In Lorch beginnt die heutige Wanderung zu einer bedeutenden römischen Stätte, die erst vor wenigen Jahren entdeckt wurde. Unterwegs können Naturschönheiten wie ein Wasserfall und weitere Besonderheiten der Region entdeckt werden.

Spuren der Kreuzwallfahrt Die ❶ **Kreuzkapelle in Lorch** am Wisperstadion ist der Startpunkt für die Tour zu einem römischen Grabtumulus, an dem um 1460 mächtige Kämpfe zwischen Mainz und Kurpfalz stattfanden. Zum Gedenken an diese Streitigkeiten wurde vorerst ein Kreuz errichtet, das 1677 durch die jetzige Kapelle ersetzt wurde. Bis heute besteht die Tradition der Kreuzwallfahrt zu dieser Kapelle am ersten Sonntag im Mai. Durch das ❷ **Sauerthal** hindurch gilt es nun, einen kleinen Aufstieg entlang des Tiefenbaches mit seinem idyllischen Wasserfall zu absolvieren.

Die Rheinsenke beim Städtchen Lorch

Bergbautradition Nach dem Erreichen des Taunus-Wanderweges geht es dann weiter bis zum Eselspfad. Die ehemalige ❸ **Schiefergrube Glückauf** in der Nähe des Ortes Weisel ist dabei die nächste markante Station. Weisel ist für den Schieferbergbau bekannt. In der früher bedeutenden Bergbauregion gibt es noch weitere stillgelegte Gruben, wie die denkmalgeschützte Schiefergrube Kreuzberg südöstlich des Ortskerns oder im Blüchertal den Victoriastollen, der ebenfalls dem Schieferabbau diente. Nun führt die Route gemächlich weiter bis zur Kreuzhöhe.

Römischer Grabtumulus Nach der Schönauer Höhe ist schon nach kurzer Wanderzeit Weisel erreicht. Einen knappen halben Kilometer außerhalb befindet sich der ❹ **römische Grabtumulus**. 1989 entdeckte der Landwirt Reinhard Schmidt eine Vielzahl von Bruchsteinen und bemerkte deren ringförmige Anordnung. Außerdem fand er rote Scherben, Reste eines römischen Tafelgeschirrs. Später wurde der Grabtumulus freigelegt und von der Gemeinde rekonstruiert. Das Grab stammt aus dem zweiten Jahrhundert nach Christus. Trotz Beraubungen in der Antike konnten hier bei dem ersten auf der rechten Seite des Rheins entdeckten Grabhügel dieser Art noch weitere wertvolle Funde gesichert werden: Reste von Gefäßen, Ess- und Trinkgeschirr, Amphoren und Krügen. Um die Stätte herum wurde ein kleiner Park angelegt. Nach der Besichtigung geht es wieder nach Weisel zurück.

Burg Gutenfels Die Route führt weiter über den Heiligenberg, von wo man eine lohnenswerte Aussicht bis über den Rhein hat und abwärts bis Kaub. Noch vor dem

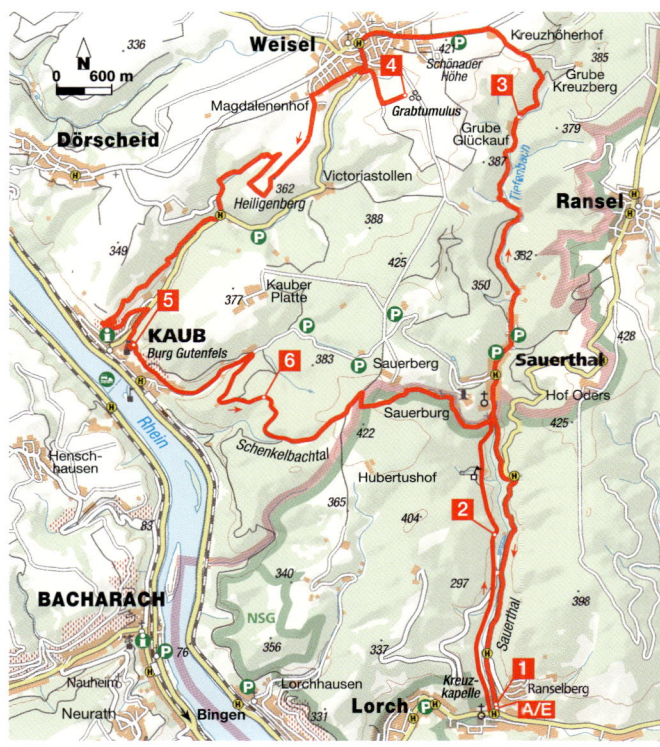

Kleine Bachüberquerung

Eine bedeutende
römische Stätte

Ort ist der Markierung Richtung ❶ **Burg Gutenfels** zu folgen. Die Burg thront auf einem Felsen 110 Meter über der Stadt. Erbaut wurde die Burg ab 1220 und 1252 das erste Mal von Wilhelm von Holland, Graf von Holland, römisch-deutscher Gegenkönig und römisch-deutscher König, erfolglos belagert. Später übergaben die Herren von Falkenstein die Burg und die Stadt Kaub dem Pfalzgrafen zum Lehen. Nachdem die Burg an den Pfalzgraf Ludwig überging, wurden eine Ringmauer, Zwinger wie auch Vorburg erbaut. 1504 wurde die Burg dann in Burg Gutenfels umbenannt. Nach mehrfacher Eroberung diente sie als Quartier einer Invalidenbesatzung, bis sie schließlich von Napoleon gesprengt wurde. Friedrich Gustav Habel kaufte die Burg auf und ließ sie 1889 bis 1892 durch den Architekten Gustav Walter wiederaufbauen.

Zurück nach Lorch Seit 2006 ist die Burg in Privatbesitz und wird nach erfolgter Renovierung als Hotel genutzt. Hinter ihr führt der Rheinsteig zum ❻ **Schenkelbachtal**. Von hier aus sind das Sauerthal und die Kreuzkapelle in Lorch nicht mehr weit. Lorch selbst ist wie viele andere Städte in diesem Rheinabschnitt von Weinbau und Tourismus geprägt. Kelten, Ubier, Mattiaker wie auch Römer besiedelten frühzeitig die Region. In der Stadt befindet sich der Hexenturm, ein Gefängnis, in dem im Mittelalter Verbrecher wie auch angebliche Hexen inhaftiert waren. Der Turm selbst war ein Stadtturm der einstigen Stadtmauer zwischen dem Weisler Tor und der Schauerpforte. Sein Name geht auf das Jahr 1520 zurück. Ein aus Presberg stammender Bürger ließ der Erzählung nach seine Schwiegermutter als Hexe einsperren. Die Übernahme ihres Besitzes war sein eigentliches Ziel.

Der römerzeitliche Grabtumulus von Weisel

83

Zur Loreley
Die geheimnisvolle Schönheit

Mittel	8km	120m	2Std.	

Tourencharakter
Mittelschwere Wanderung, teilweise steile Treppen mit fantastischen Panoramablicken und kulturellen Highlights

Ausgangspunkt
Tourist-Info St. Goarshausen, Bahnhofstr. 8

Endpunkt
Altstadt St. Goarshausen

Anfahrt
Bahn/Bus: Mit dem Zug auf der rechtsrheinischen Bahnstrecke Koblenz–Wiesbaden bis St. Goarshausen. **Auto:** Auf der A61 (Koblenz/Bingen) zu Abfahrt 42 Emmelshausen und auf Landstraße nach St. Goar, dann mit Fähre übersetzen

Einkehr/Übernachtung
Panorama Restaurant Loreley Theis GmbH, An der Loreley 1, 56329 St. Goar, www.loreley-panorama.de

Karte
Topografische Freizeitkarte 1:25000, UNESCO-Welterbe Oberes Mittelrheintal 2, Loreley-Boppard, Landesvermessungsamt Rheinland-Pfalz

Mehrere Sagen ranken sich um das blonde und langhaarige Mädchen, das auf dem Felsen saß, sich ihr goldenes Haar kämmte und dazu sang. Das lenkte viele Schiffer ab und brachte ihre Booten zum Kentern.

Einfacher Beginn Der Startpunkt der etwa zweistündigen Wanderung ist der idyllisch gelegene Fremdenverkehrsort St. Goarshausen am rechten Ufer des Rheins gegenüber von St. Goar. Von der ❶ **Tourist-Info St. Goarshausen** führt die Wanderroute zum ❷ **Marktplatz**, wobei man an der evangelischen und katholischen Kirche vorbeikommt. Diese können auch besichtigt werden.

Burg Katz Nach der Unterführung gilt es nun, dem Orientierungsschild »Rheinsteig« zu folgen, der zur ❸ **Burg Katz** führt. Am Burgeingang vorbei geht es kurz und steil zu einem Aussichtspunkt hoch, von dem sich dem Betrachter ein prächtiger Blick auf die Umgebung und die umliegenden Burgen bietet. Nun führt die Route weiter durch den Ortsteil Heide und durch die Straße Loreleyring bis zu deren Ende.

Blick vom Treppenweg

Auf dem berühmten Felsen Es folgen ein kleines Waldstück sowie Wiesen- und Feldwege, bis das ❹ **Loreley-Besucherzentrum** erreicht ist. Wer möchte, kann sich in der Ausstellung über die Loreley informieren. Weiter an der Loreley-Freilichtbühne vorbei, wo regelmäßig Großveranstaltungen stattfinden, geht es nun zur Loreley-Spitze. Der allseits bekannte 194 Meter hohe Aussichtspunkt bietet wunderbare Panoramablicke auf den Rhein mit seinen Fähren und Ausflugsdampfern.

Eine Sage Mehrere Sagen und Geschichten ranken sich um die Loreley. Hat sie wirklich gelebt? Anscheinend war sie sehr schön und wurde von vielen Männern begehrt. Sie aber liebte nur Ritter Eberhard. Er zog in den Krieg und in dieser Zeit warben etliche Männer um ihre Hand. Sie aber blieb Eberhard treu und wartete auf ihn. Viele ihrer Bewunderer brachten sich daher vor Liebeskummer um. Aus diesem Grund munkelten viele, dass Loreley eine Hexe war und deshalb verbrannt werden sollte. Der Erzbischof von Köln saß über Loreley zu Gericht. Aus Mitleid verurteilte er sie nicht zu dieser grausamen Strafe, sondern verpflichtete sie zum Klosterleben. Auf dem Wege in das Kloster trug sie den Wunsch vor, noch einmal auf den Felsen am Rhein steigen zu dürfen. Zum letzten Mal wollte sie zur Burg des Ritters Eberhard hinübersehen. Unerwartet sah sie den Ritter in einem Boot auf dem Rhein. Als sie nach ihm rief, sah der Ritter zu ihr hinauf und kollidierte mit einem Felsen. Er ertrank und Loreley stürzte sich ebenfalls in den Fluss, um bei ihm zu sein.

Ein geheimnisvoller Weg Über den schmalen ❺ **Treppenweg** geht es den ca. 170 Meter hohen Felsen nun zum Rhein hinunter. 120 Höhenmeter oder 400 Stufen gilt es hier zurückzulegen. Etwa zwanzig Minuten sollten dafür eingeplant werden. Unten angekommen, gilt es nun, der B 42 zum Hafen nach St. Goarshausen zu folgen.

Besuch der Loreley-Statue Auf der Hafenmole kann noch die berühmte Loreley-Statue bestaunt werden. Diese Statue wurde von der russischen Künstlerin Natascha Alexandrova Prinzessin Jusopov erschaffen. Seit 1983 ist sie im Besitz von St. Goarshausen. Im Anschluss ist die Besichtigung der Altstadt sehr empfehlenswert.

84

In der Ruppertsklamm

Wilde und romantische Schlucht

● Mittel 🥾 6 km ⛰ 140 m 🕐 2–3 Std. 🚌

Tourencharakter
Mittelschwere Wanderung, in der
Ruppertsklamm auch schwierige
Abschnitte

Ausgangs-/Endpunkt
Jachthafen Kleines Schleusenhäuschen an der B 260 bei Lahnstein

Anfahrt
Bahn/Bus: Mit der Bahn bis Nie-
der- oder Oberlahnstein. **Auto:** Über
die B 42 nach Lahnstein und auf
der L 260 Richtung Bad Ems

Einkehr/Übernachtung
Gaststätte und Biergarten, Emser
Landstr. 20, 56122 Lahnstein,
Tel. 02621/62 73 12

Karte
Topografische Karte 1:25 000,
Naturpark Nassau 1 (West), mit
Wander- und Radwanderwegen,
Landesvermessungsamt Rhein-
land-Pfalz

Bei Lahnstein befindet sich die zwei Kilometer lange Ruppertsklamm, die zu einer abenteuerlichen Wanderung einlädt. Die Klamm ist einer der Höhepunkte des Rheinsteigs.
Der Naturwanderweg sollte nicht unterschätzt werden.

Idylle am Fluss Der ❶ **Jachthafen Kleines Schleusenhäuschen** auf der
rechten Lahnseite, gegenüber des Allerheiligenberges, etwa bei der ersten
Schleuse an der Lahn, bildet den Ausgangsort dieser wildromantischen
Wanderung. Nach ca. 200 Metern flussabwärts gilt es, die Bundesstraße
zu überqueren und dieser rechts den Fluss hinauf und nach etwa einem
halben Kilometer der linken Abbiegung zu folgen.

Romantische Klamm Nach kurzer Zeit ist der Eingang in die ❷ **Ruppertsklamm** erreicht. Als einer der Höhepunkte des rechtsrheinischen
Wanderweges Rheinsteig ist beim Durchstreifen der Klamm ein Höhenunterschied von ca. 235 Metern zurückzulegen. Das Naturschutzgebiet
wurde zwischen 1910 und 1912 von dem Eisenbahntelegrafisten Theodor

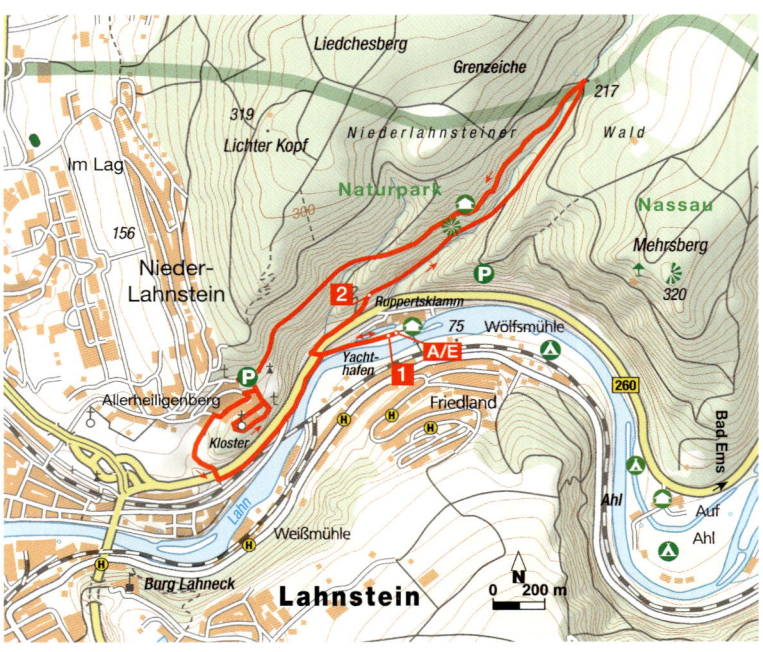

Zais entdeckt. Eine Gedenktafel an Theodor Zais ist unterwegs in der Schlucht zu sehen. Der idyllische, aber auch nicht ungefährliche Weg sollte nur mit festem Schuhwerk begangen werden. Häufig ist es schon vorgekommen, dass Wanderer mit Turnschuhen auf dem nassen Moos ausgerutscht sind. Kletterer nehmen auch gern ihre Gurte und Seile mit und suchen sich ihre Routen.

Launische Natur Die Klamm selbst zeichnet sich durch ihre steilen Felswände aus. Urwüchsige Bäume, große Felsblöcke und die geschwungene Linie des Gewässers laden zum Träumen ein. Öfters gilt es, sich hier an den zur Sicherung angebrachten Seilen fortzubewegen. Ein kleiner Bach plätschert durch die Klamm und begleitet am ersten Teil den Wanderweg. Ab und zu wurden auch Stufen in den Fels gehauen, um schwierige Stellen zu überbrücken, oder kleine Brücken gebaut.

Wasserspiele Der Wasserfall in der Klamm mit seinem Farbenspiel ist besonders spektakulär. Hier wird gern pausiert, um dem tosenden Wasser zuzusehen und den Geräuschen zu lauschen. Auch oberhalb der Klamm bietet sich ein schöner Ausblick. Der mit dem Buchstaben C ausgeschilderte Wanderweg durch die Klamm führt bis zur Schutzhütte und kurz darauf zum Ende der Ruppertsklamm. Auch hier lohnt sich eine Rast. Zurück zum Ausgangspunkt geht es weiter auf dem Wanderweg C. Den Berg hinab ist das Ziel in Kürze erreicht.

Mittel 7,6 km 190 m 2 Std.

Tourencharakter
Geschichtlich interessante Wanderung

Ausgangs-/Endpunkt
Jachthafen Kleines Schleusenhäuschen an der B 260 bei Lahnstein

Anfahrt
Bahn/Bus: Mit der Bahn von Koblenz über Vallendar nach Sayn und mit Buslinie 8 (täglich) bis zur Haltestelle des Schlosses, siehe www.vrminfo.de. **Auto:** Über die B 42 nach Lahnstein und weiter auf der L 260 Richtung Bad Ems

Einkehr/Übernachtung
Gaststätte und Biergarten, Emser Landstr. 20, 56122 Lahnstein, Tel. 02621/62 73 12

Karte
Topografische Karte 1:25 000, Naturpark Nassau 1 (West), mit Wander- und Radwanderwegen, Landesvermessungsamt Rheinland-Pfalz

Die Burg Lahneck

Die verschwundene Engländerin

Der Ort, wo einer Sage zufolge die letzten mutigen elf Tempelritter vergeblich kämpften und ein Mädchen im Burgfried ums Leben kam, ist das Ziel dieser Wanderung. Fantastische Aussichten auf Burgen und das Schloss Stolzenfels sind inbegriffen.

Immer an der Lahn entlang Der ❶ **Jachthafen Altes Schleusenhäuschen** ist der Startpunkt für die Wanderung zur Burg Lahneck, die zum UNESCO-Welterbe Oberes Mittelrheintal gehört. Nach etwa 100 Metern flussaufwärts ist die Lahn zu überqueren. Danach geht es links den Hohenrhein entlang, bis die Bahnschienen nach 3,6 Kilometern überschritten werden. Nun geht es weiter flussaufwärts an der Landstraße entlang bis zum Ortsausgangsschild.

Hoch zum Lahnhöhenweg Man hält sich weiter aufwärts bis zum ❷ **Lahnhöhenweg**. Mit der Markierung L gekennzeichnet, ist der Lahnhöhenweg insgesamt 295 Kilometer lang. Von der Lahnquelle führt er über Marburg

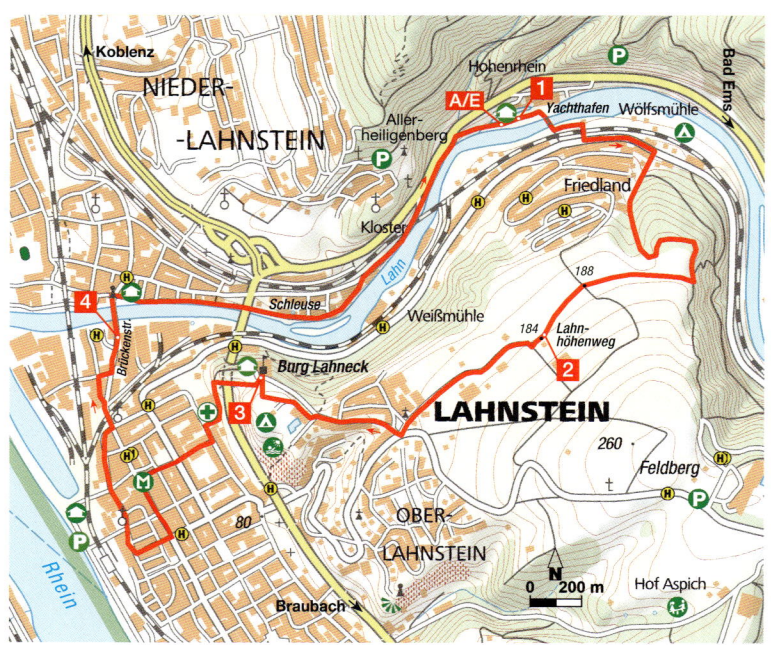

und Wetzlar bis zum Rhein. Diesem Wanderweg gilt es, Richtung Lahnstein zu folgen. Nach kurzer Zeit ist die ❸ Burg Lahneck erreicht.

Ein echter Gobelin und tapfere Ritter Während der Besichtigung (Führungen von April bis Allerheiligen) kann der Rittersaal mit einem Gobelin bestaunt werden. Die Burg mit ihrem etwa 29 Meter hohen Bergfried hat einen fünfeckigen Grundriss. Von ihr bietet sich dem Betrachter ein spektakulärer Blick auf Lahn- und Rheintal. Eine Sage erzählt, dass auf der Burg die letzten Tempelritter im Jahr 1312 wacker gekämpft haben und auf dem Burghofe zu Lahneck alle zwölf Tempelherren begraben liegen.

Das verschwundene Mädchen Die 19-jährige Engländerin Idilia Dubb reiste zusammen mit ihren Eltern und Geschwistern an den Rhein. Auf ihrer Reise lernte sie auf dem Schiffsdeck ihre große Liebe kennen. Eine abenteuerliche Reise folgte, bei der sie viele Hürden bewältigen musste. Im Jahr 1851 besuchte sie den Bergfried der noch nicht restaurierten Burg Lahneck. Hinter ihr brach die morsche Holztreppe zusammen und sie verdurstete schließlich. Neben ihrem Skelett wurden später auch ein paar Aufzeichnungen gefunden, in denen sie ihre letzte Zeit auf dem Turm beschrieb. Anscheinend vermutete ihr Geliebter Idilia in dem Turm, über dem so viele Raben kreisten. Er zog sich am Gebälk hoch, sah aber nur ihre Füße. Voller Schrecken fiel er bewusstlos zu Boden. Erinnerungslücken und später die Scham sorgten dafür, dass es sehr lange, nämlich neun Jahre, dauerte, bis Idilia gefunden wurde. Während ihrer Überführung auf dem Schiff nach England bestieg ein ungewöhnlicher Passagier das Schiff. Er hinkte stark und saß die ganze Zeit auf dem Deck mit einer Kiste auf dem Schoß.

Auf dem Weg zur Burg

Leckerer Schmaus In dem Burgrestaurant mit Biergarten lassen sich die Gerichte aus der böhmischen und internationalen Küche wie der Salatstrauß an Pastete von Pilzen und Gemüse und Barberie-Entenbrust auf Himbeertunke mit Kartoffelblini und Broccoli in Mandelbutter genießen.

Entspannt zum Ziel Nach dem Besuch der Burg führt ein gut begehbarer Weg nach Lahnstein. Über die ❹ Brückenstraße gelangt man wieder zur Lahn, überquert diese und folgt dem Wanderweg flussaufwärts. Der Ausgangspunkt zum Kleinen Schleusenhäuschen ist nach etwa knapp acht Kilometern erreicht. Hier kann der müde Wanderer mit einem Wildlachsfilet oder einer Haxe mit Brot zu Kräften kommen.

86

Höhlen- und Schluchtensteig Kell

Einzigartige Naturkulisse

Mittel 12,1 km 405 m 3:30 Std.

Tourencharakter
Mittelschwere Wanderung mit kulturellen Höhepunkten

Ausgangs-/Endpunkt
Parkplatz Bergwege in Andernach-Kell

Anfahrt
Bahn/Bus: Mit der Brohltalbahn Vulkan-Expreß bis Bad Tönisstein Bahnhof/Jägerheim (täglich außer Montag), siehe www.vulkan-express.de.
Auto: Von A 61 Abfahrt Niederzissen, B 412 in Richtung Brohl–Lützing–Burgbrohl–Bad Breisig, über L 113 auf die K 58 bis Kell, Laacher Straße (K 57) bis zum Parkplatz

Einkehr/Übernachtung
Bahnhof Burgbrohl Café-Restaurant, Brohltalstraße 19, 56659 Burgbrohl

Karte
Topografische Karte 1:50 000, Traumpfade im Rhein-Mosel-Eifel-Land, mit Wander- und Radwanderwegen, Landesvermessungsamt Rheinland-Pfalz

Bizarre Felsen, urige Höhlen und brodelnde Quellen sind die Highlights bei der Wanderung auf dem Höhlen- und Schluchtensteig. Gutes Schuhwerk und Kondition sind hierbei unbedingt empfehlenswert.

Einstieg zum Traumpfad Vom leicht zu findenden ❶ Parkplatz bei der K 57 führen gut begehbare Feldwege in das romantische Krayerbachtal und zur idyllisch gelegenen ❷ Krayermühle. Zwischendurch öffnen sich schon einmal die ersten traumhaften Ausblicke in Richtung Pöntertal. Nach dem Eintreffen in das ❸ Pöntertal führt die Route entlang plätschernder Bäche weiter zum Schützenhaus. Ein kleiner steiler Aufstieg muss allerdings hierbei noch gemeistert werden.

Tolle Aussicht und Trasshöhlen Von hier aus kann kurz der Aussichtspunkt ❹ Schweppenburgblick aufgesucht werden, der wunderschöne Panoramablicke über die eindrückliche Landschaft bietet. Am Hang entlang ist nun dem Hermann-Löns-Pfad hinunter zum ehemaligen Gasthaus Jägerheim zu folgen. Hinter dem Gasthaus befinden sich die begehbaren ❺ Trasshöhlen. Durch mehrere Eingänge kann der Wissbegierige in das dunkle Innere der Höhlen gelangen. Ein paar Fledermäuse und Spinnen erwarten ihn schon. Das Mitführen einer Taschenlampe ist bei diesem Besuch durchaus empfehlenswert, außerdem sind feste Schuhe auf dem unebenen und staubigen Boden ratsam. Ebenso können auf dem weiteren Weg die Reste des ❻ Klosters Tönisstein besichtigt werden.

Klostergeschichte Es wird erzählt, dass ein Hirte aus Kell im Jahr 1388 eine Pietà (Gnadenbild) mit dem heiligen Antonius in einem brennenden Dornbusch entdeckt hatte. Daher wurde an dieser Stelle im Jahr 1390 eine Kapelle errichtet, die der Gottesmutter, dem hl. Antonius und dem hl. Wendelin geweiht wurde. Das ehemalige Kloster Sankt Antoniusstein in Bad Tönisstein (jetzt denkmalgeschützte Klosterruine) wurde 1465 gegründet. Das Marienbild des Klosters wurde übrigens in der katholischen Pfarrkirche St. Lubentius in Kell untergebracht.

Beeindruckende Felsen Nach der Besichtigung der Ruine geht es in die ❼ Wolfsschlucht hinein. Hier erwartet den Wanderer Natur in ihrer Rohform: An bizarren Felsen und Lianen vorbei plätschert der Bach, ein wun-

derbarer Anblick ist der sprudelnde Wasserfall, der je nach Sonneneinstrahlung umso spektakulärer wirkt. Über die L113 führt die Route nun am Waldrand entlang.

Natürliche Quelle Nach einer Weile ist die ❽ **Römerquelle** erreicht, aus der noch heute kohlendioxidhaltiges Wasser mit leichtem Schwefelgeruch herausprudelt. Hier wurden in der Vergangenheit römische Münzen gefunden, die darauf hinweisen, dass auch die Römer diese Quelle schon gekannt haben. Nun geht es durch ein grünes Tal zu einer weiteren Quelle. Nach einem kleinen Anstieg auf dem breiten Waldweg ist das Hochplateau erreicht. Für die Mühe wird man mit einem tollen »Siebengebirgsblick« belohnt. Nach der kleinen Pause ist das Ziel und zugleich der Ausgangspunkt am Parkplatz Bergwege an der K57 in Andernach-Kell ganz nah.

Baumgigart

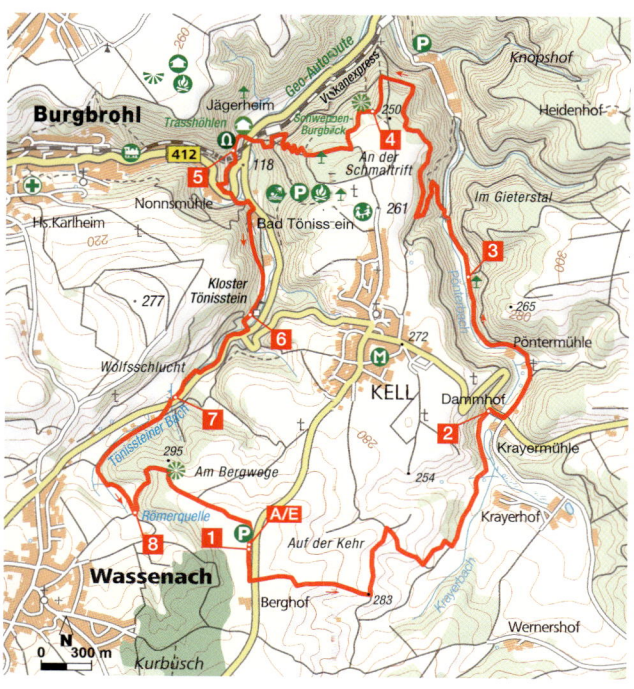

87

Der Kaltwassergeysir Andernach

Ein magisches Wasserspiel

Mittel | 18 km | 170 m | 5 Std.

Tourencharakter
Gut ausgeschilderte Route mit Markierungszeichen Rheinburgenweg (zinnenbekröntes rotes R auf weißem Grund)

Ausgangspunkt
Rheinhöhenweg in Bad Breisig

Endpunkt
Schlossgarten in Andernach

Anfahrt
Über die A 61 und 412 über die B 9 nach Bad Breisig.
Bahn/Bus: Mit der Bahn bis Bad Breisig

Einkehr/Übernachtung
Hotel Zum Anker, Konrad-Adenauer-Allee 28, 56626 Andernach, Tel. 02632/42907, www.hotel-zum-anker-andernach.de

Karte
Topografische Karte 1:25000, RheinWandern (Nord), mit Wander- und Radwanderwegen, Landesvermessungsamt Rheinland-Pfalz

Mit einem plötzlichen Knall sprudelt Wasser mehrere Minuten lang aus dem Boden. Die Fontäne wird immer höher und höher, bis sie, wie von Geisterhand gelenkt, wieder in die Erde eintaucht. Der Kaltwassergeysir in Andernach ist ein ganz besonderes Ereignis.

Über den Rheinhöhenweg Die Kurstadt ❶ **Bad Breisig** stellt den Ausgangsort der heutigen Wanderung dar. Die Quellenstadt ist ein anerkanntes Heilbad und liegt linksrheinisch am Mittelrhein. Von Bad Breisig geht es den Rheinhöhenweg entlang, der mit der Markierung eines großen »R« auf weißen Grund gekennzeichnet ist. Allerdings gibt es auch mit »RV« markierte Wege.

Tolle Aussichten Der Aussichtspunkt auf der Reutersley bietet schon am Anfang der Wanderung einen spektakulären Ausblick auf das Rheintal und die Burg Rheineck. Der Dickberg südlich von Brohl ist das nächste Zwischenziel. Der Berg steht mit seinen alten keltischen Wehranlagen

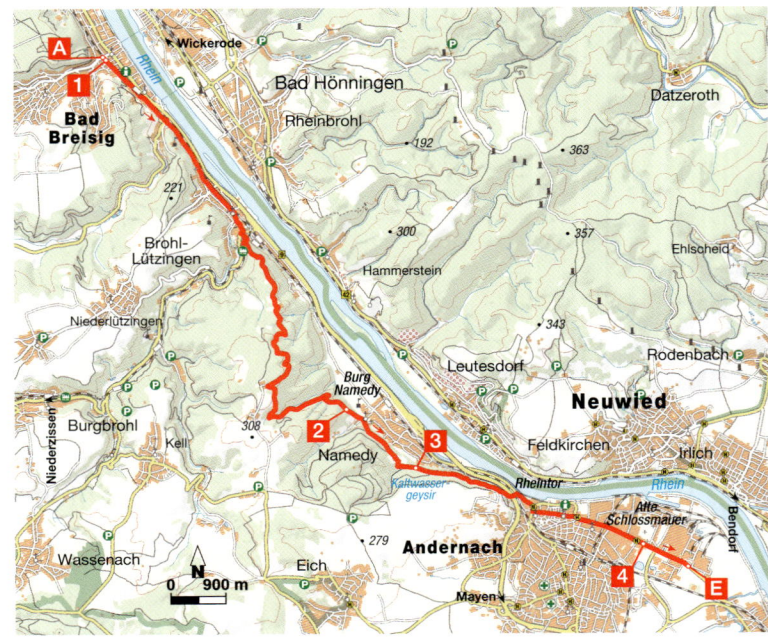

unter Denkmalschutz. Über die Eselstreppe und einen urigen Felsenpfad ist er gut erreichbar.

Eine idyllische Region

Burgbesichtigung Über einen interessanten Geopfad mit geologisch wichtigen Zeugen der Vergangenheit geht es weiter über einen bequemen Waldweg zur ❷ **Burg Namedy** aus dem 14. Jahrhundert. Die Wasserburg war Eigentum des Patriziergeschlechts von Hausmann, wurde 1890 in eine Schlossanlage umgebaut und befindet sich seit 1907 im Besitz der Prinzen von Hohenzollern. Auch hier sind die Aussichten auf den Fluss phänomenal.

Der Kaltwassergeysir Nahe Namedy führt die Route weiter über den Tönissteiner Weg zum wahrhaft beeindruckenden Naturschauspiel in Andernach. Fast wie von Zauberei schießt das natürlich kalte Wasser aus dem Boden. Die Eruptionsdauer des ❸ **Kaltwassergeysirs**, der früher Namedy-Sprudel hieß, beträgt etwa acht Minuten, die Fontänenhöhe beachtliche 50 bis 60 Meter. 1903 wurde er auf dem Namedyer Werth erbohrt. Etwa alle 100 Minuten kommt die Kohlensäure zur Eruption. 2008 wurde der Geysir Andernach offiziell ins Guinnessbuch der Rekorde als höchster Kaltwassergeysir der Welt eingetragen. Über die Uferpromenade gelangt man nun weiter durch das Rheintor und in den schönen Stadtkern.

Öffentlicher Garten Ein Abstecher zu der ❹ **alten Schlossmauer** ist lohnenswert. Hier werden Salat, Schnittlauch und Kohlrabi angepflanzt und jeder darf sich davon bedienen. Am Runden Turm, dem Wahrzeichen der Stadt, begeistern die mehrjährigen Stauden jedes Jahr Anwohner und Touristen. Der Runde Turm ist übrigens ein großer Wehrturm der Stadtbefestigung aus dem 15. Jahrhundert. Mit einer Höhe von 56 Metern gehört er zu den größten Wehrtürmen dieser Zeit.

Zum Drachenfels

Wo Siegfried den Drachen erschlug

Mittel   13 km   540 m   4:30 Std.

Tourencharakter
Auf schönen Pfaden durch den Laubwald zu interessanten Burgruinen

Ausgangs-/Endpunkt
Bahnhof Rhöndorf in Bad Honnef

Anfahrt
B 42 von Bonn Richtung Neuwied bis Rhöndorf. **Bahn/Bus:** Mit Bahn bis Rhöndorf oder von Bonn mit der Straßenbahn 66 nach Bad Honnef

Einkehr/Übernachtung
Hotel am Markt, Aegidiusplatz 1, 53604 Bad Honnef, Tel. 02224/8843, www.hotel-bad-honnef.de

Karte
Wanderkarte 1:25000, Bonn und das Siebengebirge, Landesvermessungsamt Nordrhein-Westfalen

Diese Wanderung führt auf dem gut ausgeschilderten Rheinsteig über die Breiberger Berge und Löwenburg bis zu dem Ort, wo Siegfried aus der Nibelungensage den Drachen erschlagen hat und damit unverwundbar wurde.

Historischer Ortskern Der ❶ **Bahnhof Rhöndorf** ist der Ausgangspunkt. Es geht die Löwenburgstraße hinauf, wobei dem weißen »R« auf gelbem Grund zu folgen ist. Nachdem die Straßenseite der Rhöndorferstraße gewechselt wurde, tritt man auf den ❷ **Ziepchensplatz** von Rhöndorf.

Sicht vom Drachenfels

Rheinsteig Bald ist links dem Rhein-steig-Symbol, dem weißen »R« auf blauem Grund, zu folgen, zuerst wenige Meter auf der Straße, dann hinter einer Schranke auf dem nachfolgenden Wirtschaftsweg. Nach dem Friedhof nun rechts bergauf und zur Schutzhütte, wo das Hinweisschild zum Taufstein weist.

Weitgrößter Berg des Siebengebirges Jetzt ist ein Abstecher zum ❸ **Großen Breiberg** unbedingt lohnenswert. Nachdem die wunderbare Aussicht bewundert wurde, geht es wieder das kurze Stück zurück und den ursprünglichen Weg Richtung ❹ **Löwenburg** weiter. Etwas unter der Löwen-burg gelangt man nun mithilfe der Stein-

markierung »Löwenburg« zur gleichnamigen Burg. Der Berg Löwenburg ist eine der »sieben großen Berge«.

Geschichtliches Die Burg wurde etwa um 1247 erbaut. Heinrich II., Graf von Sayn, errichtete die Höhenburg als Grenzfeste gegen die kurkölnischen Burgen Drachenfels und Wolkenburg. Das erste Mal wurde sie 1247 als »castrum Lewinberg« erwähnt. Damals wurde das Saynische Erbe durch Gräfin Mechthild von Sayn aufgeteilt, wobei diese sich das Wohnrecht auf der Burg vorbehielt. Im 13. Jahrhundert wurden die Hauptburg, Vorburg und der nördliche Außenring errichtet. 1269 ging die Burg an die Grafen von Sponheim-Heinsberg über, die sich dann ab sofort als Herren von Löwenburg bezeichneten. Durch Kriegsgeschehen im 16. Jahrhundert wurde die Burg eine Ruine, sodass von ihr lediglich die Zisterne im Burghof und zwei Mauern des damaligen Bergfrieds der Hochburg erhalten sind. Schautafeln zeigen, wie sie einst ausgesehen hatte. Im Zweiten Weltkrieg wurde die Burg als Beobachtungsstand für die Flugabwehr genutzt und geriet unter starken Beschuss. Nach dem Besuch der Löwenburg ist nun an der ersten Wegkreuzung der linke Weg zum ➎ **Löwenburger Hof** zu wählen. Das Gebäude des Löwenburger Hofes war der einstige Bau- und Viehhof der Löwenburg. Heute können sich Besucher hier mit Teespezialitäten und hausgemachtem Kuchen stärken.

Ruine Drachenfels

Erholung im Biergarten Von hier aus führt die Route abwärts zu einer Wiese und dann links weiter, der Markierung »K« folgend. Nun geht es wieder auf den Rheinsteig zum ❻ Geisberg. Das ❼ Restaurant Milchhäuschen mit angeschlossenem Biergarten ist das nächste Ziel. Ab jetzt gilt wieder die Markierung »K«.

Ruine Drachenfels Nun ist die ❽ Ruine Drachenfels auf dem Berg Drachenfels bald erreicht. Hier bietet sich dem Betrachter von der Aussichtsterrasse ein wunderbarer Rundumblick. 1138 begann der Kölner Erzbischof Arnold I. die Burg Drachenfels zu bauen. 1149 wurde sie an Gerhard von Are, dem Propst des Bonner St.-Cassius-Stiftes verkauft, der sie dann fertiggestellt hat.

Bedeutendes Gestein Später wurde Burggraf Godart durch den Trachyt vom Drachenfels sehr reich. Das vulkanische Gestein war ein bedeutendes Material zum Bau des Kölner Doms. Im Jahr 1634 war die Burg bereits beschädigt und in den nachfolgenden Jahren verfiel sie zusehends, wobei die Trachyt-Steinbrüche in Burgmauernähe sehr dazu beitrugen. Nach größeren Felsabbrüchen wurde die Bergkuppe vor vierzig Jahren durch Stahlanker und Betonarmierungen gesichert. Von der Ruine aus geht es wieder über den Rheinsteig geradewegs den Berg hinunter und kurz nach dem Denkmal links weiter. Rechts ist dem Wegweiser »Rhöndorf« weiterzufolgen; nun links in die Löwenburgerstraße und zum Bahnhof Rhöndorf.

Eifel

Über eine Rückenstütze freuen sich diese Wandersleut auf dem Wanderather Traumpfad (o. l.); ein typischer Eifelbauernhof verfügt neben Ponys, Hühnern und Hund auch über Kühe (u. l.); zur stillen Andacht lädt die Pilgerstätte mit der Schwarzen Madonna nahe Wanderath ein (o. r.); die kleine Kapelle am Waldrand ist ein Ort mit vielen Geschichten (u. r.)

Leicht zu Fuß

Kakushöhle

. . . .

Tourencharakter
Einfache, familientaugliche
Wanderung mit historischen und
geologischen Highlights

Ausgangs-/Endpunkt
Wanderparkplatz Kakushöhle an
der B 477 oberhalb von Dreimühlen

Anfahrt
Bahn/Bus: Taxi-Bus 830 ab Me-
chernich bis Dreimühlen, siehe
www.rvk.de. **Auto:** Über die A 1 bis
Ausfahrt Nettersheim; über die
B 51 aus Richtung Köln bzw. Trier

Einkehr/Übernachtung
Café Zur Kakushöhle, Kakus-
straße 0, 53894 Mechernich,
Tel. 02484/918282,
www.cafe-kakushöhle.de,
Ruhetage im Sommer Mo,
ab November Mo und Di

Karte
Wanderkarte 1:25 000, Blatt 5
Kall, Kommern, Mechernich,
Nettersheim, Eifelverein e.V.

Die Kakushöhle ist eine von zwei Höhlen im Kakusfelsen bei Dreimühlen. Die Höhlen bildeten sich vor etwa 300 000 Jahren und boten Tier wie Mensch einen geschützten Raum. Mehrere volkstümliche Geschichten berichten davon.

Besondere Höhle Startpunkt für die geologisch interessante Tour rund um das Naturdenkmal Kakushöhle ist der Wanderparkplatz Kakushöhle an der B477. Die Kakushöhle ist als eine der größten offenen Höhlen in der Eifelregion frei zugänglich. Mehrere schöne Wanderwege können hier genutzt werden. Vom Wanderparkplatz folgt man der Markierung des Rundwegs »A1« und gelangt über ein paar Treppenstufen zu einem nach links verlaufenden Weg. Nach einer kurzen Weile ist der Wald erreicht. Es geht rechts auf einem festen Feldweg weiter. Nach nur wenigen Metern stößt ein Wiesenweg dazu. Immer am Wald weiterlaufend, geht es etwas bergab. Nachdem die Mulde durchquert wurde, wandert man ein kurzes

Der Besuch der Höhle ist ein eindrückliches Erlebnis für Familien.

Stück bis zum kleinen Hain bergauf. Anschließend führt die Route wieder abwärts und am Waldrand nach rechts. Nach einem guten Kilometer verläuft bei einer Kurve geradeaus ein Grasweg, dem zu folgen ist. Auf der »Alten Straße« hält man sich links.

Römische Zeichen Die Hauserbachstraße in Eiserfey ist das nächste Zwischenziel. Hier befindet sich das römische ❶ Wassersammelbecken, das der Wasserversorgung der Claudischen Kolonie und Opferstätte der Agrippinenser bzw. der römischen Kolonie, aus der sich die Stadt Köln entwickelte, diente. Nach einer kleinen Pause am römischen Sammelbecken geht es wieder auf der gleichen Strecke zurück. An der Wegkreuzung am Waldrand geht es nun auf dem bekannten Wanderweg A1 weiter. In Vollem führt die Route über einen asphaltierten Wirtschaftsweg. Nach einem kleinen Stück links bergan kann man auf einem gleichfalls asphaltierten Weg einen Exkurs zur römischen ❷ Aquäduktbrücke bei Vollem/Urfey unternehmen. Wer lieber weitergeht, erreicht nach einem kleinen Aufstieg den Ort Weyer mit der Kirche ❸ St. Cyriakus – der heilige Cyriakus ist der Schutzheilige der Kirche und einer der 14 Nothelfer, die von den Gläubigen bei bestimmten Notfällen um Hilfe angerufen werden. Hier nun links weiter.

Gelöst zum Ziel Nach dem Ort Weyer führt die Strecke am Friedhof vorbei in ein Wiesengebiet hinein. Am nächsten Wegekreuz läuft man geradeaus weiter und nimmt an der nächsten Kreuzung die rechte Abbiegung. Nach wenigen Metern geht es links auf dem kleinen Weg, den man schon vom Hinweg her kennt, über den Treppenweg wieder zum Wanderparkplatz an der B477 zurück.

Von Quelle zu Quelle

Eifeler Quellenpfad

Mittel | 25,1 km | 580 m | 5–6 Std.

Tourencharakter
Aussichtsreiche Wanderung

Ausgangspunkt
Kronenburg

Endpunkt
Blankenheim

Anfahrt
Bahn/Bus: Mit dem Bus 834 bis Kronenburgerhütte. **Auto:** Über die B 421 bis Kronenburg

Einkehr/Übernachtung
Hotel-Restaurant Pfeffermühle, Üxheimer Straße 3, 53945 Blankenheim-Uedelhoven, Tel. 02697/ 14 44, www.hotelpfeffermuehle.de

Karte
Wander- und Freizeitkarte 1:50 000, Südeifel, GeoMap

Der Eifeler Quellenpfad führt durch die Ortschaften Blankenheim, Dahlem und Nettersheim. Mit seiner Gesamtlänge von etwa 68 Kilometern bietet der Topwanderweg Kultur, Historie und landschaftliche Vielfalt mit Bächen, Flüssen, Seen und Maaren.

Mit viel Energie Der Eifeler Quellenpfad ist in drei Etappen untergliedert. Die erste Etappe von Kronenburg nach Blankenheim stellt für uns die heutige Herausforderung dar. Gestartet wird im Ortsteil Kronenburgerhütte, von wo der Markierung folgend kyllabwärts zu wandern ist. Auf dem Kyllweg geht es zuerst inmitten einer idyllischen Umgebung bis zum Doppelkalkofen von Kronenburg.

Hammerhütte – ein Ort mit Geschichte Weiter den Weg entlang, ist Hammerhütte bald erreicht. Nach dem Wechseln der ❶ Straßenseite bleibt man links auf einem Fahrweg und geht etwas aufwärts bis zur nächsten Wegkreuzung. An dieser Stelle gilt es nun, der linken Abzweigung zu folgen, bis das Wiesental erreicht ist. Bei der nächsten Gabelung ist der rechte Weg die richtige Wahl. Dieser führt in ein kleines Tal weiter bergauf und mündet in einen Pfad. An seinem Ende nun links weiter.

Auf dem Pilgerweg Nach etwa 50 Metern führt die Strecke rechts weiter bergauf bis zum Jakobusweg. Die Markierung mit der gelben Muschel auf blauem Untergrund dient der Orientierung. Von hier ist das Glaadtbachtal nicht mehr weit.

Eine eindrucksvolle Pflanzenwelt präsentiert sich dem Wanderer im Nonnenbachtal.

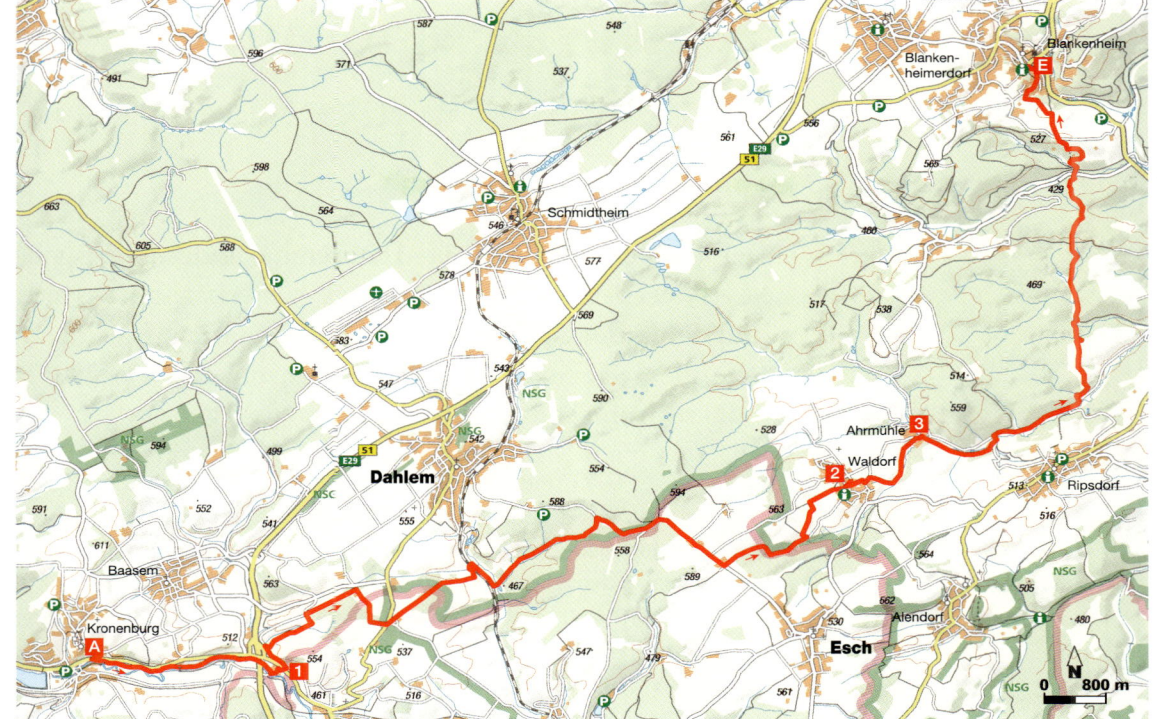

Pause für müde Füße Die Schutzhütte dort bietet sich für eine ausgiebige Rast an. Man passiert nun die Obere Mühle von Dahlem und gelangt über den Jugendherbergsweg weiter bis zum Vierherrenstein. Nach dieser Station führt die Route rechts Richtung Esch. Etwa einen Kilometer vor dem Ort muss man sich links über einen bequemen Wiesenweg zum Wald hin halten. Nach etwa einem halben Kilometer geht die Strecke rechts in den Wald hinein und kurz danach links ins Wiesental. ❷ **Waldorf** und ❸ **Ahrmühle** sind die folgenden Ortschaften.

Sehenswerte Flora und Fauna Am Schaafbach in Ahrmühle geht es rechts zur Ripsdorfer Mühle weiter. Von dort gelangt man über den Eifelsteig, links über den Bach und weiter rechts zum Hauptwanderweg 4, dem Brotpfad. Die Markierung mit dem schwarzen Dreieck auf weißem Untergrund ist nun unsere Markierung. Über das Nonnenbachtal mit seinen seltenen Tier- und Pflanzenvorkommen ist das Ziel Blankenheim bald erreicht. Mit der Buslinie 834 geht es zurück nach Kronenburg.

Romantik in Kronenburg Der Burgort Kronenburg verzaubert mit seinen verträumten Gassen in der Ortsmitte. Ein ganz besonderes Kleinod ist die Pfarrkirche St. Johann Baptist mitten im malerischen Ortskern. Der Kirchturm wurde als Wehrturm in die Wehranlage eingegliedert. Die zweischiffige spätgotische Einstützenkirche wurde aufgrund einer Empfehlung von Graf Cuno von Manderscheid-Schleiden erbaut. St. Johann Baptist mit seinen vier Gewölben ist eine regionale Seltenheit und beschäftigt immer noch die Historiker.

91

Mittel 12 km 374 m 4:30 Std.

Tourencharakter
Schöne Route mit herrlichen Aussichten

Ausgangs-/Endpunkt
Kirche St. Valerius in Baar-Wanderath

Anfahrt
Bahn/Bus: Mit dem Bus 528 bis Wanderath. **Auto:** Über die B 258, dann über die K 12 und K 11 nach Baar-Wanderath

Einkehr/Übernachtung
Gasthof Zur Quelle, Hauptstraße 27, 56729 Boos, Tel. 02656/541, www.eifel-gasthaus.de

Karte
Wanderkarte 1:25 000, Nr. 32 Osteifel mit Laacher-See-Gebiet, Eifelverein e.V.

Schwarze Madonna und heilendes Wasser

Wanderather Traumpfad

Der Wanderather Traumpfad führt die Wanderer auf schönen Wiesen- und Feldwegen zum Achterbachtal, wo sich die Statue der Schwarzen Madonna befindet. Das ganze Jahr über besuchen Pilger diesen Ort, um vom Wasser des Jodokusbrunnen zu kosten.

Sanfte Hügel Die Wanderung beginnt an der eindrucksvollen Kirche St. Valerius in Baar-Wanderath. Von hier aus geht es über Feld- und Wiesenwege bequem weiter, bis die ersten kleinen und gemächlichen Aufstiege beginnen. Von den Anhöhen gibt es die ersten schönen Ausblicke auf die Gemeinde ❶ **Welschenbach** und Umgebung. Weiter leicht aufwärts, durchstreift der Wanderer zuerst den Wald, dann Feld- und Wiesenwege und schließlich die eindrucksvolle Heidelandschaft mit ihren seltenen Insektenarten. Nächstes Ziel ist das Achterbachtal.

Verehrte Statue Immer am Bächlein entlang, erreicht man den Andachtsplatz ❷ **Schwarze Madonna**. Diese Marienstatue wurde 1954 in einer

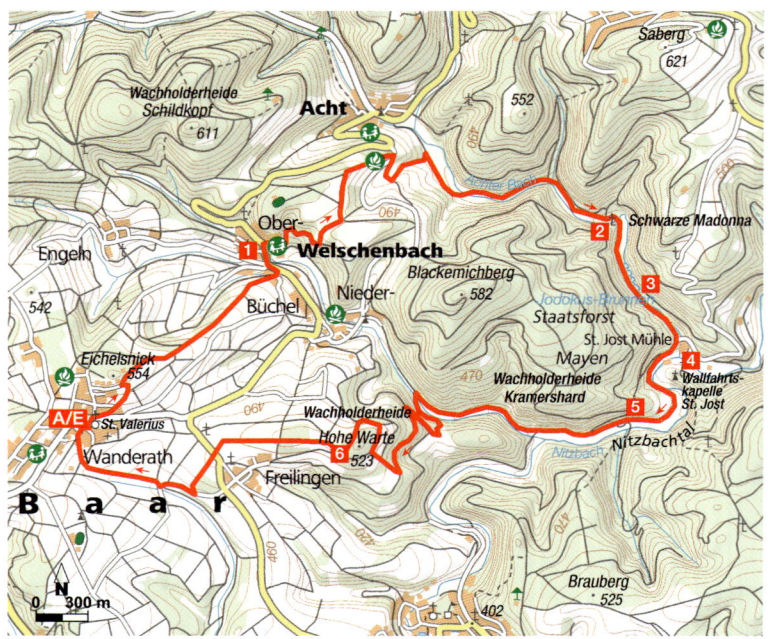

Felsnische errichtet. Wer sie aufgestellt hat, ist bis heute ein Rätsel. Die Statue wird sehr geliebt und von vielen Menschen aufgesucht.

Nach dem Wechseln der Uferseite geht es aufwärts.

Heilender Brunnen Der ❸ Jodokusbrunnen mit seinem Wasser in Trinkwasserqualität, der nach dem heiligen Jodokus benannt ist, befindet sich in direkter Nähe. Priester Jodok lebte im 7. Jahrhundert in Nordfrankreich. Da er die damaligen Wallfahrer immer auf ihren Reisen begleitet hatte, gilt er als deren Schutzherr. Seine Grabstätte befindet sich im Kloster Saint-Jossesur-Mer in Nordfrankreich. Noch heute pilgern viele Wallfahrer unter dem Motto »Jodokus, zu dir kommen wir, deine Fürbitte begehren wir« zum Brunnen. Dem Wasser des Brunnens wird nachgesagt, dass es für die Augen gut ist, wenn man diese damit befeuchtet.

Zur Kapelle Anschließend geht es ein Stück auf dem Jodokuspilgerweg den Achterbach entlang. Wer möchte, kann hier einen kurzen Ausflug zur Wallfahrtskapelle ❹ St. Jost unternehmen. Außerdem hat das Besucherbergwerk der Grube Bendisberg für Interessierte geöffnet (Öffnungszeiten über Tel. 02655/96 29 96 oder www. grube-bendisberg.de). Auf der ursprünglichen Route zurück, führt die gut ausgeschilderte Streckenführung zum ❺ Nitzbachtal mit seinen schroffen Felsen und weiter am Welschenbach entlang durch den Wald bis zu einem Steinbruch.

Hohe Warte An der anderen Uferseite des Bachs erwartet den Wanderer wieder ein kleiner Aufstieg. Danach sind endlich die Wiesenwege erreicht, die zur Wacholderheide an der ❻ Hohen Warte lotsen. Nach ihrer Umrundung folgt eine Abwärtsstrecke. Im Tal angekommen, sind Wanderath und der Startpunkt bald erreicht.

92

Die Perle unter den Burgen

Burg Eltz

Mittel	12,9 km	544 m	4:30 Std.	

Tourencharakter
Tour mit historischen und botanischen Highlights

Anfangs-/Endpunkt
Tourist-Info in Treis-Karden

Anfahrt
Bahn/Bus: Mit der Regionalbahn bis Treis-Karden. **Auto:** Über die A 48 bis Ausfahrt Kaifenheim, weiter nach Treis-Karden

Einkehr/Übernachtung
Gräflich Eltz'sche Kastellanei, Burg Eltz, 56294 Wierschem, Tel. 02672/95 05 00, www.burg-eltz.de (30. März bis 3. November täglich 9:30 bis 17:30 Uhr geöffnet)

Karte
Outdoorkarte 1:35 000, Blatt 21 Untermosel – Cochem bis Koblenz, Kümmerly + Frey

Geschichtlich interessante Stationen, alte Burgmauern und pure Natur verspricht die Wanderung zu einer der schönsten Burgen in der Eifel. Im gemütlichen Heubett auf einem ehrwürdigen Anwesen kann zwischendurch gern übernachtet werden.

Domizil des Propstes Gutes Schuhwerk ist bei der Wanderung zur Burg Eltz unbedingt empfehlenswert. Die Touristinformation in Treis-Karden im Kreis Cochem-Zell bildet dabei den idealen Startpunkt. Von hier aus ist der erste Höhepunkt, das ❶ **Haus Korbisch** in der St.-Castor-Straße 1, nicht mehr weit. Das Gebäude, welches direkt an der Bahnlinie steht, ist eines der ältesten genutzten Wohngebäude Deutschlands romanischen Ursprungs. Das Korbischhaus, welches vom »Chorbischof« abstammt, wurde im 12. Jahrhundert erbaut und diente als Domizil des Propstes. Das Kulturdenkmal befindet sich heute in Privatbesitz und wird als Wohnhaus weiterhin genutzt. Links führt die Kernstraße bis zum Burg-Eltz-Weg, dem man folgt, bis ein schmaler Weg links abzweigt, mit den Zeichen des Buchsbaum-Wanderwegs und Moselhöhenwegs markiert.

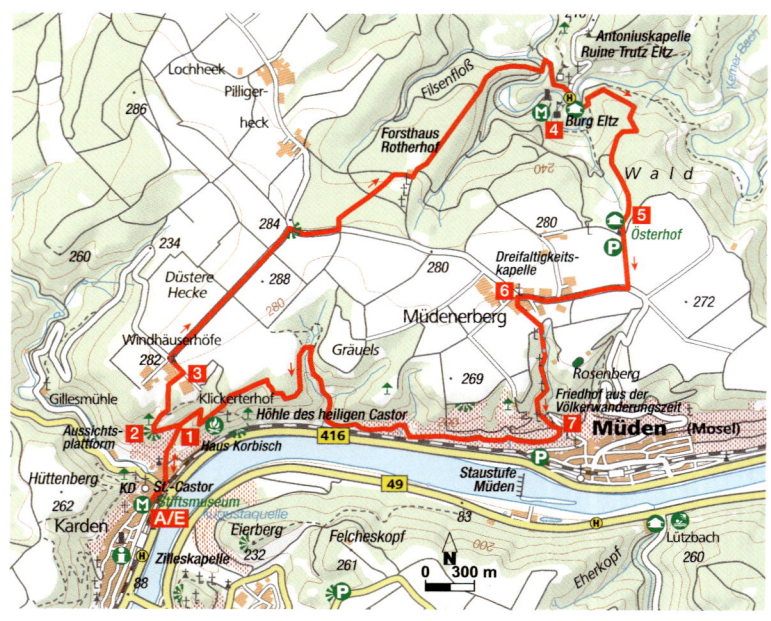

Herrliche Aussichten An der nächsten Wegkreuzung zeigen das »M« des Moselhöhenwegs und der Schoppenstecher-Wanderweg die Richtung an. Von einer ❷ Aussichtsplattform bietet sich eine wunderschöne Aussicht auf die Mosel und das Umland. Auf dem bekannten Weg geht es nun weiter und an der nächsten Weggabelung links.

Bett im Heu Wer möchte, kann an dieser Kreuzung einen kurzen Abstecher zur Pilgerherberge Klickerterhof unternehmen. Der Hof, der 1567 das erste Mal urkundlich erwähnt wurde, bietet Übernachtungen in Ferienwohnungen oder auch im Heu an. Eine Limousin-Rinderherde liefert frisches Fleisch. Wanderer, die lieber gleich weitergehen, werden links die ❸ Windhäuser Höfe mit den fünf Gehöften bemerken. Danach wird die Hofkapelle aus dem Jahr 1873 passiert. Im Inneren sind fünf Tafeln – eine steht für jedes Gehöft – mit den Namen der einstigen Bewohner angebracht. Auf dem bequemen Wanderweg geht es nun rechts in Richtung der Burg Eltz und an der nächsten Straße nach rechts und wieder links in den Wald weiter. Der Weg zieht leicht abwärts, bis man auf dem Forstweg eine Lichtung und das Forsthaus Rotherburg erreicht. Hinter dem Forsthaus erst links abbiegen und anschließend rechts zum Elzbach, wo man die Bachseite wechselt.

Mächtige Burgmauern Stetig geht es nun aufwärts zur ❹ Burg Eltz. Die große Burg, um die sich die Sage rankt, dass dort die verkleidete Jungfer Agnes von ihrem Verehrer getötet wurde, wirkt sehr imposant. Eine Führung ist sehr lohnenswert. Eine Waffenkammer mit Stich-, Hieb- und Schießwaffen aus dem 14. bis 17. Jahrhundert, der Wohnraum der Familie Eltz-Rübenach, der Rübenacher Obersaal mit seinen burgundischen Wandmalereien, der Rittersaal oder auch das Engels- bzw. Jagdzimmer sind herausragende Besichtigungspunkte. Ein ganz besonderes Highlight ist die Eltzer Rüst- und Schatzkammer mit ihren ausgefallenen Schmuckstücken.

Idyllische Rast hinter altem Gemäuer

Deftiges zur Stärkung Zum Abschluss lädt die Gastronomie der Burg zu einer ausgedehnten Pause ein. In der Unterschänke an der Linde und in der romanischen

Säulenhalle oder in der Oberschänke am Burgbrunnen und im Goldschmiede-häuschen kann aus einem reichhaltigen Angebot gewählt werden. Neben einfachen belegten Brötchen stehen Flammkuchen Elsässer Art, Spieß- und Krustenbraten oder auch Wildgulasch aus eigener Jagd auf der Speisekarte. Nach dem Besuch der Burg geht es über den Burghof über eine Treppe wieder abwärts.

Plätscherndes Bächlein Der Elzbach wird abermals überquert. Links führt die Route weiter, bis die Abbiegung rechts nach Müden erreicht ist. Über einen breiten, nicht ausgeschilderten Forstweg geht es bald rechts zum ❺ Österhof und von hier aus auf einem asphaltierten Weg bis zur Kreisstraße. Dort leitet die rechte Abzweigung nach

Eindrucksvolle Rüstungen können während einer Be-sichtigung näher in Augen-schein genommen werden.

Müdenerberg mit der ❻ **Dreifaltigkeitskapelle** auf dem Müdener Berg aus dem 18. Jahrhundert. Links weiter über den Kreuzweg Richtung Müden wandernd, ist ein ❼ **Friedhof aus der Völkerwanderungszeit** aus dem 5./6. Jahrhundert die nächste Station.

Seltene Pflanzenart Der Buchsbaum-Wanderweg befindet sich oberhalb von Müden. Er vermittelt viel Wissenswertes über diese südländische Pflanze, die aufgrund des hier vorkommenden milden Klimas gut wächst. Über einen mit Stahlseilen gesicherten Wanderpfad gelangt man an eine vom Hinweg bekannte Kreuzung und bald zum Startpunkt zurück.

Mehrere Wanderwege führen zu den imposanten Burgmauern.

Glitzernde Verführung

Wasserfall Klotten

93

Mittel   5,5 km   242 m   3 Std.

Tourencharakter
Mittelschwere Rundwanderung durch das Dortebachtal mit seinem Wasserfall

Anfangs-/Endpunkt
Wanderparkplatz Naturschutzgebiet Dortebachtal an der B 49 ca. 1 km moselabwärts hinter Klotten

Anfahrt
Bahn/Bus: Mit der Bahn bis Bahnhof Klotten, siehe www.bahn.de.
Auto: B 49 nach Klotten, weiter Richtung Pommern

Einkehr/Übernachtung
Hotel Zur Linde, Moselstraße 19, 56818 Klotten, Tel. 02671/4376, www.zur-linde-klotten.de

Karte
Rad- und Wanderkarte 1:25000, Cochem – Zell, publicpress

In der Nähe des schönen Weinortes Klotten präsentiert sich bei dieser Tour eine einzigartige Naturkulisse: das Dortebachtal mit seinem Wasserfall und seiner einzigartigen Pflanzenvielfalt. Durchaus lohnenswert ist im Anschluss noch die Besichtigung der Seitskapelle.

Der Weinort Klotten befindet sich direkt an der Mosel und ist von steilen Hängen umgeben. Die Geschichte des Weinortes kann bis zum Jahr 698 zurückverfolgt werden. Zu dieser Zeit hielt sich vermutlich die Polenkönigin Richeza, Enkelin des Kaisers Otto II., mit ihren Kindern an diesem Ort auf. Sie ließ damals eine Kapelle (Nikolauskirche) mit angeschlossenem Wohnturm erbauen. Nach ihrem Tod vererbte sie ihren Besitz der Benediktinerabtei Brauweiler.

Das Dortebachtal Der bekannte Wasserfall befindet sich im Naturschutzgebiet Dortebachtal bei Klotten. In diesem Naturschutzgebiet herrschen besondere klimatische Bedingungen, die das Vorkommen von speziellen Tieren und Pflanzen ermöglichen. So gedeihen Pflanzen, die sonst vorwiegend am Mittelmeer und Atlantischen Ozean vorkommen. Verschiedene Eidechsenarten wie z. B. die Smaragdeidechse, der Weiße Diptam oder auch der Apollofalter haben hier ihre Heimat.

Verschiedene Eidechsenarten bevölkern das Dortebachtal.

Eidechsenführung Die auffällige Wegmarkierung mit dem Eidechsensymbol beginnt am Wanderparkplatz an der Mosel (B49). Schon nach einem knappen Kilometer ist der Wasserfall erreicht. Voller Kraft stürzt sich der Dortebach über den Felsen in die Tiefe. Egal zu welcher Jahreszeit, der **Wasserfall** ❶ ist ein imposantes Naturerlebnis für seine Besucher. Im Winter verzaubert er mit seiner Eisschicht, während er bei warmen Temperaturen gern ein wenig Abkühlung verschafft. Von der kleinen hölzernen Brücke hat der Betrachter einen wunderbaren Blick auf das spritzende Wasserspiel.

Faszinierende Aussichten Weiter führt dann die Tour zum Bergplateau in den Klottener Neuwald und zum Annischerhof. Jetzt geht es an Wiesen vorbei, bis der herrliche Aussichtspunkt Kasteschkopp erreicht ist. Serpentinen führen nun sicher ins Tal und zum Ausgangspunkt hinunter.

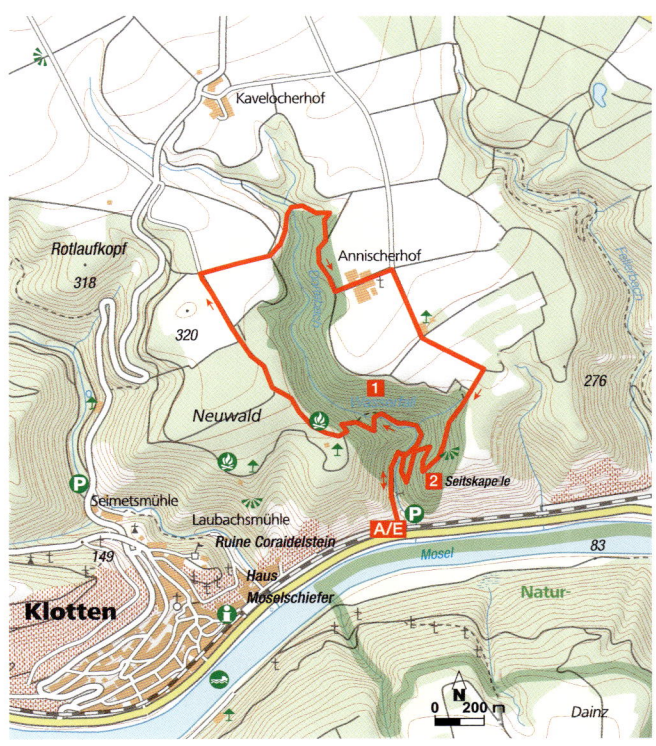

Seitskapelle Empfehlenswert ist ein Abstecher zur **Seitskapelle** ❷ auf dem Moselhöhenweg. Direkt oberhalb von Klotten befindet sich das Seits-Kapellenhäuschen. 1859 wurde das Marien-Heiligenhäuschen von Johann Schunk II. und seiner Frau gestiftet und später um die Herz-Jesu-Kapelle erweitert. Noch heute können der Originalbodenbelag neben der Herz-Jesu-Statue von Carl Welter und die Passionsbilder von F. W. Bäsken bewundert werden.

In der freien Natur grasen im Sommerhalbjahr viele Kühe.

94

Den Göttern so nah

Klettersteig Calmont

Leicht   6 km   300 m   3 Std.

Tourencharakter
Einfache Tour mit wenigen
schwierigen Abschnitten

Anfangs-/Endpunkt
Bahnhof von Ediger/Eller

Anfahrt
Bahn/Bus: Mit dem Zug bis zum
Bahnhof Neef, siehe www.bahn.de.
Auto: Über die B 49 nach Bremm,
dann in die Kirchstraße abbiegen

Einkehr/Übernachtung
Hotel Restaurant Hutter, Mosel-
straße 30, 56814 Bremm, Tel.
02675/212, www.hotel-hutter.de;
Restaurant-Café Zum Calmont,
An der Bundesstraße 49,
Tel. 02675/91144,
www.bremm.info/zum-calmont/

Karte
Rad- und Wanderkarte 1:25 000,
Cochem – Zell, publicpress

Diese unterhaltsame kurze Tour führt zum reizvollen und beliebten Moseltal, wo sich der Calmont, der steilste Weinberg Europas, senkrecht in die Höhe reckt. Gutes Schuhwerk und die Kamera sind bei dieser Tour sehr empfehlenswert.

Römischer Wein Weinbergterrassen erstrecken sich am Calmont. Schon die Römer bauten hier ihren Wein an. Der Name des Hangs lässt sich wohl auch auf diese Zeit zurückführen. Calmont stammt vom lateinischen »calidus mons« ab, was so viel wie »heißer Berg« bedeutet. Auch der Wanderer bekommt warme Füße bei der Besteigung! Aufgrund seiner sonnenexponierten und wärmespeichernden Lage und Beschaffenheit eignet sich der Weinberg geradezu ideal für den Anbau des Rieslings. Um den Klettersteig Calmont zu bezwingen, sollte man sich zum Einstieg am Unterstand Galgenlay (ca. 160 m) begeben. Es gibt drei Möglichkeiten, dorthin zu gelangen: Per Zug Anreisende erreichen den Unterstand vom Bahnhof aus über die Gleise in etwa 15 Minuten. Außerdem führt von der Moselstraße Richtung Bremm hinter der Eisenbahnbrücke ein Zuweg rechts hinauf. Dafür sollten auch etwa 15 Minuten eingeplant werden. Die dritte Variante führt von der Teerstraße ins Ellertal. Hierbei ist der Markierung »Calmont-Klettersteig« zu folgen. Nach kurzer Zeit führt die Markierung »5« bergauf bis oberhalb des Bahnhofs. Bis zum Unterstand Galgenlay ist es dann nicht mehr weit. Diese Variante dauert 20 Minuten.

Mekka für Kletterer Am Steig selbst beginnt ein seilgesicherter Abschnitt, der leicht zu überwinden ist. Einige Leitern helfen über die Steilaufschwünge hinauf. Inmitten dieser Weinberge gibt es immer wieder wunderschöne Aussichten auf die Mosel. Der Klettersteig endet an der **St.-Laurentius-Kirche** ❶ in Bremm.

Attraktives Bauwerk Die spätgotische Kirche mit ihrem Sternengewölbe aus dem Jahr 1500 und dem Barockaltar ist eine beliebte Sehenswürdigkeit. In etwa 30 Minuten erreicht man von hier aus die Straße Eller. Wer möchte, der unternimmt noch einen Abstecher über den Calmont-Höhenweg. Dieser verläuft oberhalb des Klettersteigs. Nach einem Anstieg ist der Straße rechts bis zu einem Gipfel (380 m) zu folgen. Nun geht es mit der Markierung des Höhenwegs Nr. 5 weiter. Die Streckenführung

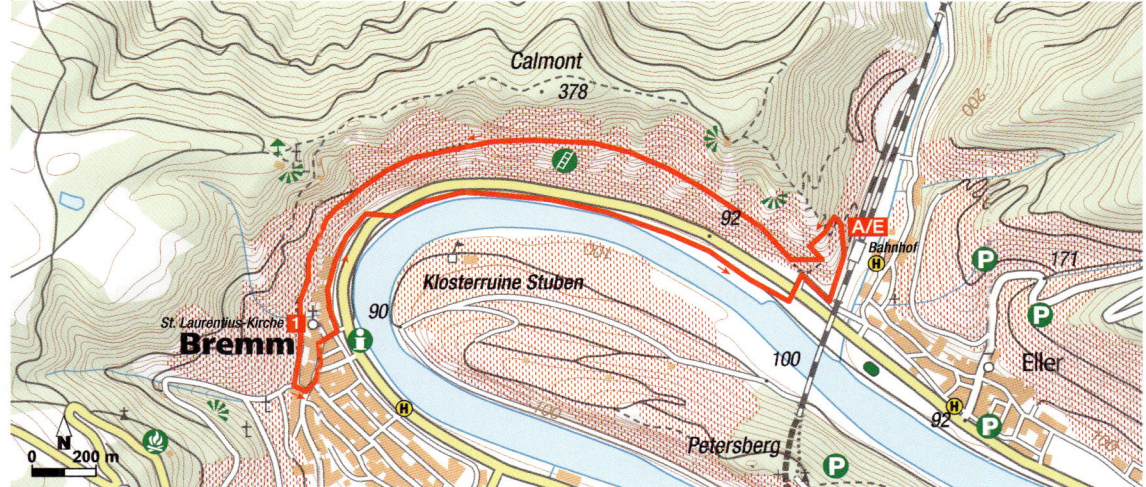

über den Kamm bietet wunderbare Ausblicke. Für diese Variante sollten eineinhalb Stunden eingeplant werden. Die ursprüngliche Tour führt allerdings am Moselufer an der B49 zurück zum Ausgangspunkt.

Eifeler Schmaus Im Restaurant-Café Zum Calmont an der Bundesstraße kann sich der müde Wanderer von den Auf- und Abstiegen erholen. Deftige Speisen, darunter auch Wildgerichte, werden zur Stärkung angeboten. Kuchen und Kaffee stehen ebenfalls auf der Karte und machen für den Heimweg wieder munter.

Im idyllischen Tal gibt es einige Restaurants, die typische Eifeler Gerichte anbieten

95

Das Glöckchen am Totenmaar

Kapelle am Weinfelder Maar

Leicht   4,5 km   190 m   1:30 Std.

Tourencharakter
Leichte Tour für die ganze Familie

Ausgangs-/Endpunkt
Maarstraße in Daun-Gemünden

Anfahrt
Bahn/Bus: Mit dem Bus 503, 511 und 300 bis Daun-Gemünden, Haltestelle Maarstraße.
Auto: Über die A 1 bis Autobahndreieck Vulkaneifel und nach Daun-Gemünden bis zur Maarstraße

Einkehr/Übernachtung
Burghof Wirtshaus und Brauereiausschank, Burgfriedstraße 26, 54550 Daun, Tel. 06592/982009, www.burghof-daun.de

Karte
Wanderkarte 1:50 000, WK 836 Schneifel – Ahreifel, Kompass

Ein schwarzes Gewässer, ein versunkenes Schloss, das kleine Kapellchen mit Friedhof und das sanfte Heulen des Windes erwarten den Wanderer bei dieser Tour. Die beiden Maare, die umrundet werden, bilden zusammen mit dem Schalkenmehrener Maar die »Dauner Maare«.

Geheimnisvolle Gewässer Die Wanderung um das Gemündener und das Weinfelder Maar ist für jede Altersgruppe geeignet. An der Maarstraße befindet sich der Parkplatz, von dem es zum Naturfreibad ❶ **Gemündener Maar** sehr nah ist. Bei warmen Temperaturen ist der Sprung ins kühle Nass durchaus empfehlenswert. Geöffnet hat das Naturfreibad von Mai bis September. Bei der ersten Weggabelung gilt es nun, der linken Abzweigung nachzugehen. Der Weg zieht an der Wintersportanlage vorbei und zu einem Sattel hoch, wo man in eine Lavagrube sehen kann. Nach einer rechten und danach linken Abbiegung ist die Weinfelder Kapelle schon sichtbar.

Am Totenmaar Kurz darauf ist das Weinfelder Maar erreicht. Dieses Maar, auch als Totenmaar bekannt, ist vor etwa 10 500 Jahren durch eine vulka-

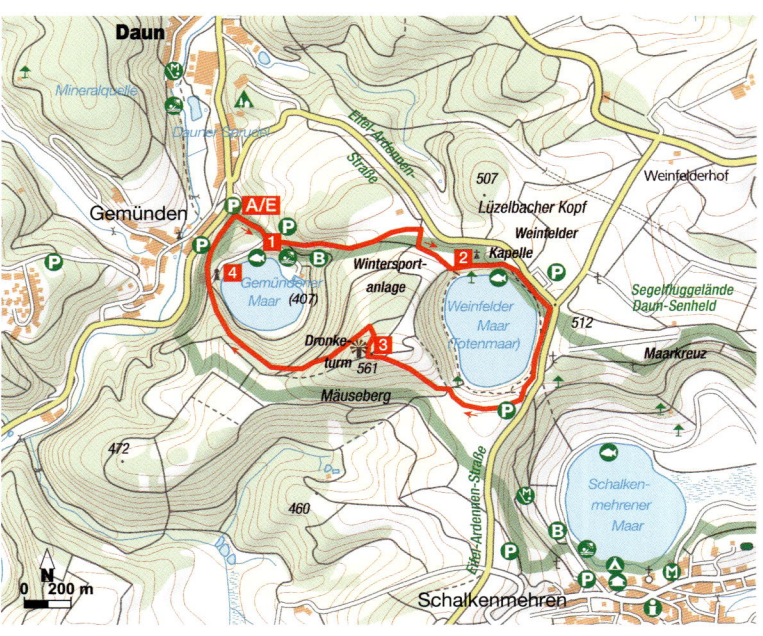

nische Explosion entstanden. Das Maar selbst hat eine Länge von ca. 525 Metern, eine Breite von 375 Metern und eine Tiefe von 51 Metern. Ganz schwarz sieht das Wasser aus, was schon viele Menschen ins Grübeln gebracht hat.

Auf der Suche nach dem verwunschenen Schloss

Rätselhafte Legende Eine Sage erzählt von einem Schloss, was an dieser Stelle existiert haben soll. In dem Schloss lebten einst ein Graf mit seiner Frau und ihrem Kind. Als er eines Tages von der Jagd nach Hause kam, war das Schloss verschwunden, und an seiner Stelle breitete sich der See aus. Auf dem Wasser schwamm die Wiege mit seinem Kind und strandete schließlich am Ufer. Noch bis heute gilt, wer lange genug in das Wasser blickt, kann die Schlossumrisse sehen. Der Grund für das dunkle Wasser ist allerdings der schwarze Lavasand auf dem Seegrund.

Die Pfarrkirche Ein kleiner Friedhof mit einer kleinen ❷ Kapelle befindet sich nahe dem Maarwall. Einst gehörte die Kapelle zur Gemeinde Weinfeld und diente als Pfarrkirche. Nachdem sich die Pest ausbreitete, wurde das Dorf aufgegeben. Eine Legende verspricht dem Gläubigen, wer an den Seilen zieht und das Glöckchen im Innern des Gebäudes zum Läuten bringt, darf einen Wunsch äußern. Auf der Strecke weitergehend, kommt man zum ❸ Dronketurm (Adolf-Dronke-Turm) auf dem Mäuseberg. Die Aussichtsplattform in 10,5 Meter Höhe bietet einen schönen Blick auf die Maare. Nachfolgend geht es durch den Wald weiter bis zum Gemündener Maar. Vorbei an dem ❹ Kriegerdenkmal, ist der Parkplatz schon bald wieder erreicht.

96

Die unglückliche Grafentochter

Manderscheider Burgenpfad

Mittel · 6 km · 314 m · 1:30 Std.

Tourencharakter
Familienfreundliche, gut ausgezeichnete Rundtour

Ausgangs-/Endpunkt
Kurhaus in Manderscheid

Anfahrt
Bahn/Bus: Mit dem Zug (Koblenz–Trier/Luxemburg) bis Wittlich Hauptbahnhof und weiter mit Regiolinie 300 oder mit dem Bus 500 (Gerolstein–Daun), siehe www.bahn.de und www.vrt-trier.de. **Auto:** Über die A 3 Frankfurt–Köln bis zum Dernbacher Dreieck bzw. A 61 Ludwigshafen–Köln bis zum Koblenzer Kreuz bis Abfahrt Manderscheid

Einkehr/Übernachtung
Burg-Café, Niedermanderscheider Straße 3, 54531 Manderscheid, Tel. 06572/4228

Karte
Wanderkarte 1:25000, Nr. 33 Vulkaneifel um Manderscheid, Eifelverein e.V.

Viele Jahre lang soll es am Wachturm der Niederburg gespukt haben. Eine kleine Nische am Turm gab Rätsel auf, bis die älteren Manderscheider befragt wurden. Diese Wanderung führt zu einer sagenumwobenen Stätte und schönen Aussichtspunkten.

Schöne Aussichten Direkt am Kurhaus von Manderscheid beginnt die Route. Man kommt zum Eifelsteig und nun bergauf zur Kurfürstenstraße (L16). Auf ihr geht es rechts weiter. Über die Klosterstraße geht es nun vom Rathaus bis zum Hotel Burgblick mit dem ersten Ausblick zur Ober- und Niederburg. Vom Burgenblick gelangt man anschließend über einen schmalen Weg zum Wald und an der nächsten Weggabelung links leicht abwärts zur Lieser.

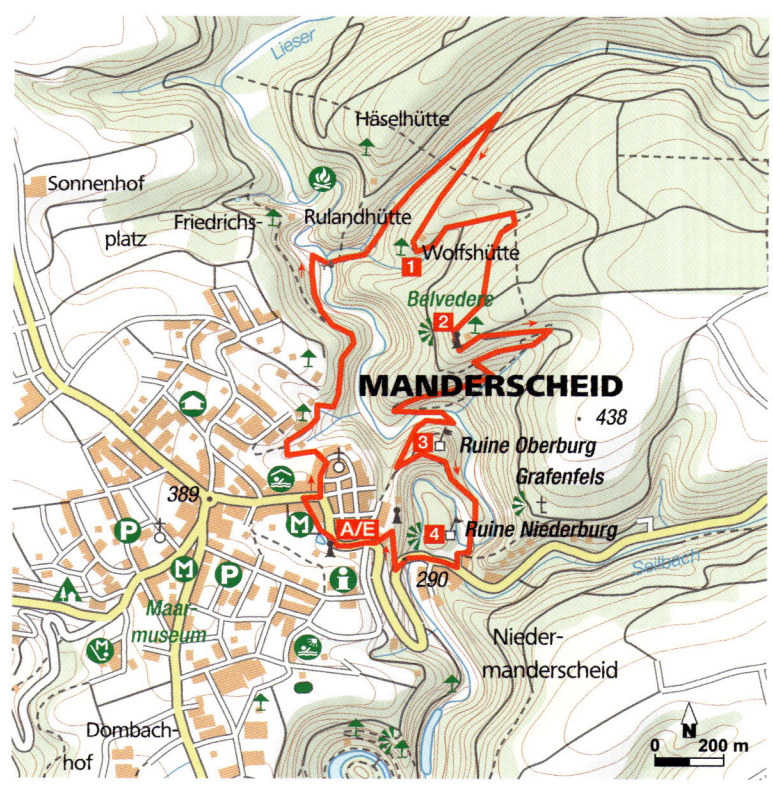

Wolfshütte Über ein kleines Brückchen lässt sich bequem die Uferseite wechseln. Auf der anderen Bachseite führt die Route über einen bequemen Weg bis zum Achtergraben. Ihm durch den Wald geradeaus folgend, ist die Spitzkehre das nächste Ziel. Von hier führt die rechte Wegstrecke zur Schutzhütte ❶ Wolfshütte.

Römische Villa Kurz danach zeigt der Wegweiser links zum Aussichtspunkt ❷ Belvedere mit einer Steinsäule als Rest einer römischen Villa. Ein grandioser Blick auf die Burgen und das Städtchen Manderscheid eröffnet sich hier. Danach führt die Route links bergab bis zu einer Einmündung auf einen Querweg.

Manderscheider Burgen Links geht es nun mit der Markierung »8« in Richtung der Niederburg bis zum Aussichtspunkt Grafenfels. Von den zwei Burgen in Manderscheid ist die ❸ Oberburg die ältere. Einst in luxemburgischem Besitz, gehörte sie ab 1147 zum Erzstift Trier. 1673 wurde sie durch die Franzosen zerstört.

Niederburg Nach der Querung der Turnierwiese ist die ❹ Niederburg bald erreicht. Sie wurde erstmals im Jahr 1133 erwähnt und war der Sitz der Herren von Manderscheid. Zwischen den Jahren 1346 und 1348 wurde die Burg erfolglos von Erzbischof Balduin belagert. 1457 wurde Dietrich von Manderscheid vom Kaiser mit dem Grafentitel ausgezeichnet. Nach der Niederburg ist die Straßenseite der Straße Zur Turnierwiese zu wechseln, und nachfolgend ist an der L16 rechts weiterzuwandern. Das Burg-Café lädt jetzt zu einer Pause ein. Wer nicht einkehren möchte, geht bis zum Eingang der Niederburg. Nachdem die Lieser erneut überquert wird, kommt man über den kleinen linken Pfad zum Kaisertempelchen, welches seinen Namen dem Besuch des Kaisers Wilhelm II. verdankt. Über die L16 weitergehend, kehrt man bald zum Startpunkt der Wanderung zurück.

Die Nieder- und die Oberburg über dem romantischen Ort

97

Brausendes Wasser und grüner Hopfen

Rund um die Prümer Burg

Mittel · 17,1 km · 424 m · 4:30 Std.

Tourencharakter
Eine abwechslungsreiche und landschaftlich schöne Strecke mit in Erinnerung bleibenden Aussichten

Ausgangs-/Endpunkt
Wanderparkplatz Irreler Wasserfälle

Anfahrt
Bahn/Bus: Mit dem Rhein-Mosel-Bus bis Irrel, siehe www.bahn.de und www.vrt-info.de, von dort etwa 1,5 km zu Fuß bis zum Startpunkt.
Auto: Über die B 51 bis Irrel, dort im Kreisverkehr 2. Ausfahrt, dann im nächsten Kreisverkehr 2. Ausfahrt auf die L4 (Prümzurlayer Straße) und 1 km bis zum Parkplatz

Einkehr/Übernachtung
Hotel-Restaurant Koch-Schilt, Prümzurlayer Str. 1, 54666 Irrel, Tel. 06525/92 50, www.koch-schilt.de

Karte
Naturparkkarte 1:00, Blatt 3 Naturpark Südeifel, mit Wander- und Radwanderwegen, Landesvermessungsamt Rheinland-Pfalz

Eine der wichtigsten Attraktionen in der Südeifel sind die Irreler Wasserfälle. Kaum einer kann dem Anblick des tosenden Wassers der Stromschnellen der Prüm widerstehen.

Tour mit viel Fernsicht Die aussichtsreiche Wanderung beginnt am Wanderparkplatz Irreler Wasserfälle. Von hier aus ist den Markierungen des NaturWanderParks delux zu folgen. Dem Felsenweg 5 gegen den Uhrzeigersinn folgend, geht es nun über schöne Wiesenwege Richtung Irrel. Das Westwallmuseum liegt am Weg. Der ausgeschilderten Route weiter folgend, gelangt man auf einen waldigen Streckenabschnitt. Alte Kiefern

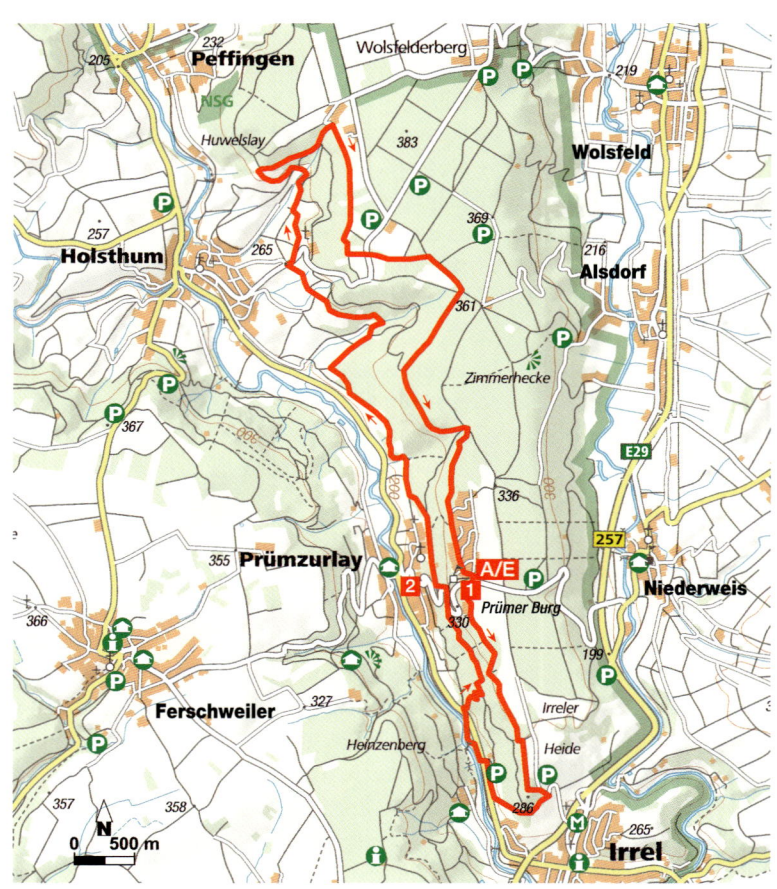

und auch Buntsandsteine säumen den Weg. Auf schmalen, aber auch gemütlichen Wegen ist nach drei Kilometern ein Plateau erreicht, von dem sich eine wundervolle Aussicht in das Prümtal bietet. Eine Hütte bietet dort Schutz bei eventuellem Regen. Nach einer Weile ist der Ort ❶ **Prümer Burg** erreicht. Wer möchte, kann hier einen Abstecher zur gleichnamigen Burgruine unternehmen. Über Forstwege führt nun die Strecke weiter an Feldern vorbei – die Wiesen- und Feldwege sind eine Wohltat für die Füße – und erreicht den Holsthumerberg als nächstes Ziel. Es eröffnen sich wieder schöne Ausblicke.

Rochuskapelle Wiesenwege führen nun weiter zur 1866 erbauten Rochuskapelle. Der Schutzheilige der Kapelle ist der heilige Rochus von Montpellier, der Patron der Pestkranken. Jedes Jahr findet am Kirmesmontag eine Prozession zum Gedenken an die Pestzeiten zur Rochuskapelle statt.

Prominente Hopfenfelder Nun sind auch die berühmten Holsthumer Hopfenfelder zu erblicken. Die Gegend hier bietet nämlich optimale klimatische Bedingungen für den Hopfenanbau. Wenn im Frühjahr die Arbeiten auf den Feldern beginnen, leuchtet einem das Grün im frühen Sommer schon von Weitem entgegen. Feldwege führen weiter nach ❷ **Prümzurlay**. Hier bietet sich nochmals die Gelegenheit, die Ruine Prümerburg zu besuchen. Die Burg wurde im Jahr 1337 erstmals urkundlich erwähnt. 1658 abgebrannt, blieben der fünfeckige Bergfried, Reste des Palas sowie ein Keller erhalten. Diese Überbleibsel sind mittlerweile renoviert worden.

Wissenswertes zur Prüm Im folgenden Streckenabschnitt ist die Prüm, der zweitlängste Fluss der Eifel, bald zu hören und zu sehen. »Prüm« stammt vom keltischen Begriff »briman« (rauschen) ab. Viele moosbewachsene große Steine im Flussbett sorgen dafür, dass sich das eigentlich ruhige Flüsslein in einen rauschenden Bach verwandelt. Der Name Irreler Wasserfälle rührt von den zahlreichen, geradezu herabstürzenden Stromschnellen her. Bei heißem Wetter ist es lohnenswert, die flachen Stellen am Ufer aufzusuchen und sich im Wasser abzukühlen. Nach nur wenigen Metern ist auch der Parkplatz wieder erreicht.

Menhir mit Zauberkraft

Druidenstein Bollendorf

Schwer | 21 km | 560 m | 7:30 Std.

Tourencharakter
Schwere Wanderung mit historischen Höhepunkten, nur mit geeigneter Wanderausrüstung

Anfangs-/Endpunkt
Straße Am Sauerstaden in Bollendorf

Anfahrt
Bahn/Bus: Mit der Bahn von Köln
bis Bitburg-Erdorf und mit dem
Bus 406 oder 441 nach Bollendorf, siehe www.bahn.de und
www.vrt-info.de. **Auto:** A 48 in
Richtung Trier/Ludwigshafen/Köln
bis Ausfahrt Dreieck Vulkaneifel in
Richtung Saarbrücken/Luxemburg/
Trier, die Ausfahrt Kreuz Wittlich
auf die A 60 in Richtung Bitburg/
Lüttich bis Ausfahrt Bitburg, auf
die B 51 in Richtung Bitburg/Lux-
emburg, in Bitburg auf die B 257
in Richtung Irrel/Luxemburg bis
Abfahrt Echternacherbrück in Richtung L 1 Bollendorf

Einkehr/Übernachtung
Burg Bollendorf, 54669 Bollendorf, Tel. 06526/690,
www.burg-bollendorf.de

Karte
Naturparkkarte 1:25 000, Blatt 3
Naturpark Südeifel, mit Wander-
und Radwanderwegen, Landesvermessungsamt Rheinland-Pfalz

Die Gemeinde Bollendorf, an der Grenze nach Luxemburg gelegen, befindet sich nicht nur innerhalb einer einzigartigen Naturlandschaft, sondern hütet sorgsam historisch interessante Bauten und Relikte.

Villa Rustica Diese geologisch und historisch interessante Tour beginnt »Am Sauerstaden« in Bollendorf. Auf geheimnisvollen Wegen führt die Wanderung zu geschichtlichen Zeugnissen und durch eine einzigartige Landschaft. Über den Matthiasweg ist der erste Höhepunkt – die ❶ Römische Villa oberhalb der Burg – schon bald erreicht. Die Villa Rustica

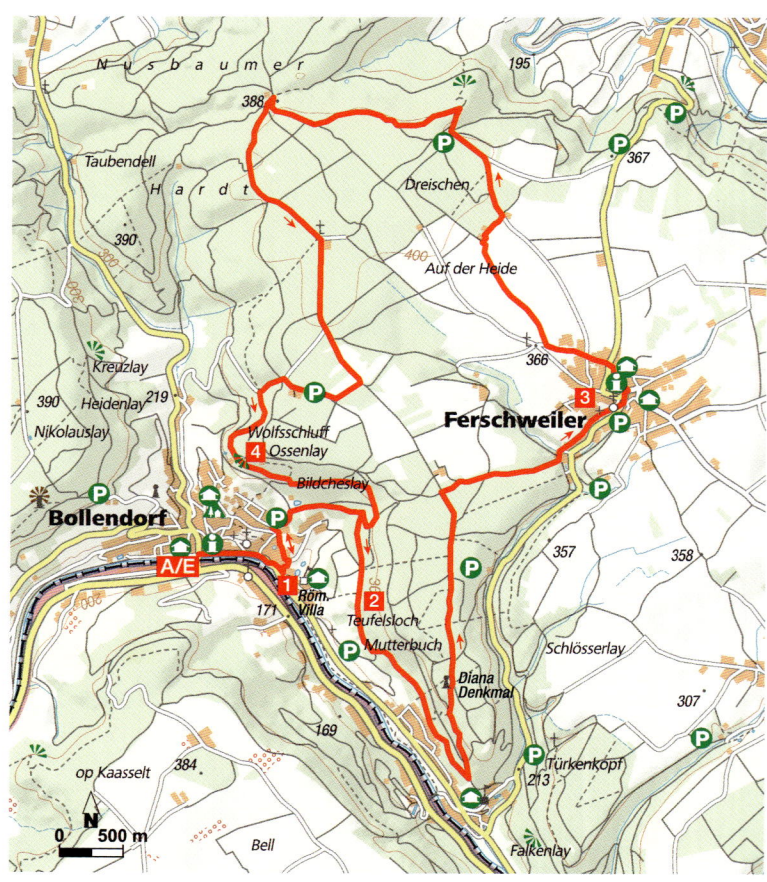

Rechte Seite: Über Stock und Stein zum Menhir

war ein kleinbäuerliches Anwesen. Das heutige Bodendenkmal wurde im zweiten Jahrhundert n. Chr. errichtet.

Groteske Felslandschaft Anschließend führt die Route über den Plateaurand bis zum ❷ Teufelsloch. Ein schöner Blick auf die Gemeinde belohnt für die vergangenen Mühen. Nach kurzer Zeit wird das Diana-Denkmal passiert. Dieses stammt aus dem 2. Jahrhundert und war der legendären römischen Göttin gewidmet, wie seine Inschrift ausdrückt: »Deae Dianae Q(uintus) Postumius Potens V(otum) S(olvit).« (»Der Göttin Diana hat Quintus Postumius Potens (den Stein gewidmet und) das Gelübde erfüllt.«)

Der magische Druidenstein steht inmitten des Waldes.

Wegweiser zum Gerichts-
stein von Bollendorf

Heidnischer Opferstein Nun geht es geradeaus auf dem Matthiasweg zum Opferaltar. Dieses Naturdenkmal weist eine außergewöhnliche Form auf. Der Heimat-
forscher Josef Pütz beschrieb ihn in den 70er-Jahren: »Namen wie ›Rotes Kreuz‹,
›Bärenstein‹, ›Heidenstein‹, ›Druidenstein‹ und ›Opferaltar‹ sind geläufig für den
fünf Meter langen und drei Meter hohen Felsblock, der an seiner Oberseite eine mul-
denartige Vertiefung mit Abflusskanal aufweist und offensichtlich der heidnischen
Bevölkerung als Opferstein diente. Inmitten der Vorburg (der Niederburg, J.M.), etwa
100 Meter südlich der westlichen Hälfte des Querwalls im Norden, befindet sich
dieser ›Opferaltar‹.«

Frühgeschichtliche Fliehburg Die Niederburg ist die nächste Station. Diese »Natur-
festung« in Form von steilen Hängen diente anscheinend als Burg. An ihr vorbei geht
es nach eineinhalb Kilometern links zu den Kiesgräbern, die von einem gallo-römi-
schen Friedhof stammen. Auf der Route weitergehend, gelangt man zum Mühlen-
berg bzw. dem Ort ❸ Ferschweiler. Das Plateau mit seiner einzigartigen Landschaft,
der Wallfahrtsort Schankweiler Klause und die Wikingerburg, eine keltische Wallan-
lage, sind die nächsten markanten Punkte dieser Tour.

Mystische Menhire Der Weg führt nun zum Fraubillenkreuz, einem Menhir, der zu
einem Kreuz verarbeitet wurde, und kurz danach zum ❹ Druidenstein, der auch als
»Eckstein« bekannt ist, inmitten des Waldes. Dieser Stein wurde wie alle Menhire
durch Menschen errichtet. Der Sandsteinblock ist etwa drei Meter hoch und 1,60
Meter breit. Über den Weg Nr. 33 geht es nun zum Ausgangspunkt zurück.

Wo der Beelzebub seine Spuren hinterließ

Teufelsschlucht

Mittel · 17 km · 439 m · 4:30 Std.

Tourencharakter
Landschaftlich reizvolle Wanderung

Ausgangs/Endpunkt
Wanderparkplatz Felsenweiher in Ernzen

Anfahrt
Bahn/Bus: Mit dem Rhein-Mosel-Bus 441 und 443 bis Ernzen, von dort etwa 1 km zu Fuß bis zum Startpunkt, siehe www.bahn.de und www.vrtinfo.de. **Auto:** Aus Richtung Trier auf die B 51 bis Ausfahrt Richtung Ralingen/Olk/Newel, weiter über die B 418 Richtung Echternacherbrück

Einkehr/Übernachtung
Naturparkzentrum Teufelsschlucht, Ferschweilerstraße 50, 54668 Ernzen, Tel. 06525/93 39 30, www.teufelsschlucht.de

Karte
Naturparkkarte 1:25 000, Blatt 3 Naturpark Südeifel, mit Wander- und Radwanderwegen, Landesvermessungsamt Rheinland-Pfalz

Imposante Felsen, tiefe Schluchten und Wasserspiele sind Merkmale dieser mit den zwei Teufelshörnern sehr gut ausgeschilderten Rundwanderung. Die etwa 17 Kilometer lange Strecke führt durch das Naturparkzentrum Teufelsschlucht.

Teufelsspuren Die Tour durch die Teufelsschlucht ist sehr beliebt. Der Startpunkt ist der Wanderparkplatz Felsenweiher in Ernzen. Was hier der Teufel vollbracht haben soll, ist wirklich spektakulär! Eine 28 Meter tiefe ❶ Schlucht trägt sogar seinen Namen, dabei ist ihre Entstehung nicht auf

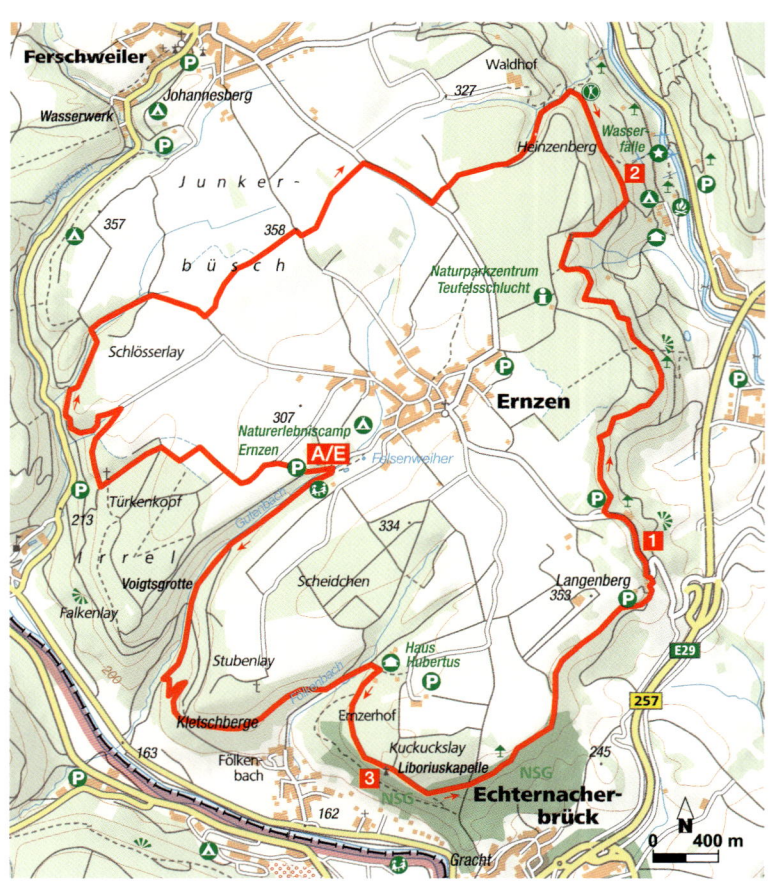

Auf gut gesicherten Pfaden durch das Naturparkzentrum.

den Teufel, sondern auf die Folgen der letzten Eiszeit zurückzuführen. Nach den Frost- und Tauperioden der letzten Eiszeit kam es zu Felsstürzen, und die ein bis fünf Meter breite »Schlucht« führt heute zwischen diesen riesigen abgelagerten Felsblöcken hindurch. Auf und ab gilt es, sich nun durch diese Felsen zu bewegen. Zum Teil muss sich der Wanderer ziemlich durchpressen, während seine Hände die nackten Felswände berühren. Weiter geht es auf weichen Wegen an weiteren Schluchten vorbei. Wer in der frühen Tageszeit wandert, wird durch die Sonnenstrahlen, die sich durch die Bäume zwängen, eine ganz besondere Atmosphäre wahrnehmen. Aber auch bei nicht so schönem Wetter hat die Tour ihren ganz besonderen Reiz.

Rauschender Wasserfall Auf dem markierten Weg geht es nun weiter bis zu den ❷ Irreler Wasserfällen. Hier zwängt sich die Prüm mitten durch die Felsen. Eine Brücke ermöglicht dem Wanderer einen ergreifenden Blick auf das Naturschauspiel. Das nächste Highlight ist die ❸ Liboriuskapelle, von der aus man einen wundervollen Blick auf die Stadt Echternach hat. Die nun schon dritte Kapelle an dieser Stelle wurde 1951 errichtet. Im 4. Jahrhundert war der heilige Liborius Bischof von Le Mans. Als seine Reliquien (836) nach Paderborn überführt wurden, war die Benediktinerabtei St. Willibrord in Echternach einer der Haltepunkte. Abt Philippe de Neuforge ließ um das Jahr 1680 die erste Kapelle auf dem Ernzerberg errichten, die jedoch Ende des 18. Jahrhunderts zerstört wurde.

Mönchsbehausung An einer Stelle unterhalb der Kapelle befindet sich die Einsiedelei. Hier lebten seit dem 16. Jahrhundert Mönche in einer in den Fels geschlagenen Klause. Überreste können hier von Interessierten studiert werden.

Zauberhaftes Gewässer Wer den markierten Weg weiterwandert, stößt bald auf den Felsenweiher und somit den Beginn des Gutenbachtals. Der Felsenweiher ist ein hübsches Kleinod, das vielen Tieren mittlerweile Unterschlupf bietet. Sein Wasser stammt aus einer Quelle, die einst ein Pfarrer Ernzens, Pastor Philip Meyer, Mitte des 19. Jahrhunderts aufgespürt hatte. Der römische Weihentempel lässt die Rekonstruktion einer Kapelle des Gottes Intarabus erkennen. Über Treppen und Bassins geht es nun weiter bis zum Ausgangspunkt.

Für jeden Tag
die richtige Tour

			⏱	🥾 km	⛰	🍴	☺	🏛	❄	☀	🌳	🏖	🚌
01 ●	Teufelsmauer	6-8 Std.	26 km	352/324 m	●							
02 ●	Steinerne Renne	3:30 Std.	10 km	438 m	●							●
03 ●	Rabenklippe	3-4 Std.	12 km	816 m	●	●						●
04 ●	Achtermannshöhe	1:30-2 Std.	5 km	159 m	●			●				●
05 ●	Brocken	4 Std.	16 km	269/848 m	●							●
06 ●	Hohnekamm	4 Std.	12 km	443 m								●
07 ●	Wolfswarte	4 Std.	14 km	529 m								●
08 ●	Rosstrappe	5 Std.	15,5 km	986 m	●							●
09 ●	Hexentanzplatz	6–8 Std.	26 km	352/324 m	●							●
10 ●	Questenberg	1:30-2 Std.	6 km	400 m	●							●
11 ●	Kyffhäuser	2-2:30 Std.	9 km	374 m	●							●
12 ●	Zauberhaftes Elbsandsteingebirge	5 Std.	15 km	109/205 m	●			●	●			●
13 ●	Reichtum der besonderen Art	1:30 Std.	3 km	124 m	●	●				●		●
14 ●	Zwischen steilen Wänden	2:30 Std.	5 km	114 m	●	●				●		
15 ●	Geistreiche Festung	2 Std.	5 km	233 m	●	●		●		●		
16 ●	Die Magie der Jahreszeiten	3 Std.	7 km	118 m	●	●				●		
17 ●	Spaziergang um Bad Schandau	1:30 Std.	3 km	97 m		●				●		●
18 ●	Im Herzen des Nationalparks	4:30 Std.	11 km	247/277 m						●		●
19 ●	Durch einsame Wälder der Sächsischen Schweiz	5 Std.	11 km	328/427 m	●					●		●
20 ●	Unterwegs in der Hinteren Sächsischen Schweiz	5:30 Std.	10 km	209 m		●				●		●
21 ●	Naturwunder im Detail	4 Std.	8 km	148 m	●	●			●			●
22 ●	Dämonen am Zschirnstein	4:30 Std.	12 km	344 m				●		●		

#		Tour	🕐	🥾 km	⛰	🍴	🙂	🏛	❄	☀	🌳	🏊	🚌
23	●	Ein Garten »ohnegleichen«	1 Std.	3 km		●	●	●	●		●		●
24	●	Venusgrotte und Muschelque le	2:30 Std.	7 km	180 m	●	●	●			●		●
25	●	Zum geheimnisvollen Schwingbogen	2:45 Std.	9 km	180 m	●	●	●			●		●
26	●	Mystischer Druidenhain	5:15 Std.	20 km	228 m	●	●	●			●		●
27	●	Wo einst die Hexen tanzten	2:30 Std.	7 km	250 m	●	●	●			●		●
28	●	Prachtvolle Sophienhöhle	3 Std.	12 km	66 m	●	●	●					●
29	●	Auf Felsen gebaut	5 Std.	17 km	132 m	●	●	●			●		●
30	●	Goliath und Barbarossa in der Teufelshöhle	3 Std.	11 km	100 m	●	●	●	●		●	●	●
31	●	Zum »Klingloch«	3:15 Std.	12 km	139 m	●	●	●			●		●
32	●	Ein altes Falschmünzernest	4 Std.	14 km	156 m	●	●	●			●		●
33	●	Märchenhafte Felsen und Grotten	4 Std.	14 km	80 m	●	●	●			●		●
34	●	Der verborgene Schatz	3:30 Std.	11 km	360 m	●	●						
35	●	Rauch überm Kaitersberg	4 Std.	11 km	500 m	●		●					●
36	●	Der versteinerte Drache	1 Std.	3 km	100 m		●				●	●	●
37	●	Wo Inseln schwimmen	3 Std.	8 km	300 m	●	●						●
38	●	Der König im Bayerwald	5:15 Std.	15 km	830 m	●							●
39	●	Inseln im Waldmeer	5:15 Std.	17 km	500 m	●		●			●		●
40	●	Gipfelglück überm See	4 Std.	11 km	690 m	●					●		●
41	●	Zum alten Flößersteig	1:45 Std.	4,5 km	140 m	●	●				●	●	●
42	●	Himmel und Hölle	4:30 Std.	10,5 km	500 m	●					●		●
43	●	Der wilde Dschungel	1:45 Std.	4,5 km	200 m		●				●		●
44	●	Die schwarze Ilz	4:15 Std.	15 km	250 m	●		●			●		
45	●	Zur Eiskapelle	2:30 Std.	6 km	220 m	●	●				●	●	●
46	●	Zauberwald und Hintersee	1:45 Std.	6 km	100 m	●	●	●	●	●	●		●
47	●	Steinerne Agnes und Schlafende Hexe	7/6:30 Std.	8 km	1300 m						●	●	●
48	●	In der Kendlmühlfilzen	4:30 Std.	14 km	80 m	●	●	●					●
49	●	Abendmahlkapelle und Bärrsee	3:30 Std.	8 km	260 m	●	●	●	●	●	●		●
50	●	Auf den Wendelstein	6 Std.	13 km	1380 m	●					●	●	●

Nr.	Tour	Zeit	Strecke	Höhe	🍴	☺	🏛	❄	☀	🌳	🌊	🚌
51 ●	Spitzingsee und Grünsee	5 Std.	7 km	700 m	●				●			●
52 ●	Auf die Brecherspitz	3:30 Std.	8 km	560 m	●				●			●
53 ●	Riederstein und Baumgartenschneid	5:15/4:45 Std.	11 km	770/700 m	●					●		●
54 ●	Rund um den Wallberg	4:15 Std.	13 km	750 m	●				●			●
55 ●	Durch die Lange Filze	4:30 Std.	12 km	60 m	●	●	●	●	●			●
56 ●	Teuflisches Geschoss	3:30 Std.	11 km	170 m		●	●		●	●	●	●
57 ●	Rund ums Märchenschloss	7 Std.	17 km	1100 m	●		●			●		●
58 ●	Eine »verdammte« Tanzfläche	5:30 Std.	6,5 km	1150 m	●		●		●	●		●
59 ●	Romantische Burgenrunde und Rundumsicht	4:30 Std.	15,5 km	425 m	●	●	●		●		●	●
60 ●	Wahrzeichen der Allgäuer Berge	7 Std.	23 km	1050 m	●		●					●
61 ●	Durch den Allgäuer Canyon	4 Std.	13 km	300 m	●	●	●		●		●	●
62 ●	Abstieg in die Unterwelt	2 Std.	2 km	200 m	●	●	●		●		●	
63 ●	Auf den Wächter des Allgäus	3:30 Std.	8,5 km	800 m	●		●			●		●
64 ●	Das nasse Grab schwedischer Truppen	3 Std.	11 km	140 m	●	●		●	●		●	●
65 ●	Im Sog des Wassers	2:30 Std.	6 km	270 m	●		●		●		●	●
66 ●	Moor mit vielen Geschichten	3 Std.	11 km	30 m	●	●	●		●			●
67 ●	Wutachflühen	2:30-3 Std.	7,8 km	180 m			●		●	●		
68 ●	Felsenweg Höchenschwand	2-2:30 Std.	9,3 km	270 m			●		●			●
69 ●	Ruine Wieladingen	2:30 Std.	8 km	250 m	●	●	●			●		●
70 ●	Silberberg	4-4:30 Std.	14 km	550 m	●	●			●			●
71 ●	Balzer Herrgott	4:30-5 Std.	13,5 km	620 m	●	●			●			●
72 ●	St. Roman	4:30-5 Std.	14,5 km	500 m	●	●	●		●			●
73 ●	Glaswaldsee	3:30-4 Std.	11,5 km	430 m		●	●		●	●		
74 ●	Großvatertanne	2-2:30 Std.	7 km	130 m	●	●	●		●		●	●
75 ●	Karlsruher Grat	4-4:30 Std.	10,5 km	550 m	●				●			●
76 ●	Wildsee	3:30 Std.	8,5 km	270 m	●	●	●	●	●		●	●
77 ●	Priorstein	5:30 Std.	18,5 km	600 m		●			●	●		●
78 ●	Auf dem Heiligenberg	4-4:30 Std.	13,2 km	520 m	●		●					●

			🕐	🥾 km	⛰	🍴	☺	🏛	❄	☀	🌳	⛱	🚌
79	●	Die Burg Frankenstein	5 Std.	19,4 km	490 m	●		●					●
80	●	Von Mainz zur Kapelle der heiligen Anna	4:30 Std.	20 km	320 m	●							●
81	●	Zur Abtei St. Hildegard	3 Std.	11,8 km	230 m	●		●					●
82	●	Römischer Grabtumulus	7 Std.	31 km	760 m	●		●					●
83	●	Zur Loreley	2 Std.	8 km	120 m	●							●
84	●	In der Ruppertsklamm	2-3 Std.	6 km	140 m	●							●
85	●	Die Burg Lahneck	2 Std.	7,6 km	190 m	●							●
86	●	Höhlen- und Schluchtensteig Kell	3:30 Std.	12,1 km	405 m	●							●
87	●	Der Kaltwassergeysir Andernach	5 Std.	18 km	170 m	●		●					●
88	●	Zum Drachenfels	4:30 Std.	13 km	540 m	●							●
89	●	Leicht zu Fuß	1:30 Std.	6 km	278 m	●	●	●			●	●	●
90	●	Von Quelle zu Quelle	5-6 Std.	25,1 km	580 m	●							●
91	●	»Schwarze Madonna« und heilendes Wasser	4:30 Std.	12 km	374 m	●							●
92	●	Die Perle unter den Burgen	4:30 Std.	12,9 km	544 m	●		●		●			●
93	●	Glitzernde Verführung	3 Std.	5,5 km	242 m	●							●
94	●	Den Göttern so nah	3 Std.	6 km	300 m	●				●			●
95	●	Das Glöckchen am Totenmaar	1:30 Std.	4,5 km	190 m	●	●			●		●	●
96	●	Die unglückliche Grafentochter	1:30 Std.	6 km	314 m	●					●		●
97	●	Brausendes Wasser und grüner Hopfen	4:30 Std.	17,1 km	424 m	●		●					●
98	●	Menhir mit Zauberkraft	7:30 Std.	21 km	560 m	●				●		●	●
99	●	Wo der Beelzebub seine Spuren hinterließ	4:30 Std.	17 km	439 m	●					●		●

Piktogramme erleichtern den Überblick

🕐 Gehzeit 🥾 Länge ⛰ Höhenunterschied

🍴 Einkehr ☺ kindergeeignet 🏛 Sehenswürdigkeit

❄ wintergeeignet ☀ viel Sonne 🌳 schattiger Weg

⛱ Baden 🚌 Bus/Bahn

Impressum

Verantwortlich: Stefanie Krüger
Redaktion: Christian Schneider
Layout: BUCHFLINK Rüdiger Wagner
Covergestaltung: Ralph Hellberg
Repro: Cromika
Kartografie: Bruckmann Verlag GmbH, Heidi Schmalfuß
Herstellung: Alexander Knoll, Stephanie Schlemmer
Printed in Slovenia by Florjancic

★★★★★

Sind Sie mit diesem Titel zufrieden? Dann würden wir uns über Ihre Weiterempfehlung freuen. Erzählen Sie es im Freundeskreis, berichten Sie Ihrem Buchhändler, oder bewerten Sie bei Onlinekauf. Und wenn Sie Kritik, Korrekturen, Aktualisierungen haben, freuen wir uns über Ihre Nachricht an Bruckmann Verlag, Postfach 40 02 09, D-80702 München oder per E-Mail an lektorat@verlagshaus.de.

Unser komplettes Programm finden Sie unter 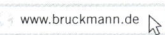 www.bruckmann.de

Alle Angaben dieses Werkes wurden vom Autor sorgfältig recherchiert und auf den neuesten Stand gebracht sowie vom Verlag geprüft. Für die Richtigkeit der Angaben kann jedoch keine Haftung übernommen werden, weshalb die Nutzung auf eigene Gefahr erfolgt. Insbesondere bei GPS-Daten können Abweichungen nicht ausgeschlossen werden. Sollte dieses Werk Links auf Webseiten Dritter enthalten, so machen wir uns die Inhalte nicht zu eigen und übernehmen für die Inhalte keine Haftung.

Autorenempfehlung

Sie sind auf der Suche nach weiterführender Literatur? Dann empfehlen wir Ihnen den Titel »Bayerische Hausberge« von Heinrich Bauregger. Oder Sie werfen einen Blick in die Zeitschrift »BERGSTEIGER«. Hier werden Sie bestimmt fündig.

Tourennachweis:
Anne Christine Martin und Stefan Feldhoff: Touren 1–11, Daphna Zieschang und Anita Morandell Meißner: Touren 12–22, Tassilo Wengel: 23–33, Herwig Slezak: 34–44, Michael Kleemann 45–55, Frank Eberhard: 56–66, Annette und Lars Freudenthal: 67–77, Antje Bayer: 78–99

Bildnachweis:
Alle Bilder im Innenteil und auf dem Umschlag stammen von den Autoren mit folgenden Ausnahmen: S. 2: Michael Kleemann, S. 4 oben: Anne Christine Martin und Stefan Feldhoff, S. 4 unten: Sven Richter/pixelio.de, S. 5 oben: Anne Christine Martin und Stefan Feldhoff, S. 5 unten: Anita Morandell Meißner, S. 6 oben und unten: Anita Morandell Meißner, S. 7 oben: Tassilo Wengel, S. 7 unten: Herwig Slezak, S. 8 oben und unten: Herwig Slezak, S. 9 oben und unten: Michael Kleemann, S. 10 oben und unten: Frank Eberhard, S. 11 oben und unten: Annette und Lars Freudenthal, S. 12 oben und unten: Antje Bayer, S. 13 oben und unten: Antje Bayer, S. 14 Tassilo Wengel, S. 15: Frank Eberhard, S. 17: Michael Kleemann, S. 27 oben: Catherine Estevez/pixelio.de, S. 27 unten: Joppi/Shutterstock.com, S. 37 oben: shutterstock/Raiko – Bild in motion, S. 106 unten: www.shutterstock.com/pp1, S. 126: mauritius images/Michael Jaeschke, S. 134/135: Ursula Höllerl, S. 138: Tourist-Info Ramsau, S. 139: Tourist-Info Ramsau, S. 154: Ursula Höllerl, S. 155: Ursula Höllerl, S. 226 unten: Tourismus Siebengebirge GmbH, S. 226/227: Shutterstock (www.shutterstock.com/Boris Stroujko), S. 227 oben: Shutterstock (www.shutterstock.com/elvisvaughn), S. 229: Heidelberg Marketing GmbH, S. 231: Gemeindeverwaltung Mühltal, S. 232: Gemeindeverwaltung Mühltal, S. 233: Picture Alliance, Frankfurt a. Main/F. Gierth, S. 238: Shutterstock (www.shutterstock.com)/ultimathule, S. 240 unten: Gemeinde Weisel, S. 241: Gemeinde Weisel, S. 249 oben und unten: Tourist-Information Brohltal, S. 253: Tourismus Siebengebirge GmbH, S. 254: Tourismus Siebengebirge GmbH, S. 255: Tourismus Siebengebirge GmbH, S. 256/257: Rhein-Mosel-Eifel-Touristik (REMET), S. 257 oben: Rhein-Mosel-Eifel-Touristik (REMET), S. 258: Stadt Mechernich/ Marike Lotz Colditz, S. 260: Nordeifel Tourismus GmbH, S. 263: Rhein-Mosel-Eifel-Touristik (REMET), S. 271: Tourist-Information Ferienland Cochem, S. 273: Natur- und Geopark Vulkaneifel, S. 275: GesundLand Vulkaneifel

Umschlagvorderseite: Herbstwanderung im Schwarzwald (Michael Mantke/shutterstock.com)
Umschlagrückseite: Nach dem Regen kommt der Nebel (Thomas Mix)

Die Deutsche Nationalbibliothek verzeichnet diese Publikation in der Deutschen Nationalbibliografie; detaillierte bibliografische Daten sind im Internet über http://dnb.d-nb.de abrufbar.

3. Auflage
© 2021, 2020, 2019 Bruckmann Verlag GmbH, Infanteriestraße 11a, 80797 München
ISBN 978-3-7343-1661-6